旅游景区服务与管理

主　编　阎文实　张　颖
副主编　温昭苏　魏　巍

科学出版社
北京

内 容 简 介

本书根据旅游景区服务流程和旅游景区管理内容设置景区基础篇、景区服务篇和景区管理篇三个模块,下设认识旅游景区、评定 5A 级旅游景区、景区交通服务、景区游客中心、景区讲解服务、景区商业服务、景区安全管理、景区环境管理、景区营销管理九个项目和若干工作任务。每个工作任务由任务情境、任务目标、相关知识、任务实施、任务评价、案例分析、任务拓展等栏目组成。

本书既可作为高职高专院校森林生态旅游与康养、旅游管理、休闲服务与管理等专业的教学用书,也可作为旅游企业岗前培训用书,以及旅游行业从业人员和广大旅游爱好者的参考书。

图书在版编目(CIP)数据

旅游景区服务与管理/阎文实,张颖主编. —北京:科学出版社,2024.3
ISBN 978-7-03-077026-4

I. ①旅… II. ①阎… ②张… III. ①旅游服务 ②旅游区—经济管理
IV. ①F590.63 ②F590.564

中国国家版本馆 CIP 数据核字(2023)第 221002 号

责任编辑:宋 丽 李 莎 / 责任校对:马英菊
责任印制:吕春珉 / 封面设计:东方人华平面设计部

科 学 出 版 社出版
北京东黄城根北街 16 号
邮政编码:100717
http://www.sciencep.com

北京九州迅驰传媒文化有限公司 印刷
科学出版社发行   各地新华书店经销
*
2024 年 3 月第 一 版   开本:787×1092 1/16
2024 年 3 月第一次印刷   印张:14
字数:327 000
定价:56.00 元
(如有印装质量问题,我社负责调换〈九州迅驰〉)
销售部电话 010-62136230 编辑部电话 010-62138978-2046

前　言

本书以习近平新时代中国特色社会主义思想为指导，以立德树人为根本任务，及时反映新时代课程教学改革的成果，满足高职高专院校旅游类专业的教学需要及旅游业相关人员在岗培训的需求，从培养专业能力、方法能力、社会能力、学习能力出发，按照理实一体化的教学模式编排内容。在此基础上，编者总结多年的工作经验和教学经验，完成本书的编写工作。

本书具有以下特点。

1. 全面反映新时代教学改革成果

本书以《教育部关于职业院校专业人才培养方案制订与实施工作的指导意见》、《职业院校教材管理办法》、《关于深化现代职业教育体系建设改革的意见》，以及《中华人民共和国旅游法》为依据，以课程建设为依托，全面反映新时代产教融合、校企合作、创新创业教育、工作室教学、现代学徒制和教育信息化等方面的教学改革成果，以培养职业能力为主线，将探究学习、与人合作、解决问题、创新能力的培养贯穿教材始终，充分适应工学结合、工学交替、教学做合一和项目教学、任务驱动、案例教学、现场教学、顶岗实习等理实一体化教学组织与实施形式。

2. 以"做"为中心的"教学做合一"教材

本书按照"学生主体、教师主导"的思路进行教材开发设计，将景区各工作岗位任职要求、职业标准、工作过程或产品作为主体内容，将相关理论知识点分解到各个工作任务中，便于运用"工学结合""做中学""学中做""做中教"教学模式，体现"教学做合一"的教学理念。

3. 编写体例、形式和内容适合职业教育特点

本书内容源于旅游景区典型工作任务，采用模块化设计，以"任务"为驱动，强调"理实一体、教学做合一"，更加突出实践性，力求实现情境化教学。本书共分三个模块，下设九个项目和若干工作任务。工作任务中设置了任务情境、任务目标、相关知识、任务实施、任务评价、案例分析、任务拓展等栏目，符合学生的认知规律和接受能力，学生通过完成任务，实现必要知识的积累，动手能力和分析问题能力得以提高。

4. 校企"双元"合作开发教材，实现校企协同"双元"育人

本书是在编写团队深入上海迪士尼旅游度假区、深圳世界之窗、沈阳故宫博物院、大连发现王国等多家景区调研的基础上完成的，书中案例均来源于旅游景区真实业务，并参考景区技术人员等的建议，完善本书的编写工作。沈阳故宫旅行社的沙海艳经理具有多年景区工作经历和培训经验，为本书的编写提供了诸多宝贵意见。

本书由辽宁生态工程职业学院阎文实、张颖任主编，温昭苏、魏巍任副主编；孟玲娜、王薇参与编写，沙海艳、朱洁琼等企业专家提供案例，并给予指导意见。具体编写分工如下：项目一～项目四由张颖编写，项目五～项目七由温昭苏和魏巍编写，项目八由孟玲娜编写，项目九由王薇编写。阎文实负责拟定大纲，组织协调全部编写工作，并最终统稿、定稿。

由于编者水平有限，书中不妥之处在所难免，恩请广大读者批评指正，以便修订时进一步完善。

目　录

模块三　景区管理篇

模块一 景区基础篇

模块概述

　　旅游景区是旅游业的重要组成部分，是一个国家和地区人文资源、自然景观的精华，是展示民族文化和民族历史的窗口。本模块分为两个项目：项目一主要介绍旅游景区的概念、分类方法、发展历史，项目二主要介绍 A 级景区申报流程。

学习要求

知识目标

- 了解景区概念、特征与类型。
- 熟悉旅游景区发展历史与发展趋势。
- 掌握 A 级景区评定流程。

能力目标

- 能根据不同标准对景区进行分类。
- 能按照 A 级景区评定要求分析某一景区提升、整改措施。

素质目标

- 认识到旅游景区中传统文化传承与创新的重要性。
- 发现旅游景区中的"美"与品牌影响力。

思政目标

- 培养学生树立正确的人生观和价值观。
- 培养学生爱国主义精神，提升文化自信。

◈ **思维导图**

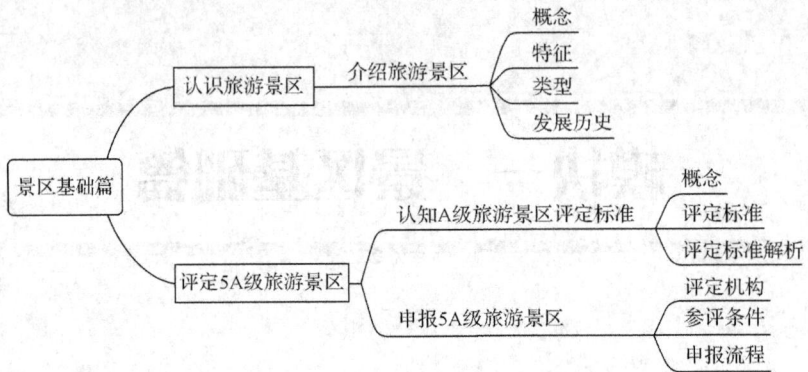

项目一　认识旅游景区

▌项目描述 —●●●●●●

　　本项目只有一个工作任务，即介绍旅游景区。通过介绍某一旅游景区，了解旅游景区的概念、特征、分类及发展历史，为未来从事旅游景区服务与管理工作奠定基础。

▌项目目标 —●●●●●●

　　※　知识目标

　　　●　了解旅游景区的概念和特征。
　　　●　熟悉旅游景区的历史、现状及未来发展趋势。
　　　●　掌握旅游景区的分类方法。

　　※　能力目标

　　　●　能依据不同的分类方法对旅游景区进行分类。

　　※　素质目标

　　　●　培养学生的学习兴趣，提高学生坚定的从业信念。

　　※　思政目标

　　　●　能认识到旅游景区中传统文化传承与创新的重要性。

工作任务一　介绍旅游景区

任务情境

　　使用专业术语对旅游景区进行介绍，是景区从业人员的基本能力。无论是游客服务中心的讲解员、售票员，还是销售部的营销人员，抑或是人力资源部的培训员，都应学会熟练介绍其所工作的旅游景区。介绍一家旅游景区，首先要对该景区的概况做简要叙述，内容包括景区的类型和等级、景区发展历史、景区的服务和管理特色及景区其他内容。

任务目标

- 了解旅游景区的概念和特征。
- 熟悉旅游景区的历史、现状及发展趋势。
- 掌握旅游景区的类型。

相关知识

一、旅游景区的概念

1. 旅游景区的直观概念

旅游景区（visitor attraction、actions 或 tourist attraction），简称景区、景点。从直观角度或旅游地理学、旅游资源学角度来看，旅游景区就是旅游资源或旅游吸引物的集中之地。

2. 旅游景区的常用概念

与其他常见的专业概念一样，各国在界定旅游景区的标准和管理体系方面存在诸多差异，至今还没有形成一个被普遍接受的定义。为了更好地加强行业管理，我国通常采用《旅游景区质量等级的划分与评定》（修订）（GB/T 17775—2003）中对旅游景区术语的界定标准解释旅游景区的概念。在该标准中，旅游景区是以旅游及其相关活动为主要功能或主要功能之一的空间或地域；是指具有参观游览、休闲度假、康乐健身等功能，具备相应旅游服务设施并提供相应旅游服务的独立管理区。该管理区应有统一的经营管理机构和明确的地域范围。包括风景区、文博院馆、寺庙观堂、旅游度假区、自然保护区、主题公园、森林公园、地质公园、游乐园、动物园、植物园及工业、农业、经贸、科教、军事、体育、文化艺术等各类旅游景区。

根据这个定义，一个经营性的旅游景区至少要包含以下四个要素：

（1）有独立的经营主体。

（2）有明确的地域范围。

（3）以旅游吸引物为依托。

（4）有必要的旅游服务设施。

3. 与旅游景区相关的概念辨析

与旅游景区相关的概念主要有旅游地、旅游区、旅游点、旅游吸引物、旅游资源、旅游度假区、风景名胜区、风景旅游区，以及地质公园、森林公园、湿地公园、自然保护区、国家公园等。按照概念的相似程度，下面分成三组进行辨析。

一是旅游地、旅游区、旅游点与旅游景区。旅游地是旅游目的地的简称，是一个空间概念，相对比较宽泛。通常而言，旅游地不仅包含了不同数量的旅游景区，而且还拥有能够满足游客"吃、住、行、游、购、娱"等多种需求的配套设施。因此，旅游地在内容和范围上通常要比旅游景区大得多，一般都包含一个旅游中心城市（镇）。旅游区、旅游点和旅游景区实质上是一个概念。

二是旅游吸引物、旅游资源与旅游景区。西方学者习惯于使用旅游吸引物这一概念。旅游吸引物是一个比较宽泛的概念，通常是指旅游目的地中对游客具有吸引力的要素。国内学者习惯于使用旅游资源这一概念。被普遍使用的旅游资源定义是《旅游资源分类、调查与评价》（GB/T 18972—2017）和《旅游景区质量等级的划分与评定》（修订）（GB/T 17775—2003）中规定的"自然界和人类社会中凡能对旅游者产生吸引力，可以为旅游业开发利用，并可产生经济效益、社会效益和环境效益的各种事物和因素"。因此，旅游吸引物与旅游资源的概念相似。

三是旅游度假区、风景名胜区、地质公园、森林公园、湿地公园、自然保护区、国家公园与旅游景区。这些概念实质上与其主管职能部门有关。其中，旅游度假区由文化和旅游部主导。根据《国家级旅游度假区管理办法》，旅游度假区，是指为旅游者提供度假休闲服务、有明确的空间边界和独立管理机构的区域。旅游度假区通常可分为国家级旅游度假区和省级旅游度假区。风景名胜区由国家林业和草原局主导管理。根据《风景名胜区总体规划标准》（GB/T 50298—2018），风景名胜区是指具有观赏、文化或科学价值，自然景观、人文景观比较集中，环境优美，可供人们游览或者进行科学、文化活动的区域；是由中央和地方政府设立和管理的自然和文化遗产保护区域，简称风景区。地质公园由自然资源部主导管理，是以具有特殊地质科学意义，稀有的自然属性、较高的美学观赏价值，具有一定规模和分布范围的地质遗迹景观为主体，并融合其他自然景观与人文景观而构成的一种独特的自然区域。森林公园由国家林业和草原局主导管理，是以森林自然环境为依托，具有优美的景色和科学教育、游览休憩价值的一定规模的地域，经科学保护和适度建设，为人们提供旅游、观光、休闲和科学教育活动的特定场所。湿地公园由国家林业和草原局主导管理。根据《国家湿地公园管理办法》，国家湿地公园是指以保护湿地生态系统、合理利用湿地资源、开展湿地宣传教育和科学研究为目的，经国家林业局批准设立，按照有关规定予以保护和管理的特定区域。自然保护区是指对有代表性的自然生态系统、珍稀濒危野生动植物物种的天然集中分布区、有特殊意义的自然遗迹等保护对象所在的陆地、陆地水体或者海域，依法划出一定面积予以特殊保护和管理的区域。国家公园由国家林业和草原局主导管理，是指国家为了保护一个或多个典型生态系统的完整性，为生态旅游、科学研究和环境教育提供场所，而划定的需要特殊保护、管理和利用的自然区域。它既不同于严格的自然保护区，也不同于一般的旅游景区。

二、旅游景区的特征

根据旅游景区的定义与发展态势，可以得知其还具有要素综合性、资源聚集性、地域特色性、主客共享性等个性特征。

1. 要素综合性

与旅游业的其他子行业不同,旅游景区具有典型的要素综合性。首先,从旅游产业要素的角度看,一个旅游景区通常不仅包括"吃、住、行、游、购、娱"传统六要素,还可包括"商、养、学、闲、情、奇"新兴六要素。其次,从旅游产业功能的角度看,旅游景区能满足游客的参观游览、休闲度假、康乐健身、文化体验、科普研学、商务会议、节庆娱乐、宗教朝拜、美食餐饮、特色购物等各个方面的需求,可以说具有典型的综合性。此外,旅游景区还拥有资源要素、环境要素、人力要素及基础设施要素等。

2. 资源聚集性

旅游景区是各种资源的聚集场所,如自然资源、人文资源、资本资源、人力资源、智力资源、信息资源、政策资源等。从旅游景区的规划设计、开发建设到运营管理,都需要上述资源的综合运用。例如,旅游景区的开发是以自然资源和人文资源为基础的,而规划设计的实施与建设,尤其是涉及项目内容创新等需要人力资源及其智力资源的有效支撑,还需要大量资本资源、政策资源的配合或保障;景区的有效管理和运营又需要优秀人力资源与信息资源的支持。因此,旅游景区的可持续发展不是只依靠单一的资源基础,而是资金、技术、人力等多资源要素的综合运用,发挥其综合效能。

3. 地域特色性

旅游景区是以一定的地域空间为载体的。每个旅游景区,无论其规模大小,都有一个相对明确的空间范围。俗话说:"一方水土养一方人。"不同的地域空间,不仅会形成不同的自然地理环境、气候资源与生态环境,而且还能对地方经济、社会、文化等发展起到不同的推动作用而形成典型的人文差异性。因此,不同地区的旅游景区必然受到地域性自然、历史、社会、文化、环境等因素的影响,进而导致旅游景区的地域特色性或差异性。

4. 主客共享性

与旅游交通、旅游餐饮等旅游要素类似,旅游景区也具有典型的主客共享性,尤其是随着全域旅游和泛旅游概念的提出,本地居民(游客)的家门口旅游休闲已经成为常态。同时,近年来,随着各种小镇旅游、乡村旅游的快速兴起,尤其是以特色小镇、风情小镇、景区城(镇、村)、历史文化街区等为代表的旅游景区,在促进主客共享方面更为突出。在我国带薪假期制度尚未完全推广实施的时代背景下,大部分社区居民依然会将双休日近距离出游作为首选,中小型旅游景区或地方性景区自然成为主客共享的典范。

三、旅游景区的类型

1. 按景观分类

旅游景区分类体系中较常见的一种分类方法,是按照旅游景区所核心依托的旅游资源进行分类,通常可以分为自然型旅游景区、人文型旅游景区、人造型旅游景区和综合型旅游景区。

(1)自然型旅游景区,是指主要依托自然旅游资源而开发建设的旅游景区。我国历史悠久,文物古迹众多,因此,我国大多数自然型旅游景区包含有一定的人文景观或人文旅游资源。但在自然型旅游景区中,其主体吸引物是自然风景,而不是人文景观。典型的自然型旅游景区有黄山、九寨沟、张家界等。根据自然旅游资源类型的不同,自然型旅游景区又可分为山岳型旅游景区(对应地文景观类旅游资源)、森林型旅游景区(对应生物景观类旅游资源)、江河湖海型旅游景区(对应水域景观类旅游资源),以及某些特殊类型的自然型旅游景区,如瀑布型旅游景区、泉水型旅游景区、洞穴型旅游景区等。一般而言,自然型旅游景区的自然旅游资源单体数量与人文旅游资源单体数量的比例应高于2:1。

(2)人文型旅游景区,是指主要依托人文旅游资源而开发建设,由多处人文景点构成,以人文景观和人文资源为主要吸引物,并辅以一定自然景观的相对独立的旅游景区。典型的人文型旅游景区有故宫博物院、丽江古城、山海关、龙门石窟、乌镇等。根据人文景观资源的不同,人文型旅游景区又可分为历史文化名城(镇、村或街区)、宗教圣地、古典园林、博物馆、商业街区等多种类型。一般而言,人文型旅游景区的人文旅游资源单体数量与自然旅游资源单体数量的比例应高于2:1。

(3)人造型旅游景区,又指主题乐园或主题公园。这类景区是根据特定的主题,采用现代信息技术与方法,借助于人力、物力和财力,为游客设计的集诸多娱乐休闲活动于一体的活动空间。典型的人造型旅游景区有迪士尼乐园、环球影城、欢乐谷、方特、宋城、上海海昌海洋公园、Hello Kitty 乐园等。此类旅游景区大部分依托大中型城市,其内部或周边自然旅游资源或人文旅游资源一般或没有。因此,此类旅游景区属于资源脱离型的旅游产品,即完全依靠创新创意。

(4)综合型旅游景区,是指同时依托自然旅游资源与人文旅游资源而开发建设的旅游景区。此类景区通常拥有多处自然旅游资源和人文旅游资源,两者单体数量的比例一般为1:2左右,二者相互映衬、相互依赖,共同吸引游客而形成相对独立的旅游景区。综合型旅游景区中的自然旅游资源和人文旅游资源的旅游价值都较高,二者组合在一起,形成复合型的旅游吸引物。典型的综合型旅游景区有泰山、峨眉山、普陀山、西湖等。

2. 按等级分类

为了加强旅游景区及其资源的保护,大部分国家或地区采用分级管理方式对旅游景区或旅游资源进行管理，由此形成了不同等级的旅游景区。值得注意的是，我国不同等级的旅游景区是由不同行政主管部门来负责的，具体见表 1.1.1。

表 1.1.1　我国旅游景区的等级分类及其主管单位一览表

主管单位	分类结果	
	分类系统	分级系统
文化和旅游部	A 级旅游景区	5A 级旅游景区
		4A 级旅游景区
		3A 级旅游景区
		2A 级旅游景区
		1A 级旅游景区
	旅游度假区	国家级旅游度假区
		省级旅游度假区
	历史文化名城（镇、村、街区）	国家级历史文化名城（镇、村、街区）
		省级历史文化名城（镇、村、街区）
国家林业和草原局（隶属于自然资源部）	风景名胜区	国家级风景名胜区
		省级风景名胜区
	地质公园	世界级地质公园
		国家级地质公园
		省级地质公园
		县级地质公园
	湿地公园	世界级湿地公园
		国家级湿地公园
		省级湿地公园
	森林公园	国家级森林公园
		省级森林公园
	自然保护区	国家级自然保护区
		省级自然保护区
		国家公园
水利部	水利风景区	国家水利风景区

3. 按功能分类

虽然说旅游景区的要素功能相对具有综合性，但每个旅游景区依然有其主导功能。一般来说，旅游景区按照主导功能进行分类，可以分为观光型旅游景区、度假型旅游景区、生态型旅游景区、科考研学型旅游景区、游乐型旅游景区、产业型旅游景区等。

（1）观光型旅游景区。此类旅游景区以观光游览为主导功能，旅游资源通常以观赏游览价值较高的自然旅游资源和人文旅游资源为主，观光游览为其主要的旅游活动。观光型旅游景区一般都具有较高的审美价值，能够满足游客观赏游览的需求。通常观光型旅游景区内的服务配套设施较少，主要以辅助游客观赏为目的而建设一些旅游设施。典型的观光型旅游景区有厦门鼓浪屿、安徽黄山等。

（2）度假型旅游景区。此类旅游景区以休闲度假为主要功能，旅游资源单体的个体价值不高，主要依托其宜人的气候、安静的环境、高等级的服务质量、优美的景观和舒适的度假设施。度假型旅游景区根据其度假活动的内容又可分为海滨度假型旅游景区、山地度假型旅游景区、温泉度假型旅游景区、滑雪度假型旅游景区、运动度假型旅游景区等。典型的度假型旅游景区有大连金石滩、昆明滇池州太湖、三亚亚龙湾、美国夏威夷等。

（3）生态型旅游景区。此类旅游景区以保护生态环境、珍稀物种和维护生态平衡为主要目的。事实上，我国各个行政主管部门负责保护建设的风景名胜区、地质公园、森林公园、湿地公园、自然保护区等局部或全部均有此特征。典型的生态型旅游景区有浙江杭州西溪国家湿地公园、卧龙国家级自然保护区、张家界国家森林公园等。

（4）科考研学型旅游景区。此类旅游景区是以科学考察、普及科教知识与实践教育等为主要目的，其旅游资源通常以具有较高科学研究价值、科学教育价值的景观资源和具有历史文化传承价值的人文资源为主，提供的设施设备主要以满足游客求知或教学为目的。典型的科考研学型旅游景区有各种地质公园、文博场馆、研学实践教育基地等。

（5）游乐型旅游景区。此类旅游景区以满足游客游乐为主要功能，其旅游资源主要是围绕特定主题下的各种现代化游乐设施。典型的游乐型旅游景区有深圳欢乐谷、上海锦江乐园、美国迪士尼乐园、杭州 Hello Kitty 乐园等。

（6）产业型旅游景区。此类旅游景区以其生产为主要功能，同时兼顾游客的观赏游览、生产体验、主题购物、科普研学等消费需求，其旅游资源主要是围绕特定产业资源或发展历史而形成的系列产业设施、设备或产品。产业型旅游景区根据其产业门类的不同，又可以分为工业型旅游景区、农业型旅游景区、时尚型旅游景区、购物型旅游景区等。典型的产业型旅游景区有诸暨米果果小镇景区、义乌国际商贸城等。一般而言，产业型旅游景区的知名度相对较低。

4. 其他分类

除了以上分类方式，旅游景区还有很多其他分类方式。例如：根据旅游景区开发建设、经营主管的主体分类，可分为政府事业型旅游景区、国有企业型旅游景区、民营企业型旅游景区、中外合资型旅游景区等；根据旅游景区是否封闭或收费，可分为封闭收费型旅游景区、开放免费型旅游景区及半开放部分免费型旅游景区等。

四、景区的发展历史

1. 古代漫长的萌芽阶段

我国古代主要的游历活动是皇帝的巡游和士大夫的漫游，他们所到之处，也是旅游现象出现之后大量游客光顾的重要景区。

秦朝时，开国皇帝秦始皇在他称帝的第二年就开始巡游。那时，各民族都有各自崇拜的神山，秦始皇巡游又制定了祭祀名山大川的制度，开始令大臣统计名山，确定了必须出游的 12 座名山，包括恒山、泰山、华山等。对这些名山，官府投入大量的人力、物力进行建设，有些至今仍是我国著名的风景名山。

魏晋南北朝时期，道教、佛教兴盛，开发了道教名山如青城山、罗浮山、茅山、龙虎山等，还有一些佛教名山如五台山、峨眉山。

隋唐时期，掀起了文人墨客漫游之风，自然的名山、秀水和温泉、花木，人文景观中的陵墓、楼台、园林、道观、佛寺，成了文人吊古感叹、抒发情怀的重要场所。

宋辽金时期，南宋都城临安（今杭州）集中大量人力、物力和财力开发西湖，修筑了湖岛、湖堤，在湖周的群山上修建了楼台、桥梁、庄园等。

明清时期，园林建设盛行，主要有两类：一类是皇家园林，如圆明园、畅春园、钓鱼台等；另一类是私家园林，如南京的随园、苏州的拙政园等。

因为在中国古代，游山玩水只是极少数人的行为，所以并未形成"旅游景区"的概念，自然景观只是大自然的空间存在形态，人为开发少，没有经营部门的介入。但是有些地方已经具备了旅游景区的形态特征，是旅游景区开发的原始形态。

2. 近代低迷发展阶段

1840～1949 年，我国旅游景区的发展步入近代低迷发展阶段，一些旅游景区遭受破坏，具体表现在以下几方面：其一，帝国主义列强的入侵和战乱，使圆明园、颐和园、清东陵等文物古迹一度被焚毁；其二，西方列强在中国的风景名胜区（如北戴河海滨、庐山等地）建造房舍作为居住区。同时，在西方文化的影响下，国内出现了现代旅游景区的案例。1868 年，上海外滩修建了一座"公共花园"，即现在的黄浦公园，1905 年无锡建造了完全满足中国人自己需求的公园，这些公园与传统的园林相比，在功能上有了较大的拓展，如在景观营造之余，公园内开始建有大面积的空地，供人们开展各种球类活动和其他体育运动，有的公园还建造了一些基础性的游憩设施。此时的公园已经初具现代旅游景区的雏形。

到 19 世纪的下半叶，一些活跃在洋务运动和维新运动中的有识之士，提出要引进西方类型的现代博物馆，以作"开民智"的途径，但遭到清政府的反对。我国第一座具有现代意义的博物馆，是由清代实业家、教育家张謇先生在 1905 年自筹经费创建的南通博物苑，其馆舍、库房均依据博物馆的功能进行建设，是专门的博物馆建筑，也是我国最早的真正意义上的博物馆建筑。到 20 世纪 30 年代，受世界博物馆运动的影响，我国出现了博物馆发展的第一个高峰，许多城市建造了新型的博物馆。博物馆作为供搜集、保管、研究、陈列和展览有关自然、历史、文化、艺术、科学、技术方面的实物或标本之用的公共建筑，在继承和发扬民族传统的同时又在功能性方面进行了有益的探索。博物馆的发展是近代中国旅游景区发展中值得一提的一笔。

3. 现代景区开发阶段

1949 年以后，中央有关部委及地方政府有关部门、企业先后在一些风景、温泉胜地修建了一批有利于身体健康的疗养院，一般是事业单位性质，隶属于某个"系统"、部门或企业，负责接待本"系统"内的职工、离退休干部或"优秀职工""先进工作者""劳动模范"等。改革开放后，一些疗养院开始从事业型转变为企业型，从内部接待型转变为经营型。

20 世纪 70 年代，旅游业开始在我国兴起，来华游客数目不断增加，我国的文化古迹和著名山水成为吸引外国游客来我国旅游的重要因素，北京、西安和苏州等地的古代历史遗迹、伟大工程、博物馆、园林等人文景观和长江三峡、桂林山水、杭州西湖等成为我国早期游览胜地，旅游景区和景点的概念形象随之建立。我国的旅游景区开发建设进入前所未有的大发展阶段。20 世纪 80 年代，我国旅游业进入快速发展时期。1982 年，国务院公布了首批 24 个国家历史文化名城和 44 处国家级风景名胜区，推动了我国旅游景区的开发和建设，并在经营管理与服务上得到很大的提高。20 世纪 80 年代中后期以后，我国许多地方相继出现了一些人造景观或主题公园。最初人造景观一般以一定的文学艺术作品或历史资料等为创作蓝本，进行原物的模仿，运用现代的科学技术，如声、光、电、自动控制技术等，营造出形象逼真的景观效果，吸引游客观赏，如陕西西安的"大唐不夜城"等；随后又出现了以微缩、移植或仿古景观为主的主题公园，如深圳的"锦绣中华·民俗文化村"和"世界之窗"，无锡的"唐城"和"水浒城"，北京和上海的"大观园"等。

在这一阶段，我国景区发展呈现出四大特点：①旅游景区得到规划与开发；②旅游景区开始进行经营管理；③旅游景区的规划出现只注重经济效益而忽视社会效益和生态效益的问题，旅游资源开发破坏较严重；④旅游景区的旅游产品以观光项目为主，缺乏对旅游市场需求的调查分析，产品单一，没有特色。

4. 当代景区快速发展阶段

进入 20 世纪 90 年代，由于我国长期以来缺少度假旅游产品和专项旅游产品，这方面的旅游资源优势得不到发挥。1992 年 8 月，国务院为了促进我国旅游业转型和发展，作出了试办国家旅游度假区的决定，同年批准建立 11 个国家旅游度假区，即大连金石滩、青岛石老人、江苏太湖、上海横沙岛、杭州之江、福建武夷山、福建湄洲岛、广州南湖、北海银滩、三亚亚龙湾、昆明滇池。1993 年国务院批复同意将江苏太湖国家旅游度假区拆分更名为"苏州太湖国家旅游度假区"和"无锡太湖国家旅游度假区"。

20 世纪 90 年代中期，随着可持续发展理念的引入，以及工农业资源综合利用的推进，各类旅游示范区纷纷出现，如生态旅游示范区、农业旅游示范区和工业旅游示范区等。1995 年，我国开始开展全国生态示范区建设试点工作，并将生态示范区建设这一环境工程列为"九五"重点，国家旅游局在此基础上开始试办国家生态旅游示范区，并将有特点的工农业生产单位列为景点。2005 年，国家旅游局公布首批全国工农业旅游示范点，其中全国农业旅游示范点 203 个，全国工业旅游示范点 103 个。这些举措对我国旅游向可持续发展的目标迈进起到了促进作用。

20 世纪 90 年代至今，我国旅游景区发展的重点从开发转向规范管理，文化和旅游部对各类景区加强了旅游业规范管理。为了规范和提高各类景区的经营管理和服务水平，促进景区升级上档，国家出台了《旅游区（点）质量等级的划分与评定》国家标准。1999～2005 年，国家旅游局先后公布了 6 批国家 A 级景区，其中 4A 级景区共 671 处。2007 年，经有关省、自治区、直辖市旅游景区质量等级评定委员会推荐和辅导创建，全国旅游景区质量等级评定委员会组织评定，66 家试点景区达到国家 5A 级旅游景区标准的要求，批准为国家 5A 级旅游景区，其中包括北京故宫博物院、四川九寨沟、云南石林等知名景区。截至 2020 年末，我国共有各类 A 级旅游景区 13 332 个，其中 5A 级旅游景区 302 个、4A 级旅游景区 4030 个，发展速度之快前所未有。

进入 21 世纪以来，我国旅游业的产业化和国际化水平不断提高，在此背景下，我国旅游景区的类型逐渐多元化，世界遗产公园、森林公园、地质公园、野生动物园、主题公园、工业旅游园区、商贸园区、乡村生态旅游区、海滨度假区等景区类型逐步规模化和系统化，旅游景区经营日益市场化和国际化，旅游景区管理更加专业化和规范化，旅游景区的数量和质量全面进入提升发展阶段。

🌱 任务实施

步骤一 布置任务。

（1）教师事前选择两家景区——一家 5A 级景区和一家世界文化遗产，向学生提供景区的官方网址，让学生上网浏览并了解这两家景区。

（2）学生带着"各 A 级景区的差别和与世界文化遗产的异同"等问题到景区现场参观，收集不同景区的案例并完成景区介绍报告。

步骤二 发放任务书。

（1）全班分成四个小组，每组选出一名组长。

（2）每组分别介绍一家景区。

（3）要求介绍内容必须包含景区概况的四个要素。

（4）可以分工合作，可以讨论。

步骤三 撰写景区介绍稿。

每个小组分工合作，完成一家景区的概况介绍并充分讨论。

步骤四 介绍景区成果展示。

每个小组派一名代表介绍本小组所完成的关于景区概况的介绍，其他小组或教师提问，代表或小组其他成员解答。

步骤五 教师点评。

教师针对学生介绍的不同景区进行点评，归纳总结景区的概念、特征、类型、发展历史等相关知识点。

步骤六 案例分析。

教师对典型案例"大连金石滩旅游度假区"进行详细分析，同时引发学生进行讨论，引申出介绍景区的四大要素，让学生加深印象。

任务评价

任务完成后，填写介绍旅游景区任务评价表（表1.1.2）。

表 1.1.2　介绍旅游景区任务评价表

评价项目	完成很好	完成较好	基本完成	未完成	本项得分
收集资料与资料展示	9～10分	7～8分	5～6分	<5分	
小组景区介绍（景区类型及等级、景区发展历史、景区服务与管理特色、其他）	35～40分	30～34分	24～29分	<24分	
个人景区介绍（景区类型及等级、景区发展历史、景区服务与管理特色、其他）	35～40分	30～34分	24～29分	<24分	
学习态度、合作意识、完成效率、整体质量	9～10分	7～8分	5～6分	<5分	
总分					

案例分析

大连金石滩旅游度假区

大连金石滩是由大连金石滩旅游集团投资建立的国家级旅游度假区、国家级风景名胜区、国家地质公园、国家海洋公园、5A级旅游景区。

发展历程

大连金石滩旅游集团成立于2000年，是集旅游、餐饮、住宿、娱乐、购物、交通为一体的旅游资源开发、管理与经营的国有独资企业。集团旗下拥有大连金石滩快乐海岸、大连滨海国家地质公园、大黑山风景区、金石文化博览广场、金石园、金石滩植物园、狩猎俱乐部、金石滩港务、金石湾足球俱乐部、交运公司等企业。

文化旅游产业集群

金石文化博览广场是集文化展示与体验、商业配套、集散服务、广场休闲、会展交易、特色教学及文化创意产业为一体的综合性文化休闲场所。它集合了金石蜡像馆、未来科技馆、生命奥秘博物馆、球幕体验馆、奇幻艺术体验馆、华夏文化博物馆、地球之光科普体验馆、毛泽东历史珍藏馆八大核心展馆，以及美食广场、购物中心和多功能厅，总建筑面积76 186平方米。建筑外观典雅大气，从空中俯瞰为人形，仿佛一个孩童雀跃于大地之上，传达着人本和谐、乐于探索的旅游形象。

地质观光集群

大连滨海国家地质公园是以海洋风光、海岸地貌、层型剖面和典型地质构造景观为主，以生态和人文景观为辅，集地质科研、教学实习、观光游览、度假休闲、避暑疗养、猎奇探险于一体的综合性城市海岸地质公园，是金石滩的神奇所在。

休闲度假集群

黄金海岸绵延 4.5 公里，其天然海水灯光浴场被评定为全国 16 大"健康型"浴场之一。超大型的音乐喷泉休闲广场和宽 100～200 米的辽阔沙滩可同时容纳 10 万人进行各类活动。

其他服务配套——餐饮和购物

金石文化博览广场内的美食广场及购物中心，可以满足游客在旅游过程中购物用餐的需求，1700 平方米的多功能宴会大厅可以同时容纳 800 人用餐，以"阔、透、清、雅、全"的环境优势，成为金石滩举办商务活动、婚宴、会议接待的理想场所。

（资料来源：https://www.jinshitan.com/）

问题：大连金石滩旅游度假区有哪些特色？

任务拓展

主题活动——谁不说俺家乡美

挑选自己家乡的一家知名旅游景区，分别从景区类型和等级、景区的发展历史、景区服务和管理特色，以及其他方面介绍该景区，并撰写景区介绍报告，全班评选出两个优秀报告。

项目描述 ——······

本项目有两个工作任务：工作任务一是认知 A 级旅游景区评定标准，包含 A 级景区的概念和评定标准；工作任务二是以 5A 级景区申报流程为例，了解 5A 级景区的申报条件和申报流程，并撰写申报书。通过本项目的学习，为后续申报 A 级景区做好充分的准备。

项目目标 ——······

※　知识目标

● 了解 A 级景区的概念。
● 熟悉 5A 级景区的申报条件和申报流程。
● 掌握 5A 级景区申报书的撰写方法。

※　能力目标

● 能按照 5A 级旅游景区的申报要求为某 4A 级景区撰写申报书。

※　素质目标

● 能善于多途径分析、判断旅游景区的自身情况。

※　思政目标

● 能发现旅游景区中的"美"与品牌影响力。

工作任务一　认知 A 级旅游景区评定标准

任务情境

天桥沟国家森林公园位于辽宁省宽甸满族自治县境内，属长白山脉老岭支脉，占地面积 4000 多公顷。该景区有天宫景区、莲花峰景区、玉泉顶景区、晓月峰景区、栈道溪谷五大游览区域，共计 125 个景点。其中，保存完整的东北抗日联军遗址 20 多处。景区以莲花映日、天桥雾月、鹰岩积雪、天潭垂钓、层林红枫、双松飞瀑、晓月鸣禽、云海关涛等"天桥八景"最为著名，尤以"层林红枫"享誉中外，是国内著名的赏枫园区之一，更是被中国旅行家杂志评为"中国枫叶最红最艳的地方"。该景区准备申报5A 级旅游景区，请依据《旅游景区质量等级的划分与评定》（修订）国家标准评分细则中的细则二——《景观质量评分细则》对该景区的景观质量做一个自评。

任务目标

- 了解 A 级旅游景区的概念。
- 掌握 A 级景区的评定标准。

相关知识

一、A 级旅游景区的概念

1. A 级旅游景区的含义

按照《旅游景区质量等级的划分与评定》（修订）规定，"旅游景区质量等级划分为五级，从高到低依次为 AAAAA、AAAA、AAA、AA、A 级旅游景区，旅游景区质量等级的标牌、证书由国家旅游行政主管部门统一规定"。

景区的划分与评定主要依据 3 个标准：一是依据《服务质量与环境质量评分细则》对景区的旅游交通、游览、旅游安全、卫生、邮电服务、旅游购物、综合管理、资源和环境的保护 8 个方面进行评价；二是依据《景观质量评分细则》对资源吸引力和市场影响力进行评价；三是依据《游客意见评分细则》对游客综合满意度进行评价。A 级景区就是由旅游景区质量等级评定委员会根据以上三大细则从 11 个方面，对申报景区进行考评，根据得分情况设置评定等级。景区符合相关标准后，获得相应等级旅游景区质量等级评定委员会的认可，由相应评定机构颁发证书、标牌，即成为 A 级景区。

A 级景区是在国家对全国景区实施标准化和规范化管理的基础上，经过相应评定机构依据以上三大细则认定的符合一定标准和条件的景区。

2. A 级旅游景区的评定机构

通常情况下，AAA 级、AA 级、A 级旅游景区由全国旅游景区质量等级评定委员会委托各省级旅游景区质量等级评定委员会负责评定。省级旅游景区质量等级评定委员会可以向条件成熟的地市级旅游景区质量等级评定机构再行委托。AA 级旅游景区由省级旅游景区质量等级评定委员会推荐，全国旅游景区质量等级评定委员会组织评定。5A 级旅游景区从 4A 级旅游景区中产生，依照《旅游景区质量等级的划分与评定》（修订）国家标准，经省旅游景区质量等级评定委员会初评和推荐，由全国旅游景区质量等级评定委员会评定。

二、A 级旅游景区评定标准

《旅游景区质量等级划分与评定》（修订）国家标准评分细则共包括三部分。

1. 服务质量与环境质量评分细则（简称"细则一"）

细则一共计 1000 分，共分为 8 个大项，从分值来看，游览（235 分）和综合管理（200 分）两项分值最高，其他从高到低依次为资源和环境的保护（145 分）、卫生（140 分）、旅游交通（130 分）、旅游安全（80 分）、旅游购物（50 分）和邮电服务（20 分）。在 8 个大项中包含 216 个评分点，从细节上又对 8 个大项进行了细分，其中，自配停车场地（30 分）、游客中心（70 分）、标识系统（49 分）、游客公共休息设施和观景设施（26 分）、安全设施设备（27 分）、废弃物管理（40 分）、垃圾管理（35 分）、厕所（65 分）、规划（25 分）、旅游景区宣传（36 分）、电子商务（30 分）、区内建筑及设施与景观的协调性（36 分）又成为申请"创 A"中的重点工程，也是最重要和最容易失分的地方。因此，在细则一中既对景区的大项进行了规范，同时更在细节上进行了要求，尤其是对于创 5A 级景区来说，总分要求达到 950 分，因此每一个细节都是至关重要的。

2. 景观质量评分细则（简称"细则二"）

细则二分为资源要素价值与景观市场价值两大评价项目、9 项评价因子，总分 100 分。其中，资源吸引力为 65 分，市场吸引力为 35 分。各评价因子分为 4 个评价得分档次。从分值来看，观赏游憩价值最高，其次是历史文化科学价值、珍稀或奇特程度、规模与丰度、知名度、美誉度、市场辐射力等。从细则二可以看出，景观质量不仅是指科学价值，更要求科学价值在旅游开发中的应用，这里的景观通常是指具有旅游开发价值的资源要素，更加注重资源的可利用性和市场性。

3. 游客意见评分细则（简称"细则三"）

细则三总分 100 分，依据《旅游景区游客意见调查表》的得分情况对游客综合满意度进行考察，并以此为基础计算游客意见评分。

《旅游景区游客意见调查表》采用随机发放的方式，根据景区的规模、范围和申报等级确定发放规模，一般为 30～50 份，即时发放、即时回收，最后汇总统计。回收率不应低于 80%，原则上，发放对象不能少于 3 个旅游团体，并注意游客的性别、年龄、职业、消费水平等方面的均衡。

游客从景区的总体印象、外部交通、内部游览线路、观景设施、路标指示、景物介绍牌、宣传资料、导游讲解、服务质量、安全保障、环境卫生、厕所、邮电服务、商品购物、餐饮或食品、旅游秩序、景区保护 17 个单项对景区进行评价，按照很满意、满意、一般、不满意 4 个等级打分。其中，总体印象满分为 20 分，其中很满意为 20 分，满意为 15 分，一般为 10 分，不满意为 0 分；其他 16 项每项满分为 5 分，总计 80 分，各项中，很满意为 5 分，满意为 3 分，一般为 2 分，不满意为 0 分。

游客意见评分的计分办法通常采用算术平均法，即先计算出所有《旅游景区游客意见调查表》各单项的算术平均值，再对 17 个单项的算术平均值加总，作为本次游客意见评定的综合得分。如存在某一单项在所有调查表中均未填写的情况，则该项以其他各项（除总体印象外）的平均值计入总分。

4. 各等级旅游景区需达到的条件

根据三大细则，旅游景区质量等级得分相应的最低要求见表2.1.1。

表2.1.1　旅游景区质量等级得分对应细则最低得分值汇总表

景区级别	细则一	细则二	细则三
5A	950分	90分	90分
4A	850分	85分	80分
3A	750分	75分	70分
2A	600分	60分	60分
1A	500分	50分	50分

三、A级旅游景区评定标准解析

三大细则相互关联，其中细则二是对旅游景区本身的资源质量进行评价，是申报"创A"的基础，细则一和细则三则更多地体现了以人为本、细节化和人性化的要求。因此，在申报A级景区时，一般先对照细则二进行评估，达标后，再进入后续程序。在细则二通过的前提下，细则一往往成为景区升级的关键和重点提升建设项目。根据以上"创A"评定标准，可将评分点分为以下六类。

1）建设类

建设类包括旅游景区的各类旅游基础设施和旅游服务设施，但只包括需要景区内部自行建设的设施，一些外部设施如公路、航线等并未包括其中。具体包括游客中心（70分）、环境氛围（69分）、厕所（65分）、标识系统（49分）、自配停车场地（30分）、内部交通（30分）、游客公共休息设施和观景设施（26分）、公共信息图形符号设置（18分）、购物场所建设（15分）、特殊人群服务项目（10分）等，共382分。建设要求统筹设计，合理布局，特别要注意各项设施的特色化、艺术性及与周围环境的协调。

2）服务类

服务类包括导游服务（37分）、邮电服务（20分）、宣教资料（15分）、旅游商品（15分）、餐饮服务（10分）等，共97分，在服务类建设中应该特别注意内在人文关怀的建设和人员素质的提升。根据细则一，服务类的要求并不多，并且很多方面已经落后于时代的要求，但服务类项目却直接影响游客的游览感受和满意程度，如旅游商品的设置和布局，餐饮服务、游客服务中心人员的素质等，都对游客体验造成很大影响，与细则三的得分高低有直接关系。

3）管理类

景区的管理体系具体包括景区综合管理（200分）、旅游安全（80分）、门票（10

分）、购物场所管理（10 分）及商品经营从业人员管理（10 分）等，共 310 分。高效的管理是景区正常运行的必要保证，不仅在"创 A"申请中具有重要的意义，在景区日常运行中也占有举足轻重的地位。检查中的常见问题主要是人员闲聊、串岗或无人值班，不着统一的工作服，不佩戴工牌等。另外，在游客投诉及意见处理方面，拨打投诉电话时无人接听，接听态度不好，受理不迅速，没有投诉办公室标志，没有投诉信箱、意见本或投诉记录不全等，也是景区评定中的常见失分点。

4）交通类

交通类是指景区的可进入性。景区的可进入性包括外部交通工具抵达景区的便捷程度（20 分）、依托城市（镇）抵达旅游景区的便捷程度（20 分）、抵达公路或客运航道（干线）等级（10 分）、抵达公路或客运航道（支线）（10 分）、外部交通标识（10 分）等，共 70 分。在整个标准体系中，交通被列为第一要素。可达性是旅游开发的先决条件，对景区旅游活动的开展有十分重要的影响。A 级景区对交通的可进入性都有一定的要求。在细则一中 5A 级景区必须达到 950 分以上，因此 5A 级旅游景区对交通要求很高，在创 5A 的过程中需要景区积极推动与各方的合作，实现景区发展与城市建设相互带动的关系。

5）环境类

环境类主要是指对景区环境容易造成污染或影响的项目，主要包括当地资源和环境的保护（145 分）、废弃物管理（40 分）、环境卫生（20 分）、吸烟区管理（5 分）等，共 210 分。这一类是景区"创 A"的难点，也是最容易造成连锁扣分的因素。例如，资源和环境的保护中很多内容（如空气、地表水、噪声等）的评定需要有专业的仪器和有资质的第三方来测试，需要景区长期的维护改善。但是当严重的空气、水质和噪声等污染可凭感官直接进行判断时，扣分可高达 25 分。另外，景区环境卫生中的场地秩序、游览场所地面、气味也是景区日常管理的难点，需要景区长期坚持日常维护。

6）景观类

虽然景区的自然景观和人文景观在很多时候是景区的天然条件，但随着景区的多元化发展，在景区"创 A"的过程中，也可以在现有文化和景观的基础上，进一步提升和改造景观的观赏游憩价值，使其满足"创 A"的要求，如广州市长隆旅游度假区、常州市环球恐龙城景区、无锡影视基地三国水浒景区等 5A 级景区的诞生，表明了国家在景区多元化发展方面的进步。

任务实施

步骤一　学生分组完成资料查阅任务。

学生分组，每组 3～5 人，小组成员分工合作收集景区资源吸引力（包括观赏游憩价值、历史文化科学价值、珍稀或奇特程度、规模与丰度、完整性等影响因子）和市场影响力（包括知名度、美誉度、市场辐射力、主题强化度等影响因子）资料。

步骤二 学生分组对该景区的景观质量进行自评打分，并填写表 2.1.2。

表 2.1.2 景观质量评分表

评价项目	评价因子	评价依据和要求	等级赋值				本项得分
			I	II	III	IV	
资源吸引力（65）	观赏游憩价值（25）	1. 观赏游憩价值很高 2. 观赏游憩价值较高 3. 观赏游憩价值一般 4. 观赏游憩价值较小	20～25	13～19	6～12	0～5	
	历史文化科学价值（15）	1. 同时具有极高历史价值、文化价值、科学价值，或其中一类价值具有世界意义 2. 同时具有很高历史价值、文化价值、科学价值，或其中一类价值具全国意义 3. 同时具有较高历史价值、文化价值、科学价值，或其中一类价值具省级意义 4. 同时具有一定历史价值，或文化价值，或科学价值，或其中一类价值具地区意义	13～15	9～12	4～8	0～3	
	珍稀或奇特程度（10）	1. 有大量珍稀物种，或景观异常奇特，或有世界级资源实体 2. 有较多珍稀物种，或景观奇特，或有国家级资源实体 3. 有少量珍稀物种，或景观突出，或有省级资源实体 4. 有个别珍稀物种，或景观比较突出，或有地区级资源实体	8～10	5～7	3～4	0～2	
	规模与丰度（10）	1. 资源实体体量巨大，或基本类型数量超过 40 种，或资源实体疏密度优良 2. 资源实体体量很大，或基本类型数量超过 30 种，或资源实体疏密度良好 3. 资源实体体量较大，或基本类型数量超过 20 种，或资源实体疏密度较好 4. 资源实体体量中等，或基本类型数量超过 10 种，或资源实体疏密度一般	8～10	5～7	3～4	0～2	
	完整性（5）	1. 资源实体完整无缺，保持原来形态与结构 2. 资源实体完整，基本保持原来形态与结构 3 资源实体基本完整，基本保持原有结构，形态发生少量变化 4. 原来形态与结构均发生少量变化	4～5	3	2	0～1	

续表

评价项目	评价因子	评价依据和要求	等级赋值				本项得分
			I	II	III	IV	
市场影响力（35）	知名度（10）	1. 世界知名 2. 全国知名 3. 省内知名 4. 地市知名	8～10	5～7	3～4	0～2	
	美誉度（10）	1. 有极好的声誉，受到 95%以上游客和绝大多数专业人员的普遍赞美 2. 有很好的声誉，受到 85%以上游客和大多数专业人员的普遍赞美 3. 有较好的声誉，受到 75%以上游客和多数专业人员的赞美 4. 有一定声誉，受到 65%以上游客和多数专业人员的赞美	8～10	5～7	3～4	0～2	
	市场辐射力（10）	1. 有洲际远程游客，且占一定比例 2. 有洲内入境游客及洲际近程游客，且占一定比例 3. 国内远程游客占一定比例 4. 周边市场游客占一定比例	8～10	5～7	3～4	0～2	
	主题强化度（5）	1. 主题鲜明，特色突出，独创性强 2. 形成特色主题，具有一定独创性 3. 有一定特色，并初步形成主题 4. 有一定特色	4～5	3	2	0～1	
总分							

步骤三 教师点评。

对比各小组评分表，小组讨论选出最科学客观的两组，并说明理由，教师针对评选结果进行点评。

任务评价

任务完成后，填写针对细则二自评打分活动评价表（表 2.1.3）。

表 2.1.3 针对细则二自评打分活动评价表

评价项目	完成很好	完成较好	基本完成	未完成
调研深入、讨论充分	18～20 分	15～17 分	12～14 分	<12 分
真实客观	35～40 分	30～34 分	24～29 分	<24 分
理由充分	27～30 分	23～26 分	18～22 分	<18 分
学习态度好、合作意识强	9～10 分	7～8 分	5～6 分	<5 分
总分				

案例分析

历史文化旅游景区创 5A 案例：阆中古城

1. 项目概述

古城阆中位于四川盆地东北缘、嘉陵江中游，有着 2300 多年的建城史，与丽江古城、平遥古城、徽州古城并称为"中国四大古城"，素有"阆苑仙境""风水古城""天下第一江山"之誉。阆中古城拥有"山围四面、水绕三方"的独特环境、棋盘式的城市风水街道布局，以及融南北风格于一体的建筑群。阆中古城是展现中国古代建城选址"天人合一"思想的完美典范。

然而，比起丽江古城、平遥古城、凤凰古城、乌镇、周庄等古城古镇旅游品牌的华丽转身，阆中古城的资源吸引力、市场影响力未能得到完全释放，服务质量与游客满意度等方面距离国际知名、国内一流的旅游景区尚存在一定的差距，一些瓶颈问题制约着阆中古城的进一步发展。在"旅游立市"目标的指导下，阆中市委、市政府加大了对阆中古城的保护与开发力度，2008 年 6 月阆中市政府决定冲刺 5A 级风景区。

2011 年 10 月，阆中市先后高起点编制了《阆中古城创建国家 5A 级旅游景区总体规划》和《阆中古城创建国家 5A 级旅游景区实施方案》，所有创建任务均按既定规划确定。2011 年规划正式开始实施后，阆中古城的软硬件设施、景区品质和品位较以往有了很大的提高，旅游人次及旅游收入增加明显。2012 年，阆中古城接待游客 395 万人次，实现综合收入 34 亿元，分别同比增加 21.5%和 33.2%。2013 年 9 月 13 日，阆中古城高分通过检查验收，正式晋级川东北首个 5A 级旅游景区。

2. 创 5A 前期分析

1）创 5A 基础分析

2005 年 10 月，阆中市启动国家 4A 级风景区创建工作，确立了阆中古城以"风水文化"、"科举文化"和"三国文化"为三大主题，全力打造由古城、嘉陵江、锦屏山"一城一江一山"构成的阆中古城景区。2007 年底，阆中古城被国家旅游局认定为国家 4A 级旅游景区。

总体上，过去的创建实践为阆中古城创建 5A 级旅游景区奠定了坚实的基础条件：旅游立市目标明确，外部条件渐趋完善；古城保护基础扎实，低碳古城格局初显；旅游规模持续扩大，旅游市场尚存空间；初具世界级吸引力，境内外影响力扩大；旅游设施基本完善，旅游要素渐成体系。

2）创 5A 差距分析

在创建之初，就《旅游景区质量等级划分与评定》（修订）三个细则的要求，规划专家组自测阆中古城分值分别为 834 分、83 分、81 分，而细则一要求的旅游标识系统、厕所及景区客观质量又直接决定细则二、细则三的主观评价。阆中古城的主要弱项集中在 4 个方面：①文化风貌不够浓郁；②滨江体验不够丰富；③夜游产品严重缺乏；④古城夜景不成亮点。

阆中古城在 2007 年才成为 4A 级旅游景区，距离 5A 级旅游景区标准的差距比较明显。这些差距主要集中体现在 6 个方面：①资源禀赋较高，但产品化程度不够；②具备一定的游客规模，但消费结构不合理；③外部交通不畅，可进入性较差；④城镇扩张迅速，风貌保护压力大；⑤多重文化叠加，品牌形象识别不清晰；⑥营销效果初显，但市场认知关联度不够等。

（资料来源：https://m.cncn.com/news/190793，有删改）

问题：为创 5A 级景区，阆中古城还需要在哪些方面做出努力？

📖 任务拓展

请依据《旅游景区质量等级评定与划分》（修订）国家标准评分细则中的细则三——《游客意见评分细则》对该景区的游客意见做自评。

工作任务 二 申报 5A 级旅游景区

⚡ 任务情境

天桥沟国家森林公园通过自查，对照《旅游景区质量等级的评定与划分》（修订）国家标准中 5A 级景区评定标准进行逐项打分，找出景区的薄弱环节，加紧整改，目前天桥沟国家森林公园已具备申报条件，积极准备《旅游景区质量等级申请评定报告书》及相关材料。请你帮助天桥沟国家森林公园撰写一份《旅游景区质量等级申请评定报告书》。

🌱 任务目标

- 了解旅游景区的参评机构和参评条件。
- 熟悉 A 级旅游景区申报流程和评定流程。
- 掌握《旅游景区质量等级申请评定报告书》的撰写方法。

💡 相关知识

一、旅游景区的评定机构

目前 A 级旅游景区由文化和旅游部负责管理，3A 级以下旅游景区由地方旅游局负责验收，4A 级以上旅游景区由省（直辖市、自治区）旅游局直接验收，5A 级旅游景区则由文化和旅游部委托全国旅游资源规划开发质量评定委员专家暗访复核。下面根据旅游景区提升规划的实际需要，以 5A 级旅游景区创建申报为例进行阐述。

二、5A 级旅游景区的参评条件

1. 已成为 4A 级旅游景区满 3 年

5A 级旅游景区从 4A 级旅游景区中产生,被公告为 4A 级旅游景区 3 年以上的方可申报 5A 级旅游景区。

2. 年接待游客达 60 万人次以上

5A 级旅游景区要求年接待海内外游客 60 万人次以上,其中海外游客 5 万人次以上。

3. 景区面积不小于 3 平方公里

5A 级旅游景区面积不能小于 3 平方公里。景区内的园中园、景中景等内部旅游点,不进行单独评定。

三、5A 级旅游景区的申报流程

5A 级旅游景区由省(市)级旅游资源开发质量评定委员会负责初审和推荐,全国旅游资源开发质量评定委员会组织各技术委员会进行评定。按照文化和旅游部改革思路,设全国旅游资源规划开发质量评定委员会,下设景观质量评定组、景区现场评定组、旅游规划资质评定组、度假区评定组。

1. 申报材料准备

(1)创建申请。自检认为景观质量达到 5A 级标准要求,通过创建各项条件可全面达到 5A 级标准。制定创建工作方案和计划任务书,逐级向旅游资源开发管理委员会提出创建申请,提交创建材料。

创建材料包括景区总体情况、景观资源评价片(10 分钟视频)、景观质量情况、创建工作方案和计划任务书等。

(2)景观评估。省级旅游资源规划开发质量评定委员会对申报创建 5A 级的景区景观和创建材料核查后,将符合要求的景区推荐至全国旅游资源规划开发质量评定委员会。

全国旅游资源规划开发质量评定委员会委派评估组,对各地推荐景区的景观质量和创建基础进行现场评估,对创建工作方案和计划任务书的真实性、有效性进行核实。

评估组要向全国旅游资源规划开发质量评定委员会提交评估报告。通过评估,将具备创建条件的景区列入创建 5A 预备名单,未能通过评价的,不列入创建单位预备名单。

(3)创建辅导。被列入预备名单的景区,在省级旅游资源规划开发质量评定委员会的指导下,按照创建工作方案和计划任务书开展创建工作,落实景区创建工作的主体责任,并将创建工作进展情况及时报送全国旅游资源规划开发质量评定委员会。

(4)初审推荐。经景区自查和省级旅游资源规划开发质量评定委员会审核,认为景区已经完成各项创建计划任务，并达到 5A 级旅游景区标准的，由省级旅游资源规划开发质量评定委员会向全国旅游资源规划开发质量评定委员会提交评定申请，报送《旅游景区质量等级申请评定报告书》、旅游景区服务质量和环境质量情况材料（针对细则一每一项打分点，提供翔实的文字说明和图片证明）、创建计划任务完成情况报告等。

（5）资料审核。全国旅游资源规划开发质量评定委员会依据《旅游景区质量等级的划分与评定》（修订）和评定细则规定，对旅游景区申报材料进行全面审核，审核重点包括旅游景区名称、范围、管理机构、规章制度、年游客量、电子商务、服务质量与环境质量达标情况，以及景区各项计划任务完成情况。通过审核的景区，进入现场评定程序。

2. 现场评定工作流程

全国旅游资源规划开发质量评定委员会委派检查组采取明查和暗访两种方式对旅游景区服务质量与环境质量进行现场评定。

（1）组成检查组。每家景区现场检查员人数为 3～5 人，设组长 1 人，负责统筹协调。

（2）暗访。评定组以普通游客身份进入景区，依据细则一对景区进行暗访，通过文字、照片、视频、录音等方式予以记录。与景区服务人员交流，判断他们对各项规章制度的理解程度和落实情况。

（3）整改通知书。检查组根据暗访实际情况，形成报告至全国旅游资源规划开发质量评定委员会。全国旅游资源规划开发质量评定委员会给参评景区下达整改通知书。

（4）明查。明查主要以座谈会的方式进行。参会人员包括被检查方的高层管理者及各部门负责人。查看景区组织架构、管理制度、服务流程等内容，与各部门管理人员交谈，了解景区各项规章制度的执行情况。

（5）提交评定报告。5A 级旅游景区现场检查评定委员会向全国旅游资源规划开发质量评定委员会提交评定报告。

评定内容包括景区交通等基础服务设施，安全、卫生等公共服务设施，导游导览、购物等游览服务设施，电子商务等网络服务体系，旅游景区的历史文化价值，自然环境保护情况，以及引导游客文明旅游等方面的情况。通过评定的景区，进入社会公示程序，由文化和旅游部颁发证书、标志、标牌。

🌾 **任务实施**

步骤一　学生分组收集并整理资料。

学生分组，每组 3～5 人，小组成员分工合作收集景区基本数据、旅游资源概述、发展概况、旅游活动项目等资料。

步骤二　撰写申报报告。

依据《旅游景区质量等级的划分与评定》（修订）国家标准评分细则，分别从以下四个方面撰写《旅游景区质量等级申请评定报告书》（表 2.2.1）。

（1）景区基本数据。

（2）旅游资源概述（旅游资源类型种类、特色、数量、品位、组合关系、保护措施等）。

（3）发展概况（行政归属单位、经营管理单位、开业时间、发展过程、累计投入、近三年经营情况等）。

（4）旅游活动项目（常设和专项旅游活动项目的名称、内容、活动方式、项目建设单位等）。

表 2.2.1　旅游景区质量等级申请评定报告书

名称		主管部门	
性质	在下列正确的位置划（√）：风景区、文博院馆、寺庙观堂、旅游度假区、自然保护区、主题公园、森林公园、地质公园、游乐园、动植物园、工农业旅游、科教文化及其他		
通信地址		邮编	
电话		传真	
网址	（1） （2） （3）		
负责人		电话	

1．基本数据

面积					
依托城市（镇）名称					
日接待最大容量					
工作人员	总人数	人	导游（讲解）人员	人	安保人员	人
	管理人员	人	高级导游（讲解员）	人	环卫人员	人
上年经营情况	接待游客人数		万人次	营业收入	万元
	其中：入境游客人数		万人次	利润总额	万元
	门票价格		元	上缴税费	万元
投入情况	累计投入		万元	年均投入	万元
开业时间	景区自　　　年　　　月开始开业接待游客				

2．旅游资源概述（旅游资源类型种类、特色、数量、品位、组合关系、保护措施等）

3．发展概况（行政归属单位、经营管理单位、开业时间、发展过程、累计投入、近三年经营情况等）

4．旅游活动项目（常设和专项旅游活动项目的名称、内容、活动方式、项目建设单位等）

步骤三　教师点评。

教师针对各小组的申请评定报告书完成情况进行点评，重点强调旅游资源概述、发展概况、旅游活动项目三个方面的内容。

任务评价

任务完成后，填写《旅游景区质量等级申请评定报告书》任务评价表（表 2.2.2）。

表 2.2.2　《旅游景区质量等级申请评定报告书》任务评价表

评价项目	完成很好	完成较好	基本完成	未完成	本项得分
深入调研，讨论充分	9～10 分	7～8 分	5～6 分	<5 分	
填写内容全面准确	35～40 分	30～34 分	24～29 分	<24 分	
文字表达流畅	18～20 分	15～17 分	12～14 分	<12 分	
编写规范、符合文本要求	18～20 分	15～17 分	12～14 分	<12 分	
学习态度好、团队合作意识强	9～10 分	7～8 分	5～6 分	<5 分	
总分					

案例分析

西溪湿地创 5A 经验总结

浙江杭州西溪国家湿地公园（简称西溪湿地）2012 年升级为 5A 级景区，纵观其将近 10 年的建设和发展，经历了"综合保护—经营管理—品质提升"三个发展阶段。创 5A 对西溪湿地来说，既有资源禀赋的评定，也是对其经营管理工作的考验。

1. 加大基础改建和数字化建设

2011 年 4 月，西溪湿地通过了浙江省旅游局组织的国家 5A 级景区初检。在这次省级初检之后，西溪湿地进一步加大了创建国家 5A 级景区的工作力度。同年 5 月 1 日，西溪湿地正式启用 890 平方米周家村新游客中心，深潭口、河渚街区域候船廊、候车廊改造完成，参照星级厕所标准改造厕所 19 个，新增公用电话亭 6 个、移动基站 2 座。此外，投入近 2000 万元开展"数字化景区"项目建设，提升景区综合管理水平，实现客流、物流、资金流、信息流的合理高效运行。

2. 巧设文化旅游亮点

西溪湿地有着"文化湿地"的称誉，千百年来古代文人墨客在此游历隐居，徐志摩、郁达夫、康有为等人因其流连忘返。独具一格的庵堂文化，世代居民的生息繁衍，都为西溪湿地攒下了深厚的人文积淀。文化与旅游如何充分结合也成为西溪湿地创 5A 的重要工作内容。例如：以《红楼梦》和水浒文化为重点，邀请红学名家编撰《游西溪探大观指南》，开辟红学景点、游线；利用水浒与西溪的文化研究成果设置了水浒文化展示点。此外，龙舟文化、花朝文化、西溪船拳、西溪越剧等非物质文化遗产也在旅游开发中大放异彩。

3. 引入智慧旅游

2011 年，景区投入 2500 余万元与中国移动杭州分公司联手打造集三维实景系统、设施维护管理系统、设备远程管控系统等九大系统及景区自助导游等游客自助信息化服务于一体的数字化景区综合管控平台，利用信息手段全面提升景区的综合管理水平，为景区添上一抹"智慧旅游"的色彩。

当然，"智慧旅游"不只是面向游客，也对景区内部进行全面改良，建设了全覆盖的通用分组无线业务（general packet radio service，GPRS）网络，对重点设施进行视频监控，通过无线网络传输到综合管控平台，实现实时监测、远程控制，显著提高了景区的综合管控水平。园内的三维综合实景、设施维护管理、综合设备远程管控、车船定位调度、综合门禁管理、安保人员定位调度系统、智能车位诱导系统、人流统计等系统也都已建成，现有的人工管理正迅速转型为规范化、模式化、智能化的管理。

4. 以节促旅塑造品牌形象

俗话说"酒香也要勤吆喝"，西溪湿地已拥有众多知名旅游品牌，但仍一如既往地重视品牌推广和旅游宣传。西溪湿地不仅举办了探梅节、龙舟节、火柿节、听芦节四大节庆活动，还举办了西湖区元宵灯会，改变了杭州元宵节东热西冷的局面，杭州西溪花朝节也成为杭州大型单向性旅游节庆，产品活动推陈出新，节庆前、中、后的宣传推广愈加强劲，实现"月月有亮点、季季有活动"。

5. 多渠道拓展客源市场

在开发国内游客市场方面，西溪湿地加大与各旅行社的合作力度，努力开拓新的客源市场，目前已与多家单位和旅行社签订了合作协议，初步建立起覆盖全国的营销网络，确保客源渠道的稳定畅通；针对国际旅游市场，加强与海内外商务旅行社的合作，进一步拓展港澳台、东南亚等市场，并积极利用政府旅游推介平台和契机，扩大境外特别是欧美发达国家的营销渠道。

（资料来源：https://www.sohu.com/a/169609486_665979）

问题：西溪湿地的创 5A 经验对你有哪些启发？

任务拓展

大连冰峪旅游度假区位于辽宁省大连庄河市城北 40 公里的仙人洞镇附近，是国家首批 4A 级景区、国家地质公园、国家森林公园。大连冰峪旅游度假区被冠以"辽南小桂林""东北九寨沟""东方小瑞士"的美称，景区面积 47 平方千米。相传，唐太宗李世民率百万大军征东到此，时值阳春三月，沟外青山吐翠，沟内却冰封雪飘，沟口如瓶颈，颇有"一夫当关，万夫莫开"之势，李世民见此奇景，命大军驻扎于此，即赐名"兵御沟"，又称为"冰峪沟"。请为该景区写一份《旅游景区质量等级申请评定报告书》。

模块二 景区服务篇

模块概述

从游客来到景区后停车到购票、验票进入景区游览，再到游览期间用餐、住宿、购物和娱乐等整个过程，都可能发生问询和投诉行为，景区的接待服务也贯穿其中。本模块分为四个项目：项目三是景区交通服务，项目四是景区游客中心，项目五是景区讲解服务，项目六是景区商业服务。

学习要求

知识目标

- 了解景区交通、游客中心、讲解、娱乐、商业服务等相关概念。
- 熟悉景区交通、游客中心、讲解、娱乐、商业服务等相关服务规范。
- 掌握景区交通、游客中心、讲解、娱乐、商业服务等服务流程。

能力目标

- 能按照交通服务流程为游客做好交通服务。
- 能按照咨询、投诉流程为游客做好咨询和投诉服务。
- 能按照讲解流程为游客做好讲解服务。
- 能按照商业服务流程为游客做好商业服务。

素质目标

- 具备良好的人际交往和沟通能力。
- 具有分析和解决问题的能力。

思政目标

- 培养敬畏规则、遵守规则的职业态度。
- 具有质量意识和工匠精神。

思维导图

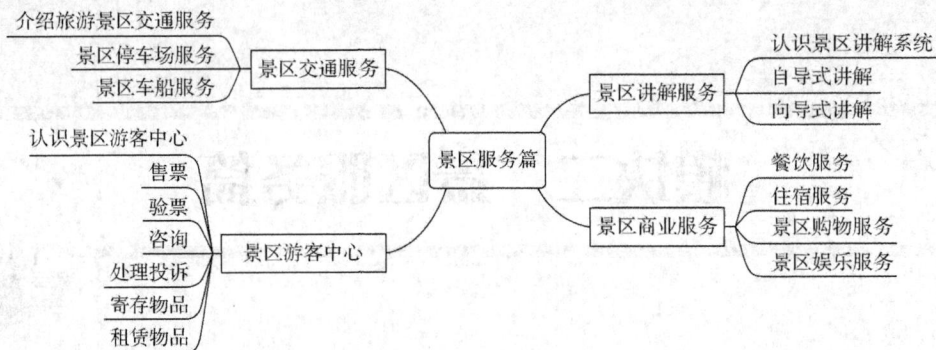

项目三　景区交通服务

项目描述 —●●●●●●

　　旅游景区交通服务是展示旅游服务形象的重要窗口,其服务质量对提升景区旅游发展整体形象起着十分重要的作用。本项目包括三个工作任务,分别是介绍旅游景区交通服务、景区停车场服务和景区车船服务。

项目目标 —●●●●●●

※　知识目标

- 了解旅游景区交通服务的概念、类型与要求。
- 理解旅游景区交通服务岗位相关知识。
- 了解旅游景区交通服务的管理制度与规范。

※　能力目标

- 能有效辨析旅游景区交通服务的类型、内涵及服务要求。
- 能判断旅游景区交通发展现状,分析、诊断旅游景区交通服务存在的问题及其深层次原因。
- 能根据旅游景区交通服务现状,提出景区交通服务整改要求。

※　素质目标

- 具有较好的旅游交通服务意识
- 具备旅游景区主要交通服务的管理能力。
- 具有较强的集体意识和团队合作精神,能与旅游交通服务与管理团队紧密合作。

※　思政目标

- 践行社会主义核心价值观,能挖掘旅游交通服务与管理中的中国特色与文化特色。
- 能遵守客观规律与科学精神,履行道德准则和行为规范,认真反思与总结景区交通服务内容和服务质量,不断提升个人形象和素质。

工作任务 一　介绍旅游景区交通服务

任务情境

赵先生与朋友一行四人自驾来到某景区，他们把车子停在景区停车场后，在景区入口处需要选择在景区游玩的交通工具。作为景区交通服务人员，你应该如何为游客做介绍呢？

任务目标

- 了解旅游景区交通服务的概念及类型。
- 熟悉旅游景区交通服务的主要岗位。
- 掌握旅游景区交通服务的基本要求。

相关知识

一、旅游景区交通服务的概念

旅游景区交通服务是指旅游景区向游客提供的，以实现游客从空间上某一点到另一点的空间位移的各种交通服务。旅游景区交通服务按照游客的空间移动过程，可以分为外部交通服务和内部交通服务。

1. 外部交通服务

外部交通服务是指旅游景区为游客提供的从客源地到景区的空间移动过程的服务，包括从客源地到景区所在地、从景区所在地交通口岸到景区两个服务过程。外部交通工具主要有飞机、火车、旅游大巴、自驾车等。

2. 内部交通服务

内部交通是指旅游景区为游客提供的在景区内部空间移动的服务。旅游景区的内部交通是联络各个景区、景点的纽带和风景线，是组成景观的造景要素，强调可通达性、视觉效果和美学特征。内部交通工具包括环保车、电瓶观光车、出租车、缆车、游船、滑竿、羊皮筏子、雪橇、溜索等。

二、旅游景区交通服务与管理的类型

旅游景区交通服务与管理的类型包括陆上交通服务与管理、水上交通服务与管理、空中交通服务与管理和特种交通服务与管理四种形式。

（1）陆上交通服务与管理。旅游景区内的陆上交通服务与管理主要由旅游景区主次干道交通服务与管理和步行游览道路交通服务与管理两部分组成。旅游景区主次干道主要用于景观间的游客运输和供应运输，道路布局要合理，路牌及交通标志要醒目规范，进出应便捷安全。另外，交通工具应注重绿色环保，如目前旅游景区内广泛使用的电瓶观光车。旅游景区步行游览道路是旅游景区中各个景点内的步行连接道路，具有十分重要的景观烘托和陪衬作用。旅游景区步行游览道路的设计和建造要有起伏，并贯穿最佳的观赏点，在注重生态环境保护的同时尽量体现地方特色及民族特征。

（2）水上交通服务与管理。旅游景区内广泛采用的水上交通工具主要有游轮、普通游船、游艇、帆船、汽艇、气垫船、帆板、冲浪板、竹筏、羊皮筏子等。游轮是一种将旅游交通工具、旅游接待设施和娱乐场所三种功能合为一体的旅游设施，深受游客的喜爱。普通游船与游轮相比，体积与规模均较小，功能与设施较为简单，是游览江河湖泊、观赏江南水乡景色的主要水上交通工具。根据《游览船服务质量要求》（GB/T 26365—2010），游览船是指为游客提供游览、观光、娱乐等服务，航行于江、河、湖（库）、沿海及岛屿之间的旅游景点，航速不超过25千米/时且连续航行时间小于12小时的客船。游艇、帆船、竹筏等则是现代水上娱乐项目所采用的水上交通工具。

（3）空中交通服务与管理。旅游景区内的空中交通服务与管理主要以娱乐、休闲、运动为目的，其交通工具主要是小型飞行器，如热气球、滑翔机、升空伞、超轻型飞机等，还包括高塔跳伞和山顶索道滑翔等。

（4）特种交通服务与管理。特种交通服务与管理是指带有娱乐、体育和辅助老幼病残游客和特种体验的旅游交通服务，其交通工具主要有索道、滑竿、溜索、轿子、马匹、旅游电梯等。索道是为了适应各种复杂地形而建造的能跨山、越河的运输工具，同时还具有游览、观光作用，是森林公园和风景旅游区输送游客的一种理想的交通工具。旅游电梯是一种垂直运输的交通工具，主要用于高差明显的旅游景区的游客运输。旅游电梯集观光和运输功能于一体，是一种新兴的景区交通工具，为游客提供了一条更加便捷的旅游通道。滑竿是中国江南山区特有的一种供人乘坐的传统交通工具，目前这种旧式的交通工具已成为旅游景区交通的一个重要组成部分。如今，滑竿的意义已不再局限于交通工具，更是当地民间习俗的一种体现。中国西南各省山区面积广大，因此滑竿最为盛行，特别是峨眉山上的竹椅滑竿，流传了上千年。

三、景区交通服务与管理的主要岗位

1. 车船驾驶

车船驾驶是在旅游景区内驾驶旅游车辆（船舶）等交通工具，为游客提供直接交通服务的工作岗位。车船驾驶岗位是景区交通服务的基础，直接关系到游客的人身安全与旅游体验，因此其从业人员须取得相应的执业执照或管理许可。

2. 车船调度

车船调度是依据景区事先确定的旅游计划或实时游客出行需求，规划制定行车行船

路线、发车发船数量及频次等，指挥协调游客在景区内的交通出行工具。车船调度应有景区自身的常规固定计划，调度原则应科学合理，同时保持机动灵活，以便应对突发用车用船需求。

3. 交通管制

旅游景区内的单位和个人所拥有的车辆的停放和通行，必须遵守旅游景区交通管理部门和旅游景区管理委员会的规定。对于违反规定强行通行车辆的，由旅游景区交通管理部门责令纠正交通违规行为，并给予罚款等行政处罚；妨碍执行公务的，由公安机关依法追究法律责任。必要时，旅游景区交通管理部门可以对特定车辆实行交通管制，如规定进入旅游景区的时间和路段；可以有计划地分流，以免造成交通堵塞或引起交通事故等。

4. 停车场管理

旅游景区一般都设有停车场，这是旅游景区必须拥有的基础设施。停车场可以根据旅游景区的交通状况来设立，一般可分为级别不同的停车场，用来停放不同的车辆。通常，旅游景区可以开设大型机动旅游车停车场和小型游览车停车场。停车场要与环境相协调，停车场的服务应符合旅游景区的统一要求，安排交通协管员或服务人员。交通协管员或服务人员要礼貌待客、文明服务，具备一定的交通指挥技能和知识，有安全意识，维护、保管好客人的车辆。

5. 安全管理

安全管理是旅游景区交通服务管理最基本的工作。游览过程是最易发生交通事故的环节，旅游交通安全事故的发生不但会给游客带来损伤，也会影响旅游景区的形象、声誉和发展前景。因此，旅游景区应建立健全完善的旅游景区安全标志系统，制定严格的工作制度，对游客和工作人员进行交通安全宣传；同时，旅游景区工作人员要注意危险地段、公共场所、交通要道的交通秩序，在旅游旺季加强监视与疏导工作，以避免交通事故的发生。

四、景区交通服务的基本要求

1. 安全性

游客出门旅游是为了获得身体上和心理上的享受，通常对旅途中的意外是无法接受的，因此，安全性始终是游客最关心的要素。游客往往会充分考虑旅游交通服务过程中的安全性。

2. 准确性

旅游景区交通服务带有严密的连贯性，任何一个环节的延误和滞留都会产生连锁反应，最终有可能产生一系列的经济责任，如房费、餐费和交通费的结算。

3. 节奏性

旅游景区的客流量在时间上具有较大的变化。一般来说，进入和离开景区的客流量在每天的不同时段、周末和非周末，以及旅游的淡旺季都各有特点。这就要求旅游景区的管理者和服务人员要想办法缓解客流高峰带来的压力，为游客提供高效、优质、快捷的交通服务。

4. 快速性

游客往往希望在旅游过程中，旅行的时间较短而游玩的时间相对较长。因此，旅游景区的外部交通服务应注重时效性，尽量缩短游客从客源地到旅游景区的旅行时间；同时，旅游景区内部应注重景点的空间分布，合理安排旅游节奏，丰富游客的旅游体验。

5. 多样性

不同旅游景区的交通方式各不相同，同一旅游景区内的交通方式也多种多样，甚至同一交通方式也存在高、中、低档次的差异。因此，旅游景区的管理者和服务人员应优化组合旅游景区内的交通服务，增加游客的可选择性。

6. 层次性

游客的结构具有多层次性，不同性别、年龄、出游动机、支付能力的游客，对于旅游景区交通方式及其价格的需求也不尽相同。因此，旅游景区的管理者和服务人员对不同层次需求的交通服务方式要进行运力和运量的合理考虑，以满足游客的不同需求。

任务实施

步骤一 布置任务。

（1）介绍一家你熟悉的 5A 级景区的旅游交通，上网查阅资料，并进行归类整理。

（2）带着"景区内部交通和外部交通都有哪些"等问题到景区现场参观，收集不同景区的案例并完成景区介绍报告。

步骤二 发放任务书。

（1）全班分成四个小组，每组选出一名组长。

（2）每组分别介绍一家景区的旅游交通。

（3）要求介绍必须包含该景区的外部交通和内部交通，类型不得少于三种。

（4）可以分工合作，可以讨论。

步骤三 撰写景区交通介绍稿。

各小组分工合作，完成一家 5A 级景区交通介绍稿。

步骤四 介绍景区交通成果展示。

各小组派代表介绍本小组所完成的景区交通介绍，其他小组或教师提问，代表或小组其他成员解答。

步骤五 教师点评。

教师针对学生介绍的不同景区进行点评，归纳总结景区交通的概念、类型、基本要求等相关知识点。

步骤六 案例分析。

教师对典型案例"张家界武陵源景区内部交通介绍"进行详细分析，同时引发学生进行讨论，思考景区交通服务的基本要求，让学生加深印象。

任务评价

任务完成后，填写介绍景区交通任务评价表（表 3.1.1）。

表 3.1.1 介绍景区交通任务评价表

评价项目	完成很好	完成较好	基本完成	未完成	本项得分
收集资料与资料展示	9～10 分	7～8 分	5～6 分	<5 分	
小组介绍景区交通的种类及内容	35～20 分	30～34 分	24～29 分	<24 分	
个人介绍景区交通的种类及内容	35～40 分	30～34 分	24～29 分	<24 分	
学习态度、合作意识、完成效率、整体质量	9～10 分	7～8 分	5～6 分	<5 分	
总分					

案例分析

张家界武陵源景区内部交通介绍

武陵源城区不大，从城头到城尾步行不超过一小时，交通也非常方便。景区外部交通有公共汽车、城际出租车、武陵源汽车站—森林公园门票站专线车。景区内部交通更是四通八达，步行游道、环保客运车、索道、观光电梯能将我们送达这片奇山异水的每一个角落。

景区环保客运车

武陵源景区内环保客运车票价包含在核心景区大门票内，购票进入景区后，可根据需要到达的目的地，在各停车场选择乘坐不同方向的环保客运车，运行时间为 7:00～19:00。目前开通有武陵源吴家峪口门票站—天子山索道下站、武陵源吴家峪口门票站—十里画廊—水绕四门—百龙天梯下站、天子山索道上站—贺龙公园、贺龙公园—乌龙寨—袁家界、袁家界—百龙天梯上站、梓木岗门票站—水绕四门、天子山门票站—三岔路口—贺龙公园、天子山门票站—三岔路口—乌龙寨—袁家界、杨家界门票站—龙凤庵。一般情况下，13:00～14:00 从天子山到袁家界的空闲车辆较多，是从杨家界乌龙寨到袁家界的好时机；16:00 左右从袁家界到天子山的空闲车辆较多，是从袁家界到天子山的好时机。

黄石寨索道

著名画家吴冠中当年无意中与张家界邂逅，后撰文《养在深闺人未识》，使张家界第一次为外人所知。当地民谚"不上黄石寨，枉到张家界"，同样昭示了黄石寨在武陵源景区内的地位。要上黄石寨，线路斜长 973 米，高差 430 米的黄石寨索道，便是最简单快捷的交通选择。

百龙天梯

百龙天梯通过垂直距离 335 米的高差，将袁家界与金鞭溪紧密联系在一起，运行速度达到 3 米/秒，运行高度 326 米，因其是"世界最高，运行速度最快、载重量最大的电梯"，被载入吉尼斯世界纪录。2013 年 4 月，百龙天梯与德国鱼缸电梯、美国拱门电梯等一同上榜世界 11 大创意电梯，也是中国唯一上榜的电梯。

天子山索道

天子面前，天下无山，天子归来，处处有山。从天子山俯瞰，如柱、如塔、如笋的峰林，低者数十米，高者数百米，完全颠覆了世人对山的概念。云雾、月夜、霞日、冬雪四大奇观，更是天子山代表武陵源奉献给世人的绝唱。从山下出发，斜线长 2084 米，高差 692 米，有着"中国十佳旅游索道"之一美誉的天子山索道，会在几分钟之内，带游客体验飘逸飞行的动感与刺激。

杨家界索道

杨家界索道上站位于核心景区两园路刘家檐停车场西南侧，下站位于杨家界门票站香芷溪，水平运行距离 1876 米，高差 517 米，运行速度 6 米/秒，是国际先进的客运索道。

（资料来源：http://www.hnzjj.com/index.php/Page/list/91.html）

问题：张家界武陵源景区有哪些交通工具？

任务拓展

2011 年 4 月，台湾省嘉义县阿里山一列开往神木火车站的小火车发生翻覆意外，造成 5 名大陆游客死亡，百余名游客受伤。事故后，不少游客取消或推迟前往阿里山的行程，导致阿里山景区游客数量大幅下降。据景区一名工作人员介绍，事发前平均每天游客数量 6000 人，事发后下降一半，只有 3000 多人。

（资料来源：http://www.taiwan.cn/taiwan/tw_SocialNews/201104/t20110427_1837818.htm）

思考：旅游景区该如何进行交通服务的管理呢？

工作任务 二　景区停车场服务

任务情境

王先生一家趁着"五一"假期来到某景区游玩,在"停车场"标识的指引下,王先生把车开到停车场的入口。假如你是停车场的服务人员,请你按景区停车场的服务规范,为王先生一家做好停车服务。

任务目标

- 了解景区停车场的岗位职责。
- 掌握景区停车场的服务流程。

相关知识

随着自驾旅游数量增加,景区停车场配建的停车位趋于紧张。景区要根据游客流量、出行方式等测算停车位需求,考虑淡旺季确定停车场规模。景区停车场由停车基础设施、建筑设备、安全防护与环境保护设施、管理设施和服务设施构成。大型停车场应进行功能分区,除划分大客车区和小汽车区外,小汽车区之间也应组团化,出入口数量及位置应满足规定要求。生态停车场、智能停车场、立体停车场等是未来景区停车场发展趋势。

一、景区停车场管理

景区停车场管理通常由景区办公室等管理部门负责。一般来说,景区停车场管理分为停车秩序管理、停车设施管理、停车收费管理、停车环境管理、停车安全管理。

1. 停车秩序管理

维护停车场内车辆停放和行驶秩序,保持停车场通道和出入口安全畅通。一般景区没有车辆和游客财产保管义务,宜提醒游客提高安全意识并做好车辆和财产保管工作。停车管理员应阻止游商小贩及闲散无关人员进入停车场。

2. 停车设施管理

维护停车场日常管理和养护,养护场内场地及停车标识,巡查各项照明系统,保养收费岗章。完善场内设施的巡视维护制度,关键设施设备应由专人负责保养维护。若停车场内配备机械式立体停车库,则须配备专职作业人员负责停车设备的日常操作与运行维护。

3. 停车收费管理

按照政府指导价或市场调节价收费，可按白天和夜间两个时段标准分别计算收费，也可实行计时收费和计次收费两种计费方式。在入口位置和缴费地点显著位置设置经物价部门监制的明码标价牌。

4. 停车环境管理

维护停车场的容貌整洁、环境卫生干净，安排停车场内建筑物、构筑物外立面和配套设施定期清洗，安排人员负责停车场内清洁卫生，保持停车场整洁。督促环卫工人清理地面垃圾和油渍，做好场内的环境卫生保洁工作及周边的卫生保洁管理工作。

5. 停车安全管理

做好各项防火工作，建立安全防火管理机构，明确安全防火责任人，定期进行防火安全训练。消防设备和监控器材应由专人进行定期的检查、维护和保养，建立日常巡检维护档案。严禁烟火，严禁将易燃、易爆等危险物品带入停车场。停车管理员发现可疑情况应及时报告公安机关。定期对停车场进行巡检，发现他人在停车场内从事违法违章活动，应立即采取措施制止并及时上报主管领导和办公室。遇到突发治安事件，及时通知警务部门。

二、景区停车场服务流程

1. 停车场服务岗前准备

（1）检查着装及仪容仪表。检查着装整洁情况，要求衣物无污渍及破裂；检查仪容仪表大方得体情况，切忌浓妆艳抹；检查个人卫生干净情况，要求手指保持清洁。

（2）检查个人工作区间。要求工作界面整洁，无纸屑、杂物。

（3）检查设施设备。准备好停车凭证、票据；确保电源完好；检查停车设备闸门栏杆，确保其正常工作；检查工作区域，确保不存在安全隐患；检查灭火器，确保能正常操作使用。

（4）调整心态。自我激励，做好停车接送客准备。

2. 停车场收费管理工作

（1）问候司机。游客车辆驶近取卡机，向游客敬礼，注视游客，面带微笑，语气亲切、友好。

（2）发卡。迅速从取卡机内取出停车卡，用双手友善地递给司机；每辆车登记发卡时间不超过 20 秒。如果是自动发卡机及车牌识别机，做好设备维护工作。

（3）放行。栅栏自动打开，游客车辆顺利通行。

（4）指引车位。熟练指引车位，协助游客车辆入位、出位。

（5）安全提醒。提醒游客关门关窗并带好随身贵重物品，遇车主未关好车门窗、未拔出钥匙，应立即替车主采取保护措施。

（6）收费及放行。收费、收卡。按照标准收取费用，并按规定开具收费凭证。收费时唱收唱付。致欢送语。

3. 停车场服务离岗工作

（1）整理卫生。检查场地卫生情况，及时打扫。

（2）检查安全。关闭电灯、空调、电源，清理工作现场，锁好门。

三、景区停车场服务特殊问题处理

1. 游客车辆发生故障

（1）问候游客。主动上前面带微笑行礼，表情诚恳、语言热情地主动询问游客是否需要帮助。

（2）了解情况。诚恳地询问游客车辆发生何种故障。

（3）提供帮助。协助游客检查故障原因，如故障超出自身认知以外，可以向游客推荐检修单位或拨打拖车单位电话，协助游客将故障车辆拖至检修单位。

2. 游客车辆受损服务

（1）安慰游客。稳定游客情绪，表示愿意帮助游客查找肇事者。

（2）查询监控。查询监控判断车身撞击和划痕是否发生在本停车场。如不在停车场内发生，请车主自行处理；如在停车场内发生，调取监控追溯肇事车辆或人员。

（3）协助索赔。如能找到肇事者，注意保护现场，协助游客双方自行协商解决，双方无法协商解决，则要求肇事方提供车主信息、驾驶员信息等，协助游客进行报警处理。如不能找到肇事者，协助游客认定泊车事故的证据，并报警及报保险公司处理。

3. 游客不遵守规定

（1）纠正违章时，要注意态度和蔼，以理服人。

（2）对不听劝阻者，要查清姓名和单位，如实记录并向有关部门反映。

（3）发生纠纷时，注意把握情况，如属对方蛮横无理及打骂、侮辱管理人员，视情节轻重，做出处理和报警。

任务实施

步骤一 学生分组模拟练习。

学生分组，每组3～5人，小组成员分别扮演王先生和某景区停车场服务人员。

步骤二 学生代表模拟展示。

（1）问候王先生。当王先生的车辆驶近取卡机，向王先生敬礼，面带微笑，语气亲切、友好。

（2）给王先生发卡。迅速从取卡机内取出停车卡，用双手友善地递给王先生；登记发卡时间不超过20秒。如果是自动发卡机及车牌识别机，做好设备维护工作。

（3）放行。栅栏自动打开，游客车辆顺利通行。

（4）指引车位。协助王先生的车辆入位、出位。

（5）安全提醒。提醒王先生关门关窗并带好随身贵重物品。

（6）特殊情况特殊处理。

步骤三 教师点评。

教师对小组模拟展示给予评价，重点强调停车场收费管理六大步骤。

任务评价

任务完成后，填写停车场收费服务评价表（表3.2.1）。

表 3.2.1　停车场收费服务评价表

评价项目	完成很好	完成较好	基本完成	未完成	本项得分
服务礼仪到位	9～10分	7～8分	5～6分	<5分	
服务流程娴熟	18～20分	15～17分	12～14分	<12分	
服务技能高，游客满意度高	27～30分	23～26分	18～22分	<18分	
灵活处理特殊问题	18～20分	15～17分	12～14分	<12分	
语言准确得体	9～10分	7～8分	5～6分	<5分	
学习态度好，团队合作意识强	9～10分	7～8分	5～6分	<5分	
总分					

案例分析

圆明园景区智慧停车场

景区是供游客参观游览的场所，前往景区的小轿车、旅游大巴、内部车辆等种类繁多，不同计费规则复杂，多种车型进一步识别收费困难；节假日高峰期拥堵，峰谷非常明显；无法获取停车数据，对景区运营及市场推广缺乏数据支撑等。

圆明园是中国清代大型皇家园林，位于北京市海淀区，始建于1707年（清康熙四十六年），由圆明园及其附园长春园和绮春园（后改名万春园）组成，也叫圆明三园，有"万园之园"之称。

圆明园景区停车场打造"硬件+软件+平台"智能一体化解决方案，解决节假日高峰拥堵问题，升级游客体验。

圆明园景区将南门、二宫门两个智能停车场升级改造，实现了电子不停车收费

（electronic toll collection，ETC）无感支付、快速通行，极大地减缓了节假日车流量高峰时出口拥堵的压力。针对园区未登记的车辆，通过扫二维码获取虚拟车牌，出场时再扫码缴费即可自助进出，无须安排工作人员，实现无人值守，大大降低了圆明园停车场的运营成本，提升了管理效率，提高了游客停车体验感。

（资料来源：http://www.irainone.com/product/222.html）

问题：圆明园景区智慧停车场有哪些优点？

任务拓展

调研你所在城市的一家 5A 级景区，观察、体验该景区停车场的服务流程，并撰写一份《××景区停车场服务调研报告》。

工作任务三 景区车船服务

任务情境

李女士一家三口（儿童半票）在周六的上午来到了某野生动物园，他们购买了电瓶车票后，在景区接驳站等候上车，作为电瓶车操作人员的你，应如何为李女士一家三口做好景区内交通服务。

任务目标

● 了解景区车船服务的岗位职责。
● 熟悉景区车船服务规范。
● 掌握景区车船服务基本流程。

相关知识

一、景区车船服务岗位职责

1. 车船驾驶员、操作员岗位职责

维护车辆（船舶）整洁干净，驾驶旅游车辆（船舶），操作小型观光、游乐车辆（船舶）等交通工具，为游客提供景区内交通服务。

2. 车船调度员岗位职责

依据景区事先确定的旅游计划或现场游客实际出行需求，规划和制定行车行船路线、发车发船数量及频次等，指挥和协调景区内的交通工具，满足景区日常交通运转，达到游客出行路程合理等旅游目的。

3. 车船维护员岗位职责

根据国家、行业有关规定的行驶里程、间隔时间及车船出厂说明书规定，维修和维护景区内载客车辆及船舶，使车船保持良好机械性能，保证车船安全可靠地运行，延长车船使用寿命，节省车船更新资金。

4. 车船讲解员岗位职责

在车辆、船舶场所内，介绍车船基本情况、游览路线、车船活动安排、行驶安全注意事项，沿途提供介绍名胜古迹、人文景观、风俗民情等旅游讲解服务。

二、景区车船服务规范

1. 服务礼仪规范

服务人员保持个人卫生，面容整洁，发型整齐，美观大方。接待过程中应穿着可识别制服，工号牌置于左胸衣服外围易识别处。注意服饰礼仪，衣着得体，服装整洁，不穿拖鞋。接待过程中行为得体，举止文雅，精神饱满，精力充沛。接待工作中注重待客礼仪，姿态端正，热情周到。注意语言文明，谈吐得当，使用敬语、谦语，不使用忌语。出车前和服务过程中，不食带异味食品。

2. 服务人员规范

服务人员应有高度的责任心和事业心，尽职尽责、敬业勤业、热情周到地为游客提供安全准时、舒适安心的服务。应尊重游客的宗教信仰和风俗习惯，能运用简单外语为乘客提供一般性的服务。具有良好素质和道德风尚，在服务过程中自尊自重、遵纪守法，不索要小费。

3. 服务运营规范

运营服务各环节应协调配合，确保服务质量。车船调度员应准确无误地根据时间、地点、线路和人员等要求调派车船。执行任务前严格检查，确保达到要求。对老、弱、病、残、幼、孕和抱婴者等行动不便的游客应细心服务，主动提供帮助。与导游、领队人员密切合作，保证游客的游览时间和安全。根据乘客意愿使用空调、音视频等服务设施。运营中发生故障应积极抢修，短时内无法修复应及时报告，安抚乘客并采取相应的补救措施。执行任务时不应干预导游人员正常的计划行程。完成任务后应主动征求游客、导游和陪同人员意见，提高服务质量。

4. 服务讲解规范

讲解服务（含广播讲解）应文明规范，内容丰富。服务人员应向游客预告著名景点到达时间，抵近时予以现场指引，重点讲解。广播讲解宜伴播和谐的背景音乐，营造良好氛围。

5. 服务安全规范

一是基本要求。设立安全管理机构，建立安全管理制度与规范，加强安全管理培训，对涉及安全的设施设备进行定期和不定期的检查。在运营及提供服务过程中，应强化安全意识，提高安全技能，消除安全隐患，妥善处理各种安全意外事件。

二是车船安全。应对车船进行日常维护和安全检查，对发现的故障和隐患及时报修排除，确保技术状况良好。

三是行驶安全。驾驶员应身体健康，定期体检，确保良好的状态。驾驶员应坚持安全操作，安全行驶，合理掌握车速，文明礼让。

四是人身与财产安全。服务人员在车船行驶时应提醒游客系好安全带，不要将头、手臂、相机等伸出车船外。应建立游客财物报失管理制度，向游客公布报失联系方式；登记、保存游客的失物信息，保管好捡拾到的游客遗失物，尽力寻找失主。服务人员接到游客失物查询后，应及时与游客就物品遗失的相关信息进行沟通并及时回应查询结果。行李存放区域安全，可以闭锁。应提醒乘客随身携带贵重物品，注意看管好放在座位上的物品，防止丢失。如发现遗失物，应及时归还失主；无法归还的应按规定上缴，并做好相关记录。对涉嫌恶意侵占乘客财物的人员应依法进行处理。

五是突发事件处理。应针对交通事故、自然灾害和人为灾害等可能发生的情况制订应急预案，并定期对服务人员进行培训，确保相关人员能妥善应对各种突发事件，保障乘客的安全和利益。如果发生交通事故，应保护现场，抢救伤者，并立即报告上级和公安交通管理部门，配合相关方面妥善处理事故。发生交通事故无法靠个人进行现场自救时，应请示上级组织启动应急预案，第一时间抢救受伤乘客，保护乘客生命安全。

六是自然灾害。关注天气预报，提前掌握信息，避免在大风、大雪、大雨、冰雹等恶劣天气行驶。避免进入自然灾害发生区域，在可能发生泥石流、山体滑坡、塌方等危险的路段应谨慎通行。

七是其他突发事件。如发生治安或刑事案件，应及时报警，并报告上级组织。发生火灾时，应立即疏散乘客至安全区域，进行灭火并报警。

三、景区车船服务流程

1. 游览车船岗前准备

（1）检查着装及仪容仪表。检查着装整洁情况，要求衣物无污渍及破裂；检查仪容仪表大方得体情况，切忌浓妆艳抹；检查个人卫生干净情况，要求手指保持清洁。

（2）工作讲评。认真听讲当日工作安排，默记于心。

（3）调整心态。自我激励，做好停车接送客准备。

（4）车辆检查清洗。对车辆进行全面检查，车身无明显灰尘、泥垢，风挡玻璃无明显灰尘、水痕，车厢内无杂物，地板无烟头、纸屑，车辆动力、刹车均正常。

2. 游览车船行车规范

（1）"三先"迎宾。先注视、先微笑、先问候，遇特殊游客时上身前倾以表尊敬，遇小朋友时弯腰或蹲下。

（2）上车检票。核对车票数与乘车人数是否相符，左（右）手接票，右（左）手握住票的正券部分，快速撕下票根，将正券双手递回给游客。

（3）启动出发。游客全部上车后，驾驶员再上车。

（4）行车过程。按规定路线安全行驶，车速不超过景区规定车速，按车队导游词为游客讲解。

（5）欢送游客。驾驶员先于游客下车，到站指引并欢送游客。

3. 游览车船离岗规范

（1）停车入库。将车辆停入车库，锁好车辆并填写各类报表，再次检查车辆情况。

（2）打扫卫生。驾驶员工作间洁净，检查场地卫生情况，及时打扫，做到无任何纸屑、杂物。

（3）检查岗位。关闭电源，检查岗位消防安全工作，关闭门窗。

四、景区车船服务特殊问题处理

1. 景区固定线路自动游览车启动

（1）严守岗位，不准擅自离岗。

（2）运行前操作人员必须向游客讲解安全注意事项，并对安全装置进行检查，当游客系上安全带，站台内无人走动并确认轨道无阻碍物时方可启动设备。

（3）设备运行过程中应时刻关注游客动态，遇到紧急情况立即做出有效处理。

（4）运营结束后离开主控室应切断电源并锁门。

（5）做好当天的运行记录，并交至主管存档。

2. 景区固定线路自动游览车故障处理

（1）按下急停开关，切断电源。

（2）通知技术中心同事并告知领导现场详细情况。

（3）告知游客接下来要实施的措施并安抚游客。

（4）协助技术中心同事将游客安全救下并送至安全出口处。

3. 车辆起火事故

（1）打开车门。找到应急开关，根据驾驶员的安排打开应急开关。开关边上有操作说明，一般都是通过电控开关控制车门上方的液压杆打开车门。

（2）可使用安全锤。当车门无法打开，或者由于乘客过多，一时无法及时疏散时，可使用安全锤。用安全锤的锤尖猛击玻璃中心部位，玻璃就会从被敲击点向四周开裂，脚掌用力将碎开的玻璃踹出车外，然后跳窗逃生。在跳窗逃生时，要防止发生二次伤害。

（3）可从紧急逃生窗脱险。一般交通车车顶有紧急逃生窗，上面有按钮，旋转之后把逃生窗整个往外推。

（4）正确使用灭火器。遇到火灾，会使用灭火器的，可以帮助驾驶员一起灭火。在使用灭火器时，周围人员应尽量远离。

（5）有序逃生。当逃生通道打开时，提醒游客不要拥挤，更不要急于冲出车外，防止发生二次伤害。可组织和指导先行逃离的乘客协助在门边或者窗边进行疏导和保护。

4. 游览船游客落水处理

（1）当班驾船人员（或水域巡逻人员）发现情况后，应在第一时间拨打电话向当班领导报告事故发生地点。

（2）当班驾船人员（或水域巡逻人员）在向领导报告的同时，应积极展开自救，向落水人员抛救生圈或救生衣，或用竹筏相救（会游泳者下水相救）。

（3）当班领导迅速组织实施救援预案，通知附近巡逻船和相关人员赶往出事地点营救落水者，同时向景区汇报。

（4）当班领导在组织相关人员营救落水者的同时，应立即通知景区医务人员携带医疗用品赶往出事地点，在第一时间为落水者实施心肺复苏等抢救措施。医务人员在必要时，应及时联系"120"急救。遇到重大险情时，应及时向公安、港航、海事部门报警。

（5）当班领导应及时组织船只将落水者和伤者运送至安全地带接受救治。

🌲 任务实施

步骤一 学生分组模拟练习。

学生分组，每组 3～5 人，小组成员分别扮演李女士一家三口和电瓶车操作人员。

步骤二 学生代表模拟展示。

（1）"三先"迎宾。先注视、先微笑、先问候李女士一家三口。对于小朋友要弯腰或蹲下。

（2）上车检票。核对车票是否三张（儿童半票），与乘车人数是否相符，左（右）手接票，右（左）手握住票的正券部分，快速撕下票根，将正券双手递回给李女士。

（3）启动出发。李女士一家及其他游客全部上车后，驾驶员再上车。

（4）行车过程。按规定路线安全行驶，车速不超过景区规定车速（20公里/时），按野生动物园的导游词为游客讲解。

（5）欢送游客。驾驶员先于李女士一家下车，到站指引并欢送李女士一家。

（6）特殊情况特殊处理。

步骤三 教师点评。

教师对小组模拟展示给予评价，重点强调游览车船行驶规范的五大步骤。

任务评价

任务完成后，填写游览车船行驶服务评价表（表 3.3.1）。

表 3.3.1　游览车船行驶服务评价表

评价项目	完成很好	完成较好	基本完成	未完成	本项得分
服务礼仪到位	9～10 分	7～8 分	5～6 分	<5 分	
服务流程娴熟	18～20 分	15～17 分	12～14 分	<12 分	
服务技能高，游客满意度高	27～30 分	23～26 分	18～22 分	<18 分	
灵活处理特殊问题	18～20 分	15～17 分	12～14 分	<12 分	
语言准确得体	9～10 分	7～8 分	5～6 分	<5 分	
学习态度好，团队合作意识强	9～10 分	7～8 分	5～6 分	<5 分	
总分					

案例分析

某景区内一中巴车失控侧翻

2022 年 1 月，一辆中巴车在某景区内失控侧翻致 2 死 16 伤。据了解，事故发生当天，该景区内山区路段有大雾，驾驶员驾驶时车速过快，在驶过弯道较多且没有护栏的路段时，由于操作失误导致车辆失控，造成了这起侧翻事故。当地警方和医务人员在接到报警和求助后很快赶到了现场。有网友表示，客车驾驶员最基本的职责就是保护车内乘客的人身安全，山路行车本就危险，大雾天气更应该小心谨慎，山路狭窄且曲折，即使再熟悉路况，也该减速慢行，这样不负责任的驾驶员，应该对这起事故承担全部责任。

（资料来源：http://finance.sina.com.cn/jjxw/2022-01-27/doc-ikyakumy3005817.shtml）

问题：该起交通事故的原因是什么？景区车船驾驶员应遵守哪些安全服务规范？

任务拓展

调研你所在城市的一家 5A 级景区，观察、体验该景区内部交通的服务流程，并撰写一份《××景区内部交通服务调研报告》。

项目四　景区游客中心

▍项目描述 ——••••••

　　景区接待是景区服务的一个重要组成部分，对于提高景区服务质量、提升景区形象有着至关重要的作用。本项目有七个工作任务，分别是认识景区游客中心、售票、验票、咨询、处理投诉、寄存物品、租赁物品。

▍项目目标 ——••••••

※　**知识目标**

- 了解景区游客中心、售票、验票、咨询、投诉、寄存、租赁服务的概念。
- 理解景区游客中心主要的服务内容。
- 熟悉景区游客中心的管理规范和流程。

※　**能力目标**

- 能按照景区游客工作主要服务岗位工作流程为游客做好售票、验票、咨询、投诉、寄存、租赁服务。

※　**素质目标**

- 具有较好的服务意识，具有较强的集体意识和团队合作精神，能与其他岗位工作人员密切合作。

※　**思政目标**

- 践行社会主义核心价值观，能挖掘景区游客中心服务的中国特色与文化特色。
- 能遵守客观规律与科学精神，遵守道德准则和行为规范，认真反思与总结景区游客中心的服务内容和服务质量，不断提升个人形象和素质。

工作任务 一　认识景区游客中心

任务情境

你是上海迪士尼乐园游客中心的实习生，在参加完入职培训后，要去游客中心现场参观学习。结合自己学习过的理论知识，去现场参观调查，参观结束提交一份调查报告。

任务目标

- 了解游客中心的服务项目名称和设施布局特点。
- 熟悉游客中心主要服务内容。
- 掌握游客中心的主要类型。

相关知识

游客中心是景区展示自身形象的主要窗口，是景区必不可少的服务设施，也是景区服务与管理的重要内容。游客中心通常会设在旅游景区的入口处，方便游客在开始游览之前或游览结束之后进行信息咨询、物品租借、休息等活动。景区是否设置有游客中心、游客中心提供哪些服务项目、游客中心服务与管理的质量如何都将直接影响游客对景区的印象与评价。

2015 年，中华人民共和国国家质量监督检验检疫总局、中国国家标准化管理委员会发布的《旅游景区游客中心设置与服务规范》（GB/T 31383—2015）中对游客中心的定义、功能、设施、类型等作出了明确规定。

游客中心是旅游景区内为游客提供信息、咨询、游程安排、讲解、教育、休息等旅游设施和服务功能的专门场所，属于旅游公共服务设施，所提供的服务是公益性的或免费的。

一、游客中心的主要类型

《旅游景区游客中心设置与服务规范》（GB/T 31383—2015）按照规模大小，将游客中心分为三大类型：大型游客中心、中型游客中心及小型游客中心。其中，大型游客中心是指 5A 级旅游景区中年服务游客量 60 万（含）人次以上的游客中心；中型游客中心是指 4A 级和 3A 级旅游景区中年服务游客量 30 万（含）～60 万人次的游客中心；小型游客中心是指 2A 级和 A 级旅游景区中年服务游客量小于 30 万（含）人次的游客中心。

二、游客中心的功能及主要服务内容

游客中心的功能分为必备功能和指导功能。必备功能包括旅游咨询、基本游客服务和旅游管理；指导功能包括旅游交通、旅游住宿、旅游餐饮和其他游客服务。

游客中心的主要服务内容如下。

一是基本游客服务。基本游客服务主要是指免费为游客提供的必要服务，包括厕所、寄存服务、无障碍设施、科普环保书籍和纪念品展示。

二是旅游咨询服务。旅游咨询是指为游客提供相关的咨询服务，包括景区及旅游资源介绍、景区形象展示、区域交通信息、游程信息、天气询问、住宿咨询、旅行社服务情况问询及注意事项提醒。

三是旅游投诉服务。旅游投诉是指游客向旅游行政管理部门提出的对旅游服务质量不满意的口头或书面上的表示。

四是旅游管理。旅游管理是指对游客中心服务半径范围内的各类旅游事务及游客中心本身进行管理，包括旅游投诉联网受理、定期巡视服务半径范围、紧急救难收容及临时医疗协调，以及设置游客中心服务项目公示牌。

五是其他游客服务。包括：雨伞租借、手机和摄像（照相）机免费充电、小件物品寄存、失物招领、寻人广播服务；电池、手机充值等旅游必需品售卖服务；邮政明信片及邮政投递、纪念币和纪念戳服务；公用电话服务，具备国际、国内直拨功能，移动信号全覆盖，信号清晰；有条件的，提供医疗救护服务，设立医务室，配专职医护人员，备常用药品、氧气袋、急救箱和急救担架。

基于游客中心的定义及功能，一般而言，景区游客中心设置的主要岗位有票务岗位、咨询接待岗位、投诉接待岗位、寄存接待岗位、租赁接待岗位、广播岗位等。

三、游客中心的基本设施

（一）咨询设施

游客中心应配备咨询台和咨询人员，提供景区的全景导览图、游程线路图、宣传资料和景区活动预告及景区周边的交通图和游览图。

游客中心应设置电脑触摸屏和影视设备，介绍景区资源、游览线路、游览活动、天气预报，并提供网络服务，有条件的宜建立网上虚拟景区游览系统。

（二）展示宣传设施

游客中心是旅游景区的宣传展示窗口，相关展示宣传设施包括资料展示台、架，展示景区形象的资料和具有地方特色的产品和纪念品、科普环保书籍。大型游客中心展示架不得少于4个，中小型游客中心展示架不得少于2个。展示架所展示的资料应分类摆放，有明显的标志或文字。设立主背景墙，在咨询台的背面墙上应设置所在旅游景区的照片或宣传画，并配合当地旅游活动不断更换。设置区域地图或旅游示意图，可置于室内显著位置或建筑物外墙，保持所展示的图件内容准确，查阅方便。此外，大型游客中心应设置循环播放影视资料设备，可置于室内显著位置或建筑物外墙。

（三）休息设施

应设置游客休息区，面积及座椅数量适当，应能够满足高峰期游客或司机的短暂休息需求。应注重休息区氛围的营造，周边功能区要有缓冲或隔离，保持相对安静、视野开阔。室内应适当摆放盆景、盆花或其他装饰品。应提供饮用水等设施。

（四）特殊人群服务设施

各个景区均应为特殊人群提供相应的服务设施。值得注意的是，不同类型的景区，其所指的特殊人群既有相同之处，也有不同的地方。通常而言，每个景区均应提供轮椅、婴儿车、拐杖等辅助代步工具或器械，并通过景区官网等各个渠道公开相关信息。

任务实施

步骤一　学生分组探究学习。

学生分组，每组 3～5 人，小组成员分别在网上搜集有关上海迪士尼乐园游客中心的文字资料、图片和平面示意图，然后小组探究学习，完成调查报告。

步骤二　各小组派学生代表交流各自的调查报告。

调查报告主要包括以下几方面内容：

（1）上海迪士尼乐园的游客中心服务项目介绍。具体包括服务项目名称、职责范围和岗位工作流程等。

（2）上海迪士尼乐园的游客中心设施布局的特点。根据搜集的资料，介绍游客中心服务设施的布局特点，谈谈自己的看法。

（3）上海迪士尼乐园的游客中心主要工作岗位。介绍主要工作岗位和工作流程，通过搜集到的资料，分析各工作岗位的服务质量评价结果，提出改进意见和注意事项。

步骤三　教师点评。

教师对小组的调查报告汇报给予评价，加深学生对景区游客中心的了解。

任务评价

任务完成后，填写游客中心调查报告评价表（表 4.1.1）。

表 4.1.1　游客中心调查报告评价表

评价项目	完成很好	完成较好	基本完成	未完成	本项得分
学习态度好，团队合作意识强	9～10 分	7～8 分	5～6 分	<5 分	
内容翔实，岗位介绍全面	18～20 分	15～17 分	12～14 分	<12 分	
分析内容全面	27～30 分	23～26 分	18～22 分	<18 分	
有详细的数据分析	18～20 分	15～17 分	12～14 分	<12 分	
对策建议翔实，有针对性	9～10 分	7～8 分	5～6 分	<5 分	
语言文字规范	9～10 分	7～8 分	5～6 分	<5 分	
总分					

案例分析

上海朱家角游客中心

朱家角游客中心位于上海青浦朱家角古镇历史文化风貌区的西北角,在古镇与新镇的交界之处。在满足建筑物和场地的基本使用需求之外,这个新的建筑显然要面对两个问题:首先必然要面对朱家角古镇风貌区的地域文化;其次要面对郊区新城的场所特征。这两个不同角度的问题最终合在一处,成为建筑思考的起点。

游客中心建筑采用深灰色金属坡顶,满足风貌区规划的要求。坡顶做了变形处理,和传统双坡屋面又有所不同。新建筑体量比风貌区的老建筑要大一些,单一的坡顶变形为两个三角组合,改善了建筑的尺度感。

建筑分为两层。一层主要是游客服务大厅和公共卫生间。建筑外墙以落地玻璃窗为主,透明的表皮体现公共建筑的公共性,对街道形成一个友好的界面,同时也给室内带来更多的自然光线。二层的功能主要是旅游管理用房。建筑外墙采用悬挑的胶合木构架,形成了一个具有识别性的建筑外观。另外,它也与朱家角古镇中那些老建筑中常见的木门窗和外墙展开对话,体现了不同时代的技术与材料的转变。

游客服务大厅主要提供售票、咨询、休息、售卖纪念品等服务。在服务台上方设计了采光天窗,给内部空间带来更多的自然光线。公共卫生间符合 3A 级旅游厕所评定标准,配备有公共洗手区、家庭卫生间和母婴室。卫生间内部也设计了天窗,尽量引入自然光线,避免给人阴暗潮湿的感受。

朱家角游客中心不仅在建筑形式上试图与古镇历史环境建立一个有所关照的对应,同时还希望直面郊区新城常见的无地方性的短板,为场所的重新建立做出贡献。

（资料来源：https://www.uibim.com/284660.html）

问题：请结合材料说一说朱家角游客中心的主要服务内容有哪些,它的建筑原则是什么。

任务拓展

学生分组到所在城市的 5A 级景区的游客中心考察,并撰写《××景区游客中心调研报告》。

工作任务 二 售 票

任务情境

周末,张先生一家三口去某景区游玩。快到目的地时,张先生对妻子李女士说:"女儿的身高有 1.3 米了,得给她买成人票。"妻子说:"孩子有那么高吗?没人仔细看,不用买票。"孩子说："妈妈，我是班级中最高的。"到了景区入口售票处，李女士对售票服务窗口说："买两张成人票，一张儿童票。"售票人员目测了一下孩子的身高，对李女士说："……"

任务目标

- 了解景区门票的概念及售票的方式。
- 熟悉景区售票员的岗位职责。
- 掌握景区售票工作流程。

相关知识

一、门票

门票，又称入场券，是游客进入景区的凭证。传统的门票是纸质的，采用手工验票的方式，撕下副券部分或者打孔。

随着技术的发展，电子门票应运而生。电子门票是一种将智能芯片嵌入纸质门票等介质中，用于快捷验票并能实现对持票人进行实时精准定位跟踪和查询管理的新型门票。

电子门票系统的优点如下：能实时检验门票的真实性、有效性；采用自动验票处理技术，极大地加快了门票的验证处理速度，确保参观者的通行速度；采用计算机控制和管理，极大地提高了工作效率和管理水平；有效地杜绝了财务上的漏洞，确保了企业的经济效益。此外，通过计算机统计处理，可得出每一时段的客流量分布情况，以便合理安排服务设施和服务项目，以达到企业内部的科学化管理。

二、售票方式

按照游客获得门票的方式不同，售票可以分为从售票处购票、电话订票、旅行社取票和网络订票等方式。售票处购票是指游客在景区售票处或游客中心购买门票；电话订票是指游客先给景区打电话订票，再到指定地点取票；旅行社取票是指游客通过具有代理权的旅行社购买门票；网络订票相比以上几种方式属于新兴事物，游客在网站上确认购票信息，并使用信用卡、银行卡或第三方支付工具支付费用。

三、售票员的岗位职责

售票工作是景区实现收入的直接环节，售票员的责任重大，一旦发生差错，对景区、对员工个人都不利。因此，售票员必须有很强的工作责任心和良好的职业道德，并具有一定的会计、出纳知识和相应的服务技巧。具体要求如下。

（1）严格执行定价政策和票据管理及营收报解制度，负责票据的领取、登记、发售、保管工作。遵守售票纪律，严禁无关人员进入售票室。

（2）根据不同游客的特点，采用多种方式按时保质保量地完成售票任务。

（3）注意观察客流动态，当客流发生变化时，及时向有关人员提供信息，以便加（减）班。

（4）熟练掌握售票工具和设备性能及操作技术，爱护设备、用具，定期保修，保持售票室、设备、工作台和工具的清洁卫生。

（5）按时填写当班工作记录、原始台账，负责交接好当班工作。

四、售票服务要求

（1）积极开展优质服务，礼貌待客，热情周到，售票处应公示门票价格及优惠办法。

（2）主动解答游客的提问，做到百忙不厌，杜绝与游客发生口角，能熟练使用普通话。

（3）主动向游客解释优惠票价的享受条件，售票时做到热情礼貌、唱收唱付。

（4）向闭园前一小时内购票的游客提醒景区的闭园时间及景区内仍有的主要活动。

（5）游客购错票或多购票，在售票处办理退票手续，售票员应按景区有关规定办理；不能办理退票的，应耐心向游客解释。

（6）热情待客，耐心回答游客的提问，游客出现冲动或失礼时，应保持克制态度，不能恶语相向。

（7）耐心听取游客批评，注意收集游客的建议，及时向上一级领导反映。

五、售票工作流程

（一）售票前的准备工作

（1）准时上班，按规定签到，穿着工装，仪容整齐，妆容得体。

（2）检查票房的门窗、保险柜、验钞机、话筒等设备是否正常。

（3）做好票房内及售票窗外的清洁工作。

（4）开园前挂出当日门票的价格牌。若当日由于特殊原因票价有变，应及时挂出价格牌及变动原因。

（5）领班根据前日票房门票的结余数量及当日游客的预测量填写"门票申领表"，到财务部票库领取当日所需各种门票，票种、数量清点无误后领出门票，并分发给各售票员。

（6）根据需要到财务部兑换所需的零钞。

（二）售票中的工作流程

（1）客人走近窗口，售票员向客人礼貌问候"欢迎光临"，并询问需要购买的票数。

（2）售票员根据《门票价格及优惠办法》向客人出售门票，主动向客人解释优惠票价的享受条件，售票时做到热情礼貌、唱收唱付。

（3）售票结束时，售票员要向客人说"谢谢"等用语。

（4）向闭园前一小时内购票的游客提醒景区的闭园时间及景区内仍有的主要活动。

（5）游客购错票或多购票，在售票处办理退票手续，售票员根据实际情况办理，并填写"退票通知单"，以便清点时核对。

（6）根据游客需要，实事求是地为客人开具售票发票。

（7）交接班时认真核对票款数量。

（8）售票过程中，票款出现差错的，及时向上一级领导反映。

（9）热情待客，耐心回答客人的提问，游客冲动或失礼时，应保持克制态度，不能恶语相向。

（10）耐心听取游客的批评，注意收集游客的建议，及时反馈。

（三）售票后的交款及统计

（1）做好每日、每月盘点工作，保证账、票、款相符，做到准确无误，并认真填写相应的售票日报表。

（2）结束营业后，将当日售票日报表及钱款上交至景区财务部门。

（3）下班前做好工作日记，搞好卫生，关闭门窗、保险箱等，切断电源。

六、售票服务工作难点

（一）假钞问题

虽然当下支付方式很多，但依然存在一定比例的现金交易行为。售票员在售票过程中难免遇到假钞情况，一旦未准确识别，将假钞归账，按规定，由当班的售票员赔偿。因此，售票员必须具备一定的辨别货币真伪的能力，以避免收到假钞。景区可通过以下方式增强售票人员的辨别能力，避免假钞问题出现。

（1）景区应当为每个售票岗位购置功能齐全、准确的验钞机，帮助售票员进行有效识别。

（2）景区应当有计划地请专业人员（如银行工作人员）来为景区员工开展假钞识别的专题培训，增强工作人员辨识假钞的能力。

（二）优惠票问题

一般景区都会对不同人群实行差别定价，如上海迪士尼乐园 2019 年对儿童标准进行调整：年龄在 3~11 周岁的儿童进入园区可享受七五折优惠，而当日年龄在 3 岁以下或身高在 1.0 米以下的婴幼儿可免票入园。

部分售票员因不愿与游客发生争论，抱着"多一事不如少一事"的心理，把问题留给验票口工作人员发现和处理。实际上，这样做至少会带来三种后果：一是给验票员的工作增加难度，影响闸口的工作效率；二是其他游客产生心理不平衡的感觉，甚至有可能提出要享受同等待遇，如果其要求被拒绝，会引发投诉；三是如果这些游客在验票时未能正常入园，折返回来补票，不仅增加售票员的工作量，也会延长其他游客的购票等候时间。因此，遇到类似情况，景区售票员应掌握以下原则。

（1）不与客人发生争执，应热情、礼貌地向游客说明景区门票价格优惠制度。

（2）向游客解释时，应注意表达方式，顾及游客感受，尽量站在游客的角度进行表达。

（3）遇到某些特别固执的游客应灵活处理，例如，让其对景区各方面的服务给予建议等。

除了上述儿童优惠票以外，景区还有针对老年人、残疾人、军人的优惠票，以及团体票、假日票等，售票人员应灵活处理，避免引发游客不满和投诉。但要注意，解决问题的方法必须在权限范围内，如果超出权限，应请示上级领导，同意后方可操作。

任务实施

步骤一 学生分组模拟练习。

学生分组，每组 3～5 人，小组成员分别扮演售票员、张先生、妻子李女士和孩子。

步骤二 学生代表模拟展示。

1）同游客交流，注意沟通方式

向游客解释时，注意说话方式，尽量站在游客角度，选择合适的表达方式。

2）向游客说明门票价格优惠制度

不要与游客发生争执，应热情、礼貌地向游客说明门票价格优惠制度，争取游客的理解。

3）特殊情况特殊对待

遇到个别固执的游客，可以灵活处理。例如，让游客为景区提出一些建议，或分享旅游心得等，可以给予门票优惠或免票。这样做，游客心理得到极大的满足，景区也得到宣传。

步骤三 教师点评。

教师对小组模拟展示给予评价，重点强调售票的工作流程。

任务评价

任务完成后，填写售票服务评价表（表 4.2.1）。

表 4.2.1　售票服务评价表

评价项目	完成很好	完成较好	基本完成	未完成	本项得分
服务礼仪到位	9～10 分	7～8 分	5～6 分	<5 分	
服务流程娴熟	18～20 分	15～17 分	12～14 分	<12 分	
服务技能高，游客满意度高	27～30 分	23～26 分	18～22 分	<18 分	
灵活处理特殊问题	18～20 分	15～17 分	12～14 分	<12 分	
语言准确得体	9～10 分	7～8 分	5～6 分	<5 分	
学习态度好，团队合作意识强	9～10 分	7～8 分	5～6 分	<5 分	
总分					

案例分析

景区"逃票"的背后

目前，不少景区逃票现象非常普遍。在百度中输入"逃票攻略"，发现相关搜索结果达几百万条，针对泰山、黄山、五台山等热门景区的"逃票攻略"，可谓图文并茂，花样百出；在新浪微博输入"逃票"，相关结果也有几十万条。不知不觉间，"逃票"这种本应为人所不齿的行为，似乎已成了游客们津津乐道的"旅行文化"。

那么，如此风行的"逃票热"背后，究竟隐藏着什么秘密呢？

对于逃票行为，很少有人会在价值评判上予以贬低。同样，在网络上，那些疯狂转发"逃票攻略"的人，有不少是实名认证用户，他们并不认为逃票可耻，反而以帮助驴友逃票为荣。有些游客之所以逃票逃得"心安理得"，主要是基于以下几方面的原因。

首先，部分景区将自然生成或历史遗留的公共资源高价"出售"，游客觉得难以接受，再与国外类似景区的价格对比，更加激化了这种不满。不少知名旅行家、背包客表示，在国内旅行的消费构成中，门票花销占相当大的比重，而在国外，这个比重要小得多。

其次，景区成本不公开，为游客逃票提供了天然的"借口"。环球旅行家谷岳坦言，景区售票并无不妥，毕竟景区的维护、管理都需要成本，但是钱花到哪儿去了，游客心里没数儿。他举例说，敦煌鸣沙山是一座天然的沙丘，游客只看到有人打扫卫生，看不到其他管理、维护成本，门票却要 100 多元，实在难以服众。

此外，对于某些特殊景区的售票行为，游客也会有抵触情绪，表现最突出的就是寺庙。有些寺庙既是旅游景点，又是宗教圣地，游客抱着朝圣的心态而来，相比于买门票，他们更愿意将钱投入寺庙里的功德箱。

如果说，对"高价"门票的不满和"捡便宜"的侥幸心理，是游客做出逃票决定的原初动力，那么，景区地理位置的特殊性、管理上的疏漏和当地百姓的推波助澜，则使游客的逃票行为最终成为可能。

很多景区的地理位置、地貌特征，为游客逃票提供了天然便利。游客可以从很多线路轻松"混入"景区。助长游客逃票的另一个重要原因是当地部分老百姓的推波助澜，尤以"黑车"现象最为普遍。

层出不穷的逃票事件，遍地开花的"逃票攻略"，让景区管理者们伤透了脑筋。然而，不论是发布公告，对游客晓之以理，还是加强监管，对"黑车"围追堵截，似乎都收效甚微。人们不禁要问：景区逃票乱象的症结究竟在哪里？这个问题需要利益相关方一起思考。

（资料来源：景区"逃票"的背后，中国旅游报电子版，有修改）

问题：从案例中可以看出，景区逃票问题的原因是什么？如何避免景区逃票现象的发生？

任务拓展

学生分组到所在城市的 5A 级景区的售票处观察、体验售票工作流程，并撰写《××景区售票处调研报告》。

工作任务 三 验 票

任务情境

景区验票处通常是人流量最大的地方，尤其在旅游旺季，会出现一眼望不到头的"长蛇"阵，也难免会出现逃票、"人情票"、"加塞儿"的情况。作为景区验票员的你，应如何为游客验票，并处理可能发生的特殊问题？

任务目标

● 了解验票的岗位职责。
● 掌握验票服务的工作流程。

相关知识

一、验票岗位职责

（1）熟悉验票设备性能及工作原理，每天严格按照程序负责验票设备的开启、关闭及维护。

（2）工作期间有责任确保验票设备不受损坏。

（3）熟练掌握门票、季卡、年卡、月卡和有效证件的验证操作，主动协助游客验票，帮助其快速通过验票口。

（4）认真核对票卡使用者身份，如发现非本人使用，有责任给予没收处理。

（5）对于从验票口翻越入闸的违规行为和破坏验票设备的行为，有责任予以警告和阻止。

（6）对于不符合免票政策的特殊人群（老人、儿童等），主动引导其前往售票处补票。

（7）负责内部免票接待的审核及团队游客的人数清点放行工作。

（8）做好票根的清点和回收。

（9）负责当日验票数量（入园游客数量）的统计上报。

（10）负责工作区域的卫生清扫工作，保证验票设备设施及责任区域干净整洁。

（11）负责景区验票口的秩序维持和车辆进出管理。

（12）负责处理验票过程中出现的特殊情况（如假票、假证、冒用他人身份证件、强行闯闸、逃票等），并及时上报。

二、验票工作流程

1. 岗前准备工作

（1）参加班前会议，回顾前日工作完成情况，接受当日工作任务安排。

（2）按规定着装，佩戴工作牌，仪表整齐，妆容得体。

（3）检查岗位设施设备是否正常。

（4）准备各类工作表格、工作卡、景区导览图等。

（5）做好责任区域的卫生清扫工作，精神饱满地做好开园准备。

（6）根据景区开园迎宾活动要求进行动作演练、道具准备等事前准备工作（多见于主题乐园类景区中，如欢乐谷）。

2. 验票工作

（1）验票员侧立站在验票位，精神饱满，面带微笑，使用礼貌问候语。如有开园迎宾要求，应按规定认真完成游客开园欢迎仪式。

（2）游客入闸时，验票员应要求游客人手一票，并认真查验。如验票时采用自动验票机，验票员应监督、帮助游客通过电子验票；在游客排长队的时候，验票员可以主动帮忙验票，确保游客快速、顺利地进入景区。当自动验票机出现故障时，应迅速开展人工验票工作，避免影响游客入园效率。如验票采用人工操作方式，应仔细核对，人、票、证无误方可放行。

（3）门票检验后，撕下副券留存，将正券双手递还给游客。

（4）对持各类有效证件入园的游客，认真核对证件，无误后放行，对需要补票的游客，礼貌引导其前往售票窗口。

（5）熟悉旅行团导游、领队带团入园的检验方法及相应入园规定。团队入园参观时，需要登记游客数量、旅行社等信息并进行清点核对，确保团队入园数量准确。

（6）为残疾人、老人、孕妇及婴幼儿等特殊群体提供必要的帮助。

（7）维持出入口秩序，避免出现混乱现象。对持无效门票入园的游客，耐心说明无效的原因，礼貌要求游客重新购票。对闹事滋事者，应及时礼貌制止、耐心说服，当事态无法控制时，应该及时报告景区安保人员。切忌在众多游客面前发生争执，应将相关人员带离验票现场进行处理。

（8）若游客提出问题应耐心解答，当游客需要帮助时应予以协助。

（9）根据景区规定定时向相关部门上报入园人数，便于景区游客流量控制工作的开展。

3. 交接班及闭园

（1）交接班时，及时将当天下发的文件及工作安排事项准确无误地移交给下一班的工作人员。

（2）晚班人员与财务部工作人员确认当天补票的数量。

（3）晚班人员统计当日入园人数并查看是否准确录入后台系统。

（4）闭园前，关闭所有闸道，验票员将全天回收的票根送往财务部。

（5）关闭验票设施设备、电源、水源等，检查岗位消防设施，确保安全。

（6）下班前打扫卫生，填写工作日记。

三、验票服务工作的难点

一是识别假票、过期票。有些游客为了图方便、图便宜，在"黄牛"手上或虚假网站上购买到了假票或过期票却不自知，增加了验票工作的难度。遇到此种情况时，验票员应该耐心解释，请求游客配合，引导游客前往售票窗口补票，并将假票、过期票等情况及时上报景区安保部门或警方，协助进行查证处理，避免更多游客上当受骗。随着智慧景区的建设发展，这种现象会逐渐减少。

二是无票入园。景区验票员要以身作则，坚决杜绝自己的亲朋好友或其他"走后门"人员无票入园。当发现游客出现类似情况时，应根据景区的规章制度耐心劝说，礼貌地向游客做好解释工作，维护景区形象，并引导游客前往售票窗口补票。

三是享受门票优惠的群体入园。随着智慧旅游的不断发展，越来越多的景区采用人脸识别、证件识别等智能化、信息化方式验票，但由于每个景区的门票优惠政策不同，因此，会有一些老年人、低龄儿童、军人、未带团导游等特殊游客实际上并不符合景区价格优惠政策，却以为自己属于免票人群，当其到达景区之后，未与售票处工作人员沟通，而是直接前往验票口等待验证入园，从而在验证时与验票员因是否可享受优惠问题发生争执。当遇到类似情况时，验票员应耐心解释景区的价格政策，主动引导其前往相应窗口补票。

四是团队游客入园。当团队游客数量过多时，容易造成验票口现场混乱，影响散客入园速度，造成游客不满。因此，景区应开设团队验票口，提前部署大型旅游团验票工作，增派验票员，灵活采用系统识别、人工验票、人数清点、入园后续补检等方式提高团队游客验票效率。

任务实施

步骤一 教师给出任务载体。

教师扮演某景区票务部经理,学生扮演某景区验票员,游客甲、乙、丙。

学生分为四组,分别扮演景区不同角色,完成教师分配的任务,要求有合作精神,做到安全第一,服务至上。

情境一:景区验票处游客甲带着她的孩子入园,声称孩子身高未满 1.3 米,执意不肯为孩子买票,验票员说……

情境二:"五一"假期某景区入口,游客排成"之"字队形还拐了好几个弯,游客乙从队伍后面走到前面,引起一片哗然。"这是'加塞儿',验票员快来管管呀!"有游客喊道。验票员听到吵闹声,走了过来……

情境三:周日,游客丙手持 3 张过期一天的门票来到某景区验票处,对验票员说:"你好,我这里有 3 张前段时间的赠票,昨天到期了,我想问一下今天进去游玩可以吗?"验票员说……

步骤二 任务实施。

每组以抽签的方式决定完成哪项任务,抽到任务后,讨论确定任务的完成方案,并进行模拟演练。

步骤三 学生代表模拟展示。

每个小组派代表展示验票员的验票工作流程和游客补票、"加塞儿"、退票情况的处理办法。

1)同游客交流,注意沟通方式

向游客解释时,注意说话方式方法,尽量站在游客角度,选择合适的表达方式。

2)补票服务处理

验票员多会遇到游客补票情况,当发现需要补票的游客时,应遵循以下处理要点:一是耐心地向游客解释景区的优惠政策,争取游客理解,避免发生争执;二是礼貌地引导游客前往售票窗口履行补票手续;三是游客补完票后,确认票、人相符,履行检票手续,留存票根,班后统一交予财务人员。

3)退票服务处理

一是未使用过的门票。一般而言,未使用过的门票可以正常办理退票手续。其中,在网络上购买的未使用过的电子门票,直接在购买平台上申请退票;在景区售票处购买的未使用过的门票,游客须持有效门票、证件及完整的门票票据,到景区售票处办理退票。

二是已检票的门票。如果门票已经过验证,景区一般不予退票,但可根据实际情况灵活处理。如游客刚检票入园,由于天气原因无法游玩或由于私事必须立即离开,游客坚持办理退票时,票务岗位人员应首先安抚游客情绪,向游客承诺会妥善处理当前情况,避免引起游客不满,招致投诉;然后,立即向上级领导反映当前遇到的情况,经领导同意后，做好相关游客的退票工作。在退票时，要注意做好门票的核验工作，确保人、票、款的一致。退票手续完成之后做好相关的登记工作。

4）预防"加塞儿"需要制定排队规则

（1）预订者优先。

（2）先到者优先。

（3）特殊人群优先。

步骤四 教师点评。

教师对小组模拟展示给予评价，重点强调验票服务流程。

任务评价

任务完成后，填写验票服务评价表（表4.3.1）。

表4.3.1　验票服务评价表

评价项目	完成很好	完成较好	基本完成	未完成	本项得分
验票礼仪到位	9～10分	7～8分	5～6分	<5分	
验票流程娴熟	18～20分	15～17分	12～14分	<12分	
验票技能高，游客满意度高	27～30分	23～26分	18～22分	<18分	
灵活处理特殊问题	18～20分	15～17分	12～14分	<12分	
语言准确得体	9～10分	7～8分	5～6分	<5分	
学习态度好，团队合作意识强	9～10分	7～8分	5～6分	<5分	
总分					

案例分析

景区排队混乱、意外频发，三招彻底解决问题

在刚刚过去的十一黄金周，旅游业交出了一份不错的成绩单：国庆七天全国共接待国内游客7.82亿人次，同比增长7.81%。面对如此庞大的客流量，购票、取票、入园、游玩、进出停车场等场景总会遇到排队等待的情况，如何让游客减少排队时间，安抚排队时的负面情绪，对于景区而言是一个亟待解决的问题。

1. 游客排队可能带来的问题

当排队等候的时间超过一定限度后，游客会产生烦躁甚至不满的情绪。如果游客花费了过多的时间排队，自然就相应减少了在景区游览的时间，这就必然会造成游客的抱怨及对景区管理能力的质疑，也就大大降低了旅游景区在游客心中的美誉度，同时也会使游客在本次旅游中的旅游体验大打折扣。因此，为了不使游客的旅游体验降低质量，景区管理人员必须采取一系列措施对排队进行管理。

2．减少游客排队时间的管理措施

1）增开服务通道

当在某个时段，如早上排队的游客较多时，可以考虑从其他部门抽调一些工作人员，增设售票窗口，入口处增加多名人员进行检票。搭建人流管制障碍物，将队伍划分为多排整齐的队列，防止插队行为，使游客有序进场，尽量满足游客所需要的服务。

但此措施治标不治本，客流量暴增时不能更好地进行管理。而且从其他部门抽调的工作人员对于岗位认知并不深刻，容易出现问题，让游客质疑景区的服务能力，从而降低景区的口碑。

2）营造特殊气氛，分散游客注意

景区对排队的管理既要想办法让游客的等候时间缩短，又要创造舒适的等候环境和营造与景区相适应的特殊氛围，缓解游客在等候过程中的烦躁情绪，让游客知道需要等候的时间，并为游客提供娱乐活动以转移他们的注意力等。

例如，一些红色革命景区，可以在队伍边上树立科普专栏供游客阅览，或者放置大屏幕播放红军革命历程，让游客在等待的过程中学习革命先辈不惧牺牲的艰苦奋斗精神。又如，对于游乐园中蹦极、过山车等紧张刺激项目，可以让排队的游客穿过曲折幽暗的隧道，用各种道具和声光效果渲染环境的神秘紧张气氛，让游客增加对项目游玩的期待。

3．升级建设为智慧景区，是解决排队问题的"撒手锏"

对传统购票、取票、验票繁杂的业务流程进行智慧化升级改造，开通线上线下一体化的全网购票通道，既有在线旅游（online travel agency，OTA）平台网络购票，也有景区官方的门票预订微信公众号、微信小程序、支付宝小程序等，游客可随时随地通过手机或电脑购票，缓解线下窗口的压力。

游客凭借二维码、本人身份证、人脸、指纹识别等验证方式，直接通过自助检票闸机进入景区，节省了取票和检票的时间。

通过大数据管理平台赋能景区数字化管理，景区管理人员可实时查看景区的游客人群、热度分布及未来游览趋势，及时做出更科学、更及时的管理决策。

智慧景区不仅可解决游客排队的问题，提升游客服务品质，还可丰富景区和旅游商家营收模式、解决服务监督管理等问题，实现长远、可持续的健康发展。

（资料来源：http://www.hxezone.com/Wap/NewsDetail?id=223）

问题： 如何避免景区排队混乱情况？

📖 任务拓展

学生分组到所在城市的 5A 级景区的验票处观察、体验售票工作流程，并撰写《××景区验票处调研报告》。

工作任务 四　　咨　　询

任务情境

电话咨询和现场咨询是景区经常发生的咨询形式。如景区外的游客打电话咨询票价和营业时间，景区里的游客问路或者寻人等。作为景区游客中心的一名咨询人员，你应如何解答游客的问题呢？

任务目标

- 了解电话咨询和现场咨询的概念。
- 熟悉电话咨询和现场咨询的礼仪和要求。
- 掌握电话咨询和现场咨询的工作流程。

相关知识

咨询服务是指景区为游客提供查询相关信息和资料，了解景区内的节目预告、场地安排、导游讲解、团队接待、气象信息、交通、宾馆和餐厅地理位置等信息询问的服务。咨询服务按照咨询方式的不同，主要分为电话咨询服务、现场咨询服务和网站咨询服务。以下介绍前两种咨询服务。

一、电话咨询服务

随着现代通信网络的发展，电话应用越来越普及，电话咨询获取信息具有快捷高效的特点，成为人们获取信息的重要途径。电话咨询服务一般发生在游客开始游览景区之前，也可能发生在游览过程中。游客在游览之前进行电话咨询，是为了增加对景区的了解；在游览过程中进行电话咨询，是为了解决游览过程中遇到的问题。

电话咨询无论发生在哪一个环节，对于游客来说都体现了景区的整体服务水平，对景区形象的树立具有重要的作用。因此，景区电话咨询服务人员要从态度、声音、内容等各方面把握电话咨询的服务特点，提高服务能力。

1. 电话咨询服务人员素质要求

景区电话咨询服务人员需要具有柔和悦耳的声音，普通话标准流利，还应接受专门的培训，合格后方能上岗。

（1）保持积极、热情的态度。

（2）语句连贯流畅，语速不急不缓，音量适中，语气不卑不亢。

（3）用语规范，恰当使用礼貌用语。

（4）具备快速打字的本领，确保能边接听电话，边做电话记录。

2.　电话咨询服务注意事项

（1）任何时间有电话进来，客服人员都必须在电话铃响三声之内接起电话。如果接起电话，发现听不到对方的声音或听不清楚对方讲话，不能马上挂断，要说"对不起，我这里听不清您的声音，我给您回过去好吗？"

（2）在接听电话和倾听陈述时要适时地做出回应，让游客感受到被尊重与重视。

（3）电话临近结束时，要确认游客是否有其他的需要，并由对方先挂断电话。

（4）若暂时无法回答，要记录下游客的姓名、电话号码和问题描述，记录后要重复一遍，请游客确认。

（5）向游客回复电话时，首先确认对方身份，然后进行自我介绍并切入主题，展开谈话。要把握通话时间，简明扼要地将游客咨询的问题交代清楚。

（6）接听的所有电话必须在"电话咨询记录表"上进行记录，要求记录游客打入电话的时间、咨询的主要问题和提出的建议，最好还有游客的职业和所属地域。

3.　电话咨询工作流程

一是接听电话。具体流程规范如下：

（1）尽快接听。尽快接听电话，在电话铃响三声之内接听，但不要铃响的第一下就接听，对方可能尚未做好准备。如果铃响超过三声后再接听，拿起电话后就应先向对方致歉："对不起，让您久等了。"

（2）主动问候。拿起电话先问候，接听电话后第一句话应该是先向对方问好，然后自报单位名称及所属部门，如："您好，这里是××景区游客中心，请问有什么可以帮您？"

（3）耐心倾听。接听电话过程中应当注意力集中，耐心倾听对方的讲话并及时、恰当地给予相应的反馈，如"嗯""好的"等，让游客感受到工作人员在认真倾听。

（4）记录与处理。电话旁边应该备好记录用的办公用品，如"电话咨询记录表"和笔，确保在工作区域内能够随时记录咨询内容及需要转达、通知的通话内容。如果在服务过程中遇到需要查询的情况，切忌让对方拿着听筒等待。如当时无法解答游客的问题，应向其致歉，并记录联系电话及姓名，同时告知游客将尽快给其答复。若游客问题涉及景区其他部门，礼貌询问游客姓名与单位，并告知其分机号码或进行转接。

（5）礼貌告别，做好记录。通话即将结束时，应根据通话内容，做好结束准备工作。如果游客的问题需要后期跟进处理，在结束通话前应再次和游客确认回电信息，包括电话号码、游客姓名、咨询内容等。如已完成当次咨询工作，则应感谢游客的来电，可以说："请问您还有其他问题需要帮助吗？""非常感谢您的支持和理解，欢迎您再次致电，再见。"通话完毕，让对方先挂断电话，工作人员再轻轻放下听筒，并在"电话咨询记录表"上做好记录。

二是拨打电话。景区工作人员在接到咨询电话时，如果不能立即回答，应当及时向游客说明情况，并留下对方的联系方式，在问清游客所询问的事情后，在第一时间向咨询者进行回复。拨打电话流程如下。

（1）打电话之前要理清思路，拟好要点；确认电话号码后拨打；如果打错了，不急于挂断电话，应该先表示歉意再轻轻放下电话。

（2）电话接通后先问候对方，再确认是不是要回复的咨询者。

（3）注意通话时间宜短不宜长，要把握好打电话的时间，简明扼要地将要解释的事交代清楚、讲明白就可以了。

（4）待问题解决以后要感谢对方的咨询，希望对方能够继续关注景区，并欢迎对方随时来电对景区的发展提出宝贵的意见及建议。再次致谢道别，并等对方挂断电话之后放下听筒。

二、现场咨询服务

随着现代旅游的发展，一般景区都会设立游客中心。该中心的一个重要功能就是向游客提供问询服务，提供有关景区主要旅游资源、旅游产品、交通线路、旅馆、饭店及餐饮场所的介绍等，解决游玩过程中遇到的麻烦与困难，提升游客在景区游玩的整体体验。如果说游客通过电话咨询对景区形成的印象是抽象的，那么通过游客中心形成的印象则是具体的。

1. 现场咨询人员礼仪要求

（1）工作着装整体统一。
（2）工作形象端正文明。
（3）工作状态饱满热情。
（4）工作态度认真谦和。

2. 现场咨询人员知识要求

（1）详细掌握本景区内所有的景点布置、游览线路及景区内的基础设施。熟悉当天或定期在景区内开展活动的内容、时间和参加办法等，及时向游客提供景点的路线、购物和休息等有关信息。

（2）了解景区周边的交通、景区、餐饮点信息。
（3）掌握天气变化动态信息和当地风俗。

3. 现场咨询服务流程

（1）主动问候，热情招待。现场咨询人员在遇到满脸疑问、迷茫或正准备走向自己的游客时，应该主动问候，这样会给处在困境中的游客温暖的感觉，并留下亲切、热情的好印象。

（2）专心倾听，积极回应。对游客提出的问题认真倾听，全神贯注，以示尊重和诚意，同时要以点头或"嗯"等形式回应，让游客知道现场咨询人员听明白了他刚刚的阐述。另外，还要有优雅的姿态，在游客提问时要始终保持优雅的站姿、正确的坐姿和优美的步态，以及适当的手势。

（3）有问必答，随问随答。对于游客的问询，要做到有问必答、随问随答、用词得当、简洁明了。不能说"也许""大概"之类的没有把握、含糊不清的话。对不清楚的事情，不要不懂装懂，随意回答，更不能轻率地说"我不知道"。经过努力确实无法回答，要向游客表示歉意，同时应通过电话或以向旁边的工作人员咨询的形式来解决游客提出的问题。

（4）愉快再见，预祝开心。对游客的咨询，应该解答到游客满意为止。当游客满意地准备离开时应主动向游客道别，并预祝他们玩得愉快。

任务实施

步骤一 教师给出任务载体。

教师扮演某景区游客咨询中心主管，学生扮演某景区电话咨询员 A 和 B，现场咨询员 C 和 D，游客甲、乙、丙、丁。学生分为四组，分别扮演不同角色，完成教师分配的任务。

情境一（电话咨询）：游客因为导游证不能在景区使用，在电话里发脾气。

游客："我有导游证，去你们景区玩的话免费吗？"

工作人员："先生，您好！根据景区当前的价格政策，持导游证的人员需要有旅行社计划单才能免费入园游玩，如果仅持导游证是不享受免票优惠的。"

游客："你们凭什么不给免费？我去了那么多景区拿导游证都免费，怎么就你们不免费！"

工作人员："非常抱歉，先生，您现在的心情我非常理解，我们景区目前公布的价格政策是持有军人证、教师证、警官证可以享受优惠，您是否持有以上证件呢？"

游客："没有！我只有导游证！我没见过哪个景区不给导游免费的！"

工作人员："请您别着急，我们景区最近正在开展服务质量监督招募活动，您可以报名参加，不仅可以免费入园，还有机会赢得精美礼品！"

游客："在哪里报名？"

工作人员："您可以搜索景区官网，在首页就可以看到相关信息。"

游客："好，我试试。"

工作人员："好的，请问还有什么可以帮您的吗？"

游客："暂时不用了。"

工作人员："好的，非常感谢您的来电，祝您生活愉快，再见！"

情境二（电话咨询）：游客拨打某主题公园的咨询电话，要为景区提建议。

游客："景区的大型游乐设备，像过山车、大摆锤这些项目正常开放吗？"

工作人员："您好，景区除了海盗船项目由于设备检修没有开放以外，其余项目均正常开放中。"

游客："那海盗船什么时候能开放呢？"

工作人员："根据设备检修计划，海盗船项目将于下周一正常开放。"

游客："我们去玩就是冲这些大型设备的，但是经常跑过去发现想玩的项目不开放。你们应该在官网或公众号里每天公示一下当天或第二天的设备开放情况，这样我们心里就有数了，免得白跑一趟。"

工作人员："非常感谢您提出如此宝贵的建议，我已经详细记录下来了，感谢您对我们的大力支持！"

情境三（现场咨询）：游客在景区里咨询景区的相关信息。

游客："景区现在有哪些演出活动？什么时间开始？在哪个地方？"

工作人员：（起身相迎，以示尊重，目光注视游客，语气温和）"先生，您好！景区现在主要有一个大型演出活动，最近的场次为 14:00，演出地点为景区中心广场。这是景区的导览图，上面有详细的演出信息，您可以参照这个安排游玩活动。如果您在游玩过程中有不清楚的地方，可以咨询园内工作人员或拨打客服中心电话，祝您玩得开心！"（双手递送导览图，并做简单介绍）

情境四（现场咨询）：游客与同伴走散了进行求助。

游客："我和我朋友走散了，麻烦你们帮我联系一下。"

工作人员：（耐心安抚游客）"您先不要着急，我们会尽力帮您寻找，您先在这里休息一下。"（引导游客坐下休息；认真询问失散游客信息，逐项记录；通知园区安保人员或其他工作人员寻找，通过广播播放寻人通知）

步骤二 任务实施。

每组以抽签的方式决定完成哪项任务，抽到任务后，讨论确定任务的完成方案，并进行模拟演练。

步骤三 学生代表模拟展示。

每个小组派代表展示咨询的情境，重点展示电话提建议、电话发脾气、现场咨询信息、现场求助 4 种典型事件的处理程序。

情境一处理要点：耐心倾听，及时安抚，分析导致游客生气或失望的原因，提出合理的解决方法。

情境二处理要点：首先要感谢游客提出宝贵的意见。游客的意见或建议要认真倾听，虚心接受，并及时记录下来，掌握景区改进服务和管理的第一手资料。

情境三处理要点：礼仪规范、掌握景区相关信息。

情境四处理要点：安抚游客情绪，询问游客事情原委，召集其他部门予以协助。

步骤四 教师点评。

教师对小组模拟展示给予评价，重点强调现场咨询和电话咨询的工作流程。

任务评价

任务完成后，填写咨询服务评价表（表4.4.1）。

表4.4.1　咨询服务评价表

评价项目	完成很好	完成较好	基本完成	未完成	本项得分
服务礼仪到位	9～10分	7～8分	5～6分	<5分	
迅速了解游客问题	18～20分	15～17分	12～14分	<12分	
及时解答/解决游客问题	27～30分	23～26分	18～22分	<18分	
灵活处理特殊问题	18～20分	15～17分	12～14分	<12分	
语言准确得体	9～10分	7～8分	5～6分	<5分	
学习态度好，团队合作意识强	9～10分	7～8分	5～6分	<5分	
总分					

案例分析

接线员良好的服务态度吸引了我

国庆黄金周马上就要来了，忙碌了半年的小张想找个景区放松休闲一下，网友给他提供了几个景区的咨询电话。于是他拨打了几个景区的电话，其中一个景区的服务电话铃响三声后传来了服务人员甜美的声音："您好，这里是××景区，很高兴能为您服务。"小张听到后心里略有些温暖，马上把刚才的问题重新问了一遍。服务人员回答："对不起，我们这里黄金周期间没有优惠活动。但是在黄金周期间我们景区有许多新的活动项目会对游客开放，晚上还有歌舞联谊会，门票的价格不会上涨。""是吗，那住宿紧不紧张？""有些紧张，您打算几号来？""什么意思？"小张问。"如果是3号来我们的接待住宿中心还有一个标间，如果是3号之前来就没有房间了。""好啊，我3号来也没关系的。"小张想了想说。"那我帮您把3号的房间订下来吧？""好的，谢谢。""请把您的联系方式告诉我，如果您改变了行程也请您提前打电话告诉我，好吗？""好的，没问题。"小张愉快地把联系方式告诉了对方。放下电话，小张看了看剩下的几个景区的电话，心想没必要再打电话了，因为他相信这个景区的服务肯定是好的，他想要的就是一个良好的服务环境，一个可以让自己尽情放松的环境。

事实上经过亲身体验也的确如此。

（资料来源：王昆欣. 旅游景区服务与管理案例［M］. 北京：旅游教育出版社，2008）

问题：如果你是接线员，会如何处理？

任务拓展

学生分组到所在城市的5A级景区，以游客的身份咨询景区现场咨询人员问题（问题自拟），利用表4.4.1给现场咨询人员打分。

工作任务 五   处 理 投 诉

任务情境

　　游客投诉是景区与游客之间关系管理的重要内容，导游讲解不佳、餐厅上菜太慢、游客意外伤害等问题都可能引发投诉。处理好游客投诉，是增加游客信任、实现良好人际传播效应的有效途径，也是提升美誉度的最佳机会。作为景区游客服务中心的投诉处理人员，你应如何处理游客的投诉呢？

任务目标

- 了解景区游客投诉的原因和心理。
- 熟悉游客投诉处理原则。
- 掌握处理游客投诉的程序和方法。

相关知识

一、游客投诉原因分析

1．对景区服务人员的投诉

1）服务态度差

服务人员不够积极，缺乏主动服务意识，对游客的服务要求置之不理；不使用正规服务用语，甚至出言不逊、动作粗鲁。

2）服务技能低

服务人员对工作流程不熟悉、效率不高，使游客长时间等待；因业务不熟、寄放物品丢失等造成游客人身受到伤害或财产蒙受损失。

2．对景区产品的投诉

（1）广告宣传与景区实际情况不符，以次充好。

（2）收费项目不明，园中园重复购票，或者不按承诺给予收费优惠。

3．对景区硬件配套设施和环境的投诉

（1）景区内配套设施配备不到位，标示标牌不清晰、不明确。

（2）住宿条件差，空调、冷热水的供应不足，卫生设施设备陈旧。

（3）景区内部或周围卫生环境状况差，管理混乱，缺乏相关安全措施。

（4）停车场无专人负责，车辆乱停乱放；内部交通不畅，等车时间过长。

二、游客投诉心理分析

对游客的投诉心理进行分析，一方面便于景区预先估计可能出现的问题，重视相关部门和环节，尽量减少投诉的发生，防患于未然；另一方面也便于在投诉发生时有针对性地解决纠纷。游客投诉的心理主要有三方面。

1. 寻求尊重

被人尊重是人的基本心理需求。游客在游览过程中，是花费金钱享受购买的服务。如果感觉预期要求没有实现，就会非常失望并产生很强的挫折感，感觉没有受到重视，因此会采取投诉行动找回尊严。游客希望景区管理人员重视他的意见并立即采取相应的处理措施，以寻求心理上的平衡。

2. 发泄不满

发泄是指通过较为激烈的情绪表达而使情绪稳定的一种方法。当游客认为其物质享受和生理需求不能被满足，就会通过投诉发泄心中的不满。在投诉过程中释放了能量，胸中的怒气和郁闷的心情就会减轻一些。

3. 获得补偿

由于景区职务性行为给游客带来的精神或物质上的伤害，游客向相关机关索赔或采取法律诉讼要求赔偿、弥补损失，不仅是正常的心理现象，也是法律赋予的权利。

三、处理游客投诉的原则

1. 游客至上

投诉发生时，要把游客的利益放在第一位，要采取"换位思考"的方式去理解投诉游客的心情和想法。投诉受理人员一定要保持冷静，注意说话的方式和礼节礼貌，给游客申诉的机会，千万不要着急辩解，更不要顶撞游客。

2. 态度真诚

投诉受理人员在接受投诉时，要注意自己的言谈、姿势、表情等方面，显示对游客的尊重。要发自内心地表示对游客的理解，显示解决问题的诚意，避免因虚情假意激起游客更大的怒火，从而不利于问题的解决。

3. 效率第一

处理投诉的反应要快，效率要高。要在第一时间与游客沟通，在最短的时间里弥补改正，将大事化小、小事化了，牢牢掌握主动权。

4. 兼顾景区利益

随着旅游业的发展，游客的维权意识日益增强，难免会出现过度维权的情况。景点的投诉受理人员在处理游客的投诉意见的时，一定要正确地分析游客的投诉是否成立，既要尊重事实，不推卸责任，也不能任由个别游客无理取闹，要委婉劝导、耐心解释，维护景区的合法权益。

四、投诉工作流程与规范

1. 电话投诉处理流程

（1）接听投诉来电。由投诉受理人员接听投诉电话，电话中应详细询问投诉内容，包括投诉事件发生的地点、原因、涉及的人员等信息，并进一步询问游客姓名、有效联系方式等，做好相应的记录。在游客陈述完成后，应根据记录内容进行复述确认，确保无遗漏。

（2）投诉分析。对来电投诉内容做好分析，判断投诉是否合理，确定投诉所涉及的投诉内容是否单一。投诉受理人员可根据投诉的合理性决定投诉下一步的处理流程。若确定为不合理投诉，则由投诉受理人员直接在电话中或书面进行说明。若为合理投诉，则应判断投诉内容是否单一，是否需要向上一级领导汇报，或协调相关部门共同处理。

（3）投诉受理。对有效来电投诉，原则上投诉受理人员应在接电之时起第一时间处理完毕，做到不积压、不遗漏、不错转；对无法第一时间处理完毕的有效来电投诉，投诉受理人员应在接电话后立即着手调查处理，在 24 小时内处理完毕并给投诉游客作出反馈；对复杂性投诉事件或重大投诉事件，可根据投诉的内容、投诉涉及的部门进行分步处理，必要情况下，可通过上级领导召开专题会议进行协调处理。

（4）投诉回复。结合游客诉求及景区给出的处理方案，对投诉游客进行回复。如来电投诉人对处理结果不满意的，必须进行再协调工作，并将处理结果登记造册。如个别事项不能按时回复的，要及时说明情况，取得投诉游客的谅解。

（5）投诉办结。投诉办结后，应将投诉办理过程情况进行整理，并记录在册，进行归档处理。

2. 现场投诉处理流程

（1）聆听和记录。认真倾听游客的投诉内容，让游客情绪得到适度的发泄。在聆听的过程中，要注意保持心平气和，不可流露出反感、嘲讽或不耐烦的情绪。不要计较游客的说话方式，在其情绪愤怒的时候，可能会有过分的言辞或某些用词、用句不够准确，要包容游客，应把握好自己的情绪，在游客投诉的过程中找到问题产生的根源及游客的最终诉求。

（2）安抚游客情绪。无论游客投诉是否属于有效投诉，都应在游客情绪发泄后，及时安抚游客，请游客保持冷静。同时，对游客在景区内遭遇到的不愉快表示感同身受。

比如："我对您感到气愤和委屈的情绪非常理解，如果我是您，我也会和您有相同的感受。"对投诉的游客做出一些同情和理解的表示，可以拉近与游客的距离，安抚他们的情绪，也便于把他们的注意力转移到如何解决问题上来。

（3）收集相关信息。游客投诉的最终目的是解决问题。当游客情绪稳定后，应进一步与游客沟通，确认引起投诉的主要原因。投诉受理人员应根据前期了解的情况，对游客投诉事件的具体经过、原因、诉求等信息进行重复确认，让游客明白景区已收到并了解他的问题和要求。在此过程中，如果还有需要进一步了解的细节，应与游客深入沟通，收集对投诉处理有帮助的信息，以便更好地帮助游客解决问题。

（4）提出处理方案。在全面了解游客的投诉后，投诉受理人员应积极进行事实查，针对游客提出的问题给出合理的解决方案。对于能及时处理的问题，应快速、果断地进行现场处理。在解决过程中，投诉受理人员可以根据实际情况，向游客提供几种解决的办法，以供游客选择。对于问题复杂或涉及多个部门的投诉事件，需要请示上级领导或进行部门间协调沟通的，应提前告知游客，向游客说明情况，并明确告知游客处理该投诉所需要的时间，请游客留下详细的联系方式，并在承诺的时间内将处理方案告知游客。

（5）征求游客意见。投诉受理人员最终提出的解决方案，应征得游客的同意。如果游客对处理方案表示不满意或不认可，投诉受理人员应礼貌征询游客对投诉事件的具体想法，如果在景区能接受的范围内，原则上应满足游客的诉求。如果游客要求超出景区承受范围，则可以进一步协商、沟通。

（6）跟踪服务。通过跟踪服务，景区可以进一步了解游客对投诉事件处理方案的满意度。跟踪服务的方式一般包括电话、电子邮件、信函及贺卡等。投诉处理人员应该记录全部过程并存档，对一段时期的投诉进行统计分析，对典型问题产生的原因要做相应改进，不断提高服务水平，从而树立良好的市场形象，提升游客对景区的忠诚度。

任务实施

步骤一 教师给出任务载体。

教师扮演某景区游客中心投诉部主管；学生扮演景区投诉处理人员 A、B、C 和游客甲、乙、丙、丁。学生分为三组，分别扮演不同角色，完成教师分配的任务。

情境一：游客投诉景区工作人员服务态度恶劣。

游客拨打景区投诉电话，情绪激动："我要投诉！你们工作人员服务态度太差了。"周边环境十分嘈杂，还有不时传出的争执声。

工作人员："女士，您好，请您先别着急，您现在是在景区游玩吗？请您跟我描述一下事情经过可以吗？"

游客："我在××项目这里呢！我刚刚想去玩这个项目，不知道这个项目是单独收费的，走到入口处被工作人员拦下来了，问我要门票。我就把景区门票递过去了，谁知道他就不耐烦了，态度特别差，冲我大声地说：'不是这个！票都没买就来玩！不知道先看看门口的说明嘛！'我跟他理论，说他态度不好，他还骂起人来了！我要投诉！你们怎么培训员工的！必须让他跟我道歉！"

工作人员："请您消消气，我们马上到现场进行处理，请您稍等一下可以吗？"

游客："赶紧来！"

投诉处理人员立即赶往现场，将游客带至游客中心调解室，为游客递上热水。"女士，请您稍做休息，我们马上对您反映的事情进行调查处理。"投诉处理人员通过员工问询、调取监控等方式，确定游客所言属实，立即通知被投诉员工所在部门领班，说明事情经过及游客要求道歉的诉求，请领班与该员工进行沟通协商。该员工也认识到自身错误，愿意当面赔礼道歉并接受部门处罚。

投诉处理人员："女士，非常抱歉给您造成的不愉快，该员工也已经充分认识到了自己的错误，希望能当面向您赔礼道歉，我们也将对他进行相应的处罚。"员工再次致歉，真诚地请求游客原谅。

游客接受道歉，但依然有些生气："你们真的应该好好做个培训了！这样的服务态度以后谁还敢来！"

投诉处理人员："非常感谢您的谅解，我们一定会加强服务培训，不断提高服务质量，不会让这样的事情再次发生，也请您继续监督！"

情境二：游客投诉景区餐厅售卖的快餐质量差。

游客气冲冲地走进游客中心，将手中的餐盒袋扔在服务台上。投诉处理人员立即起身迎接，微笑询问："先生，您好，请问有什么可以帮您？"

游客："你看看我刚刚在餐厅买的汉堡套餐！宣传单上说是现做的，我走出来才发现是凉透的。还说套餐里包含薯条，结果根本没有。你们这是欺骗消费者！而且这个汉堡难吃得要死！还这么贵！"投诉处理人员在征得游客同意后，打开餐盒，发现确实如游客所说。

投诉处理人员："先生，我非常理解您现在的心情，我们一定会认真调查，给您一个满意的答复。请您先在游客中心休息一下可以吗？我们立即开始调查处理。"投诉处理人员将游客带至休息区域。

投诉处理人员联系景区餐厅负责人，详细说明游客投诉内容，请其协助调查。经查证，餐厅出售的汉堡确实是提前做好的，口感较差，游客购买后餐厅也未进行加热。套餐内容已更改但未及时更新宣传单。查清事实后，投诉处理人员也与餐厅负责人协商了赔偿方案。

投诉处理人员："不好意思，让您久等了。我们进行了认真调查，确实是景区餐厅对餐品质量把控不够严格，宣传单也未及时更换。给您造成的不快我们十分抱歉，同时也非常感谢您指出我们存在的不足。经过与餐厅协商，为了表示歉意，餐厅将全额退款并赠送您一张会员券，您看可以吗？"

游客："光退款、送券我不同意，我现在吃什么？我还饿着呢！"

投诉处理人员将游客的诉求转述给餐厅负责人，餐厅负责人表示可以立刻为游客重新制作一份餐品，游客表示接受。

　　投诉处理完成后，投诉处理人员对处理经过及处理结果进行了详细记录，并对餐厅宣传单更新不及时及餐品质量差的问题及时上报，得到景区高度重视，立即进行了餐品改良，并对景区餐厅内过期宣传单进行了彻底排查。投诉处理人员特意告知游客此事，并对其指出问题再次表示了感谢。

　　情境三：游客投诉景区游览车座位油漆未干弄脏衣物。

　　游客拨打景区投诉电话，投诉处理人员及时接听。

　　游客："是××景区吗？"

　　投诉处理人员："是的，女士，这里是××景区游客中心，有什么事情可以帮您？"

　　游客："我要投诉你们景区！"

　　投诉处理人员："您先别着急，麻烦您先说明一下投诉事由可以吗？"

　　游客："我今天上午去你们景区游玩，坐了景区的游览车，坐的时候我就闻到有股油漆味，但是没注意，回到家之后才发现衣服上沾了一大片油漆，洗都洗不掉！"

　　投诉处理人员："您是说在乘坐景区游览车的时候，在车上蹭到了油漆是吗？您还能回忆起坐的是什么样的游览车吗？"

　　游客："对，就是在车上蹭到的！是一辆恐龙形状的游览车，15元钱可以绕园区一圈那种。"

　　投诉处理人员："好的，我们一定会调查清楚。请问您有被弄脏衣服的照片吗？能不能发送到我们的工作邮箱，便于我们进行核查？"

　　游客："可以。"

　　投诉处理人员："好的，请您耐心等待一下，我们将立即调查处理，稍后给您回电，可以吗？"

　　投诉处理人员征得游客同意后，礼貌与游客道别，挂断电话后立即根据记录下的信息，联系相关部门进行核查。调查发现景区的确有一辆游览车因掉漆严重刚刚进行了翻新，部分区域油漆尚未干透，且有被剐蹭过的痕迹，经与游客发过来的照片对比，确实是游览车上的油漆造成了衣物脏污。与相关部门协商之后，确定赠送一张门票作为补偿的处理方案。

　　投诉处理人员回拨游客电话："您好，这里是××景区游客中心，很抱歉让您久等了，对于景区的失误我们再次表示由衷的歉意，也非常感谢您为我们指出这个潜在隐患。为了补偿您的损失，我们将给您寄送门票一张，您看可以吗？"

　　游客："只有门票吗？我衣服很贵的！你们还应该给我赔偿干洗费××元！"

　　由于涉及钱财赔偿，工作人员立即请示部门领导，经领导同意后，与游客就干洗费用达成一致，记录下游客的银行账号、通信地址等信息后，与游客礼貌道别，承诺将于2日内通过转账形式赔偿游客干洗费用并寄出门票，游客表示接受。投诉办结之后，投诉处理人员立即将该投诉事件上报，提出翻新设施应进行彻底检查，确定没有问题后再投入使用的建议，得到相关部门采纳。工作人员特意将此事告知投诉游客，并对其指出存在问题再次表示感谢。

步骤二 任务实施。

每组以抽签的方式决定完成的任务，抽到任务后，讨论确定任务的完成方案，并进行模拟演练。

步骤三 学生代表模拟展示。

每个小组派代表分别展示 3 个情境的投诉问题，重点考查投诉处理过程。

情境一处理要点：

（1）安抚游客情绪，认真倾听游客讲述，详细了解事情经过（若发生在游客中心以外的其他地方，应将游客带离现场，前往调解室等处进行处理）。

（2）遵循实事求是原则，核实是否属实。

（3）若事情属实，首先向游客表示歉意，再与员工沟通后，由员工个人再次致歉，争取游客谅解。

（4）将投诉事件呈报给相关部门，按照景区有关规定对员工进行处罚，加强服务培训，逐步提高员工服务意识和服务技能。

（5）及时将处理结果告知游客，以示景区对游客的尊重。

情境二处理要点：

（1）安抚游客情绪，认真倾听游客讲述，详细了解投诉原因。

（2）遵循实事求是原则，核查是否属实。

（3）若确实是景区服务产品存在缺陷影响游客体验，应真诚道歉并对游客指出问题表示感谢。

（4）与游客沟通解决方案。

（5）针对景区产品存在的问题进行反馈上报，确定提升、优化方案后告知游客，以示重视。

情境三处理要点：

（1）安抚游客情绪，认真倾听，详细了解投诉原因。

（2）遵循实事求是原则，核查是否属实。

（3）若确实是景区设施或环境存在问题影响游客游玩体验，应真诚道歉并对游客指出问题表示感谢。

（4）与游客协商解决方案，若游客要求的补偿方案超出工作人员权限范围应立即上报领导，经请示同意后再与游客沟通协商，了结投诉。

（5）针对景区设施或环境存在的问题进行反馈上报，对景区设施或环境进行全面核查，确定提升方案后及时反馈游客，以示重视。

特别提示：

在处理投诉的过程中，有时候会碰到一些故意刁难景区投诉处理人员的游客，他们可能会提出一些过分的要求，此时投诉处理人员应该沉着、大方地应对，可以采用幽默委婉的方式避开话题或回绝游客。如果游客还是一再要求，不达目的不罢休，可以义正词严地拒绝，必要时报告上级领导或请安保人员前来协助处理。

步骤四　教师点评。

教师对小组模拟展示给予评价，重点强调投诉处理流程。

任务评价

任务完成后，填写投诉服务评价表（表4.5.1）。

表4.5.1　投诉服务评价表

评价项目	完成很好	完成较好	基本完成	未完成	本项得分
快速让游客冷静下来	9～10分	7～8分	5～6分	<5分	
迅速了解事情经过	18～20分	15～17分	12～14分	<12分	
分析投诉原因并提出有效解决方案	27～30分	23～26分	18～22分	<18分	
灵活的沟通能力	18～20分	15～17分	12～14分	<12分	
观察细致、思维缜密	9～10分	7～8分	5～6分	<5分	
心理抗压能力强	9～10分	7～8分	5～6分	<5分	
总分					

案例分析

游客何先生在景区某销售点购买了2个椰子，当员工A为其切开其中1个后，何先生认为切口太大，可能不卫生，因此要求将尚未切开的1个椰子退掉。员工A虽然同意退款，但是却在服务过程中恶语相向。何先生情绪激动并责骂员工A，员工A亦出言反驳，双方发生了言语冲突。何先生随后致电游客中心投诉员工A服务态度差，要求景区对其进行处理。

问题：

（1）试分析游客何先生的投诉心理。

（2）如果你是接到投诉电话的工作人员，会如何处理？

任务拓展

学生分组到所在城市的5A级景区的游客投诉处理中心观察、体验处理游客投诉的流程，并撰写《××景区投诉部调研报告》。

工作任务六 寄存物品

任务情境

刘女士去某景区游玩，由于行李太多，决定在游客中心自助寄存物品处存放行李。在工作人员的帮助下，存行李过程很顺利，可是当游玩结束要取行李时，刘女士翻遍了衣兜也没有找到取件凭证，这可把她急坏了。作为景区寄存处的工作人员，你应该怎么处理呢？

任务目标

- 了解景区寄存接待岗位的管理制度。
- 掌握景区寄存接待岗位特殊问题的处理步骤和方法。
- 掌握景区寄存接待岗位的主要工作职责。

相关知识

景区物品寄存是指前往景区参观游览的游客出于自身需要，将携带物品交予景区专门的寄存处，请景区工作人员代其妥善保管。景区物品寄存既是景区提供的一项方便游客游玩的服务内容，更成为很多景区增加收入的一种重要方式。

一、寄存接待管理的岗位职责说明

旅游景区寄存接待管理的岗位职责如下。

（1）严格执行景区收费规定、票据管理制度，按规定收费，为寄存物品的游客提供热情、耐心、准确、细致的物品寄存服务。

（2）宣传有关法律法规和物品寄存规定，收存物品时做好安全检查，严防游客在寄存的物品内夹带危险品和国家禁止寄存的物品，如枪支、弹药、易燃品、易爆品、毒品、放射性物质、管制刀具等。

（3）负责在寄存物品上拴挂物品领取牌，填写"物品寄存记录"。

（4）严格寄存场所管理，负责保管好游客寄存的物品。严格遵守寄存提取手续，做到物品的领取工作准确无误，严禁无关人员进入寄存室。

（5）认真填写当班工作记录和原始台账，确保岗位职责范围内的安全，承担相应的安全责任。

（6）负责每日物品寄存收入数据的上报统计工作。

（7）负责每日向上级部门上交物品寄存费用。

（8）负责寄存柜台的清洁、安全，用品规范摆放。

出于方便游客和节省人力等方面的考虑，部分景区除人工寄存点外还设有自助寄存柜，由游客自行操作，进行物品的存取。此种情况下，工作人员通常还负责自助寄存柜的清洁和维护，以及在游客自助存取时进行必要的帮助和指导。

二、寄存接待管理的岗位制度

（1）注重仪容仪表，着装整洁，精神饱满，维护景区良好形象。

（2）严禁随意打开和翻动游客寄存物品。

（3）严禁私自挪用和处理游客寄存物品。

（4）不得做出任何有可能损坏游客寄存物品的行为，如在寄存物品上放置水果、饮料等。

（5）寄存处工作人员离岗时，要锁好寄存室的门窗，防止不相关人员进入寄存室。

（6）集中精力工作，确保不发生工作失误和不安全问题。

（7）如因工作人员保管不善，导致游客寄存物品丢失、损坏的，由责任人负责赔偿。

（8）寄存岗位工作人员交接班时，必须做好寄存物品的清点工作，未清点或实际寄存物品与寄存记录不符时，不得办理交接班手续。

（9）在寄存或领取物品过程中，如游客对寄存物品有争议且难以达成一致时，应及时报告上级主管进行处理。

三、寄存接待管理的工作流程与规范

1. 寄存接待管理的工作流程

（1）岗前准备。检查仪容仪表，参加岗前早会，提前到达工作岗位，打扫工作场所卫生。到财务部领取当日物品寄存票、零钞、领取牌等，确保当天用量。

（2）接待寄存游客。当游客走进寄存处时，寄存岗位工作人员以标准站姿，面带微笑迎接游客，主动问候："您好，这里是寄存处，请问您需要寄存吗？"确认游客确实需要寄存服务后，向其详细说明景区物品寄存的有关规定、收费标准等内容。

（3）寄存物品安全检查。寄存岗位工作人员礼貌询问游客是否有贵重物品或违规物品，当面进行安全检查，并请游客签字确认。若游客拒绝查验，可按照相关规定不予寄存。

（4）填开凭证，收取费用。寄存岗位工作人员当面为游客填开物品寄存凭证，字迹清楚，不得随意涂改，填写完成后交由游客签字。按照景区标准收取寄存费用，将寄存物品逐件拴挂领取牌，小心轻放，在物品寄存架摆放整齐。同时将寄存凭证或领取牌交予游客，提醒其妥善保管。做好登记工作。

（5）物品认领。游客前来领取寄存物品时，礼貌地请游客出示寄存凭证或领取牌，仔细核对，确保人、物一致，将寄存物品交付游客，并请其签字确认。

2. 寄存接待管理的工作规范

（1）寄存物品的接收。①接收前，寄存岗位工作人员应该当面查验，认真检查游客寄存物品的外包装是否符合要求、包装是否完整。②检查寄存物品是否符合安全要求。③寄存岗位工作人员向游客说明景区寄存费用收取标准及注意事项。④寄存岗位工作人员当面为游客填开物品寄存凭证。

（2）寄存物品的收费。按景区收费标准及游客预计存放时间向游客预先收取物品寄存费用，并向游客提供正式发票或收款凭证。严禁擅自决定先寄存后收费，由于未按规定收费造成寄存费用无法收回的由责任人承担。（若景区寄存为免费服务，可略过此项内容）

（3）寄存物品的领取。游客前来领取物品时，须出具物品领取牌、物品寄存凭证游客联等凭证，经寄存岗位工作人员仔细核对物品寄存记录，确认无误后，将物品交付游客，并请其在物品寄存记录表上签字确认。

非本人领取，但游客在寄存前明确告知需他人代领的，寄存岗位工作人员需要求游客留下代领人的姓名、电话、身份证号码等准确信息，在交付物品时，寄存岗位工作人员需仔细核对代领人的相关信息是否一致，无误后签名交付。

寄存前游客未明确告知寄存物品需他人领取的，应要求出示寄存人授权书，包括物品寄存凭证、寄存人身份证复印件，以及代领人姓名、电话、身份证号码等信息。交付时寄存岗位工作人员应核对相关信息是否一致，无误后签名交付。

（4）物品寄存费用上交。寄存岗位工作人员应在下班前将物品寄存收入上交部门主管。交接时，主管要认真查验票款存根的金额与所收金额是否相符，双方核对无误，主管接收现金后应给寄存岗位工作人员开具现金收据，同时主管签字确认。现金收据的白联留存备查，红联交寄存岗位工作人员，主管负责保管现金收据。当日剩余物品领取牌、物品寄存凭证、备用零钱等交回当值领班。

四、寄存接待管理的典型任务处理

（1）游客遗失寄存凭证。如游客遗失物品寄存凭证，寄存岗位工作人员应电话通知游客中心工作人员或当值领班，待其他工作人员到达现场后，先请游客填写"应急开箱登记表"，然后用钥匙手动开箱（开箱时避免让游客直接看到箱内物品）后，请游客描述箱内物品信息，游客描述准确无误后，请游客在登记表上签字确认，协助其将物品取出。

（2）寄存物品无人领取。如寄存物品在景区闭园后仍无游客前来领取，寄存工作人员应首先根据游客留下的联系方式尝试联系游客，若未能联系到游客，应将寄存物品交游客中心，做好交接工作，由游客中心相关工作人员处理，做好跟进服务并进行登记。

（3）游客寄存物品有危险违禁品。若游客寄存的物品中含有管制刀具或易燃、易爆、易腐蚀等危险违禁品，应耐心向游客解释国家相关规定及景区相关制度，不予寄存。若游客拒不配合，应联系景区安保人员或报警处理，以保障景区及其他游客生命财产安全。

（4）寄存物品丢失或损坏。若游客寄存物品因工作人员疏忽大意等个人原因丢失或损坏，工作人员应立即采取补救措施，尽力找回或修补。如果最终未能补救成功，应根据寄存物品实际价值，与游客进行协商，由当值工作人员进行赔偿。（一般而言，如果发生寄存物品丢失或损坏情况，双方对寄存物品的实际价值及赔偿标准通常难以达成一致。因此，工作人员务必严肃谨慎地对待寄存岗位的工作，严格按照规定程序办理相关手续）

（5）自助寄存时误操作。游客在自助寄存时有可能会出现误操作，如物品未存放误关上了柜门或物品未放完就关上了柜门。由于是自助存取模式，此时再打开柜门即视为交易完成，游客若想继续寄存需重新支付，因此通常会向寄存岗位工作人员求助。工作人员接到游客求助后，应首先通过验证游客支付记录等方式确认情况是否属实，确认属实后，请游客填写"应急开箱登记表"，填写完成后，由工作人员用钥匙手动开箱，并协助游客完成物品寄存。

🌱 任务实施

步骤一　教师发布任务情境，学生分组模拟练习。

情境一：游客取行李时发现凭证遗失。

情境二：游客寄存的物品中含有危险违禁品不能寄存。

学生分组，每组 3～5 人。各小组抽签决定表演情境。小组成员分别扮演寄存处工作人员（1 名），游客中心工作人员（1 名）、游客（可多名），各小组自己设计脚本，排练剧情。

考查核心知识技能：

1）游客遗失寄存凭证处理办法

（1）寄存岗位工作人员应电话通知游客中心工作人员或当值领班。

（2）待其他工作人员到达现场后，先请游客填写"应急开箱登记表"。

（3）然后用钥匙手动开箱（开箱时避免让游客直接看到箱内物品）后，请游客描述箱内物品信息。

（4）游客描述准确无误后，请游客在登记表上签字确认，协助其将物品取出。

2）游客寄存物品有危险违禁品处理方法

（1）若游客寄存的物品中含有管制刀具或易燃、易爆、易腐蚀等危险违禁品，应耐心向游客解释国家相关规定及景区相关制度，不予寄存。

（2）若游客拒不配合，应联系景区安保人员或报警处理，以保障景区及其他游客生命财产安全。

步骤二 各小组汇报展示。

其他小组和教师根据打分表依次为各小组打分。

步骤三 教师点评。

教师对小组模拟展示给予评价，重点归纳景区游客中心寄存工作岗位处理突发事件的方法步骤。

任务评价

任务完成后，填写寄存物品服务评价表（表 4.6.1）。

表 4.6.1 寄存物品服务评价表

评价项目	完成很好	完成较好	基本完成	部分完成	本项得分
服务礼仪到位	9～10 分	7～8 分	5～6 分	<5 分	
服务流程娴熟	18～20 分	15～17 分	12～14 分	<12 分	
服务技能高，游客满意度高	27～30 分	23～26 分	18～22 分	<18 分	
处理问题灵活	18～20 分	15～17 分	12～14 分	<12 分	
语言准确得体	9～10 分	7～8 分	5～6 分	<5 分	
学习态度好，团队合作意识强	9～10 分	7～8 分	5～6 分	<5 分	
总分					

案例分析

上海迪士尼寄存柜告示"遗失不担责"，被罚 5000 元

据信用中国网站消息，因在寄存柜上张贴告示不当，2021 年 8 月 25 日，上海迪士尼度假区的关联公司上海国际主题乐园有限公司被罚款 5000 元。

根据上海市浦东新区市场监管局发布行政处罚决定文书。当事人于 2016 年 6 月 16 日起，在上海迪士尼乐园有 4 处寄存柜使用如下告示："请妥善保管好个人物品，如有遗失，上海迪士尼乐园不承担任何责任。"

去迪士尼的游客，很多是家长带小朋友去玩，难免大包小包，甚至还有小推车之类的物品，所以寄存的需求量很大。记者在网上搜索了一下上海迪士尼乐园寄存柜的收费价格，检票口处的行李寄存柜收费在 60～80 元一天，园区内的行李寄存柜 2 小时内免费，超过免费时段按小时收费，每小时 50～70 元，全天则高达 300～420 元。如此看来，寄存柜的收费价格并不低。

"如有遗失，概不负责"，这句话其实听起来并不陌生。大到迪士尼乐园这种国际性大型游乐场，小到家门口的超市，自助存取的寄存柜往往都有这种告示，"本商场实行自助存包，责任自负""自助存包自存自取，如有遗失，概不负责"。虽然顾客有保管好自己的物品尤其是重要物品的义务，但是经营者想靠一句"概不负责"就为自己免责是行不通的。

《合同违法行为监督处理办法》第九条第（二）项规定，经营者不得免除自己因故意或者重大过失造成消费者财产损失的责任。根据《民法典》第四百九十七条第（二）项规定，提供格式条款一方不合理地免除或者减轻其责任、加重对方责任、限制对方主要权利，将被视为"格式条款无效的情形"。责任和义务对等，既然收了费，又怎能用"概不负责"的态度来服务顾客？迪士尼5000元罚款事小，但是影响不小。这也为商家敲响了警钟：企业再大，以霸王条款剥夺消费者的合法权益，注定会遭受市场和法律的双重惩罚。

（资料来源：新华报业交汇点客户端，有改动）

问题： 由此案例可以看出，景区寄存服务会直接影响游客游览的心情和对景区服务质量的评价，不仅要做到热情周到，还要做到合理合法。请你谈一谈景区寄存服务岗位的工作规范有哪些？

任务拓展

每位同学搜集一则景区寄存服务案例，并进行分析，形成文字稿在作业平台分享。

工作任务七　租 赁 物 品

任务情境

王先生一家三口带着老父亲去沈阳植物园游玩，由于父亲腿脚不方便，不能长时间步行，于是王先生准备在景区服务中心租一辆轮椅，给父亲代步，结果游览途中租赁的轮椅出了故障，作为景区租赁服务人员，你应该怎么处理呢？

任务目标

- 了解游客中心租赁接待管理岗位的名称和工作流程。
- 熟悉游客中心租赁接待管理岗位的主要职责。
- 掌握游客中心租赁接待管理岗位突发状况的处理办法。

相关知识

一、租赁服务含义

景区租赁是指景区将自身所拥有的某些物品或设施通过收取游客租金、押金的方式，在约定的时间内，交予游客使用，游客由此获得在一段时期内使用该物品或设施的权利，便于其更好地开展游览活动。景区租赁是景区提供的一项便利服务，既能给广大游客提供游览便利，又能增加景区收入。

二、租赁接待管理的岗位类型与岗位职责

景区租赁接待管理的岗位类型可按照租赁内容进行细分，如游览工具租赁、解说设备租赁、婴儿车租赁、轮椅租赁、雨伞租赁等。

景区租赁接待管理的岗位职责主要包括以下几点。

（1）讲解租赁设施的价格、使用方法、注意事项等。

（2）按照景区规定为游客办理租赁手续。

（3）负责租赁设施的检查、维护和存放工作。

（4）指导有租赁需求的游客进行试操作。

（5）做好物品设施租赁接待记录。

（6）每日将租赁收入上交主管领导或部门。

三、租赁接待管理的岗位制度

（1）上班前认真检查租赁设备、设施，确保其处于良好的使用状态，保障游客安全。

（2）严格遵守景区设施设备租赁规定，不得任意更改价格，不得徇私，私自转租。

（3）租赁时，应保证出租设施设备的完好，经游客及工作人员双方验证后，方可出租。

（4）发现设施损坏或遇到其他异常情况，应及时上报。

四、租赁接待管理的工作流程与规范

（1）岗前准备，设施设备检查。检查仪容仪表，参加岗前早会，提前到达工作岗位，打扫工作场所及物品设施卫生，对租赁的设施设备进行仔细全面的检查，确保使用正常，无损坏。

（2）接待租赁游客。当游客走近租赁处时，租赁岗位工作人员以标准站姿、面带微笑迎接游客，主动问候："您好，这里是××租赁处，请问您需要租赁设施吗？"向游客详细解释租赁收费标准、使用方法、归还方式、注意事项等。

（3）租赁设施检查。当游客确认租赁后，选择好租赁的设施，租赁岗位工作人员与游客共同进行全面检查，并请游客认真阅读使用须知，必要时，指导游客现场操作，使其掌握使用方法。

（4）办理租赁手续，做好记录。租赁岗位工作人员为游客办理租赁手续，按照景区标准收取费用，或指导游客自助租赁，将凭证交予游客，提醒其妥善保管，做好登记工作。

（5）设施归还，礼貌告别。游客前来归还设施时，礼貌请游客出示凭证，仔细核对，同时对设施进行检查，确认其有无损坏，核查完成后退还押金，并请游客签字确认，礼貌告别。

五、租赁接待管理的典型任务处理

1. 租赁凭证丢失

如游客遗失租赁凭证，可核对出租设施信息及游客信息，确认无误后，上报领班并与财务等相关岗位人员说明情况，在租赁存根凭证上填写归还时间，做好备注，如"租赁凭证遗失，押金已退回"字样，并请领班、游客一同签字确认。

2. 租赁设施损坏

如游客归还设施后，在检查过程中发现设施损坏，应耐心询问损坏原因，解释景区赔偿标准，出示相关价目表，礼貌引导游客按规赔偿，做好明确记录，同时上交赔款。将设施损坏情况上报领班，等待处理。

3. 设施使用过程中出现故障

如果接到游客反映设施故障的情况，首先安抚游客，问清游客所处地点、租赁设施类型及出现的具体故障问题，提供简单的处理办法。如仍然无法正常使用，应迅速派人选取对应类型的其他设施赶往游客所在地。如确认是设施自身问题，应礼貌致歉，无条件为游客更换，游客离开后，将设施故障情况上报领班，等待处理；如确认是游客操作问题，应耐心为游客讲解使用方法，待游客掌握后方可离开。

4. 租赁设施未归还

如果是通过人工租赁方式租借的设施未归还，工作人员可通过办理租赁时登记的个人信息联系游客归还；如果是通过自助租赁方式租借，可通过设备系统后台查询游客认证信息，联系游客归还；若游客属恶意拒还，景区可通过法律途径维护合法权益。

任务实施

步骤一 教师发布任务情境，学生分组模拟练习。

情境一：游览途中轮椅出现故障。

情境二：游览结束轮椅归还检查时发现轮椅损坏。

学生分组，每组 3～5 人。各小组根据抽签决定表演情境。小组成员分别扮演租赁中心工作人员（两名）、王先生。

考查核心知识技能：

1）租赁设施使用过程中出现故障的处理方法

（1）首先安抚游客。

（2）问清游客所处地点、租赁设施类型及具体出现的故障问题，提供简单的处理办法。

（3）如仍然无法正常使用，应迅速派人选取对应类型的其他设施赶往游客所在地。

（4）如确认是设施自身问题，应礼貌致歉，无条件为游客更换。

（5）将设施故障情况上报领班，等待处理。

（6）如确认是游客操作问题，应耐心为游客讲解使用方法，待游客掌握后方可离开。

2）租赁设施损坏处理方法

（1）如游客归还设施后，在检查过程中发现设施损坏，应耐心询问损坏原因。

（2）耐心为游客解释景区赔偿标准，出示相关价目表，礼貌引导游客按规赔偿，做好明确记录，同时上交赔款。

（3）将设施损坏情况上报领班，等待处理。

步骤二 各小组汇报展示。

各小组展示，其他小组和教师根据打分表依次为各小组打分。

步骤三 教师点评。

教师对小组模拟展示给予评价，重点归纳景区游客中心租赁接待管理工作岗位处理突发事件的方法和步骤。

任务评价

任务完成后，填写租赁物品服务评价表（表4.7.1）。

表4.7.1　租赁物品服务评价表

评价项目	完成很好	完成较好	基本完成	部分完成	本项得分
服务礼仪到位	9~10分	7~8分	5~6分	<5分	
服务流程娴熟	18~20分	15~17分	12~14分	<12分	
服务技能高，游客满意度高	27~30分	23~26分	18~22分	<18分	
处理问题灵活	18~20分	15~17分	12~14分	<12分	
语言准确得体	9~10分	7~8分	5~6分	<5分	
学习态度好，团队合作意识强	9~10分	7~8分	5~6分	<5分	
总分					

案例分析

上海一游客在迪士尼租赁自行车摔伤后索赔未果

2017年10月28日，马某与男友到迪士尼星愿公园游玩，走到公园西门口时，发现有自行车租赁处，便租赁了一辆三轮自行车（两个成人座、一个小孩座）在公园内骑行，直到傍晚17时左右，马某与男友骑行至公园东门处玻璃桥下坡，因刹车不及时在转弯处发生侧翻，马某被甩出车辆，摔进了左侧的草丛中。事后，马某立即被送至医院，经诊治，马某头面部摔伤，颌部裂伤，左上后两颗牙齿外伤，为此支付了医疗费13 262.60元，交通费263元。

次日，马某的男友将本次事故向警方报案，他认为事故发生时天色较暗，路面无灯光，且坡陡无明显指示牌，车上缺乏辅助刹车系统，路面无减速带，所以自己和女友才会摔下车，而公园未在坡道拐弯处设置围栏、草丛中也有碎木等具有锋利切口的杂物未清理干净，导致马某的摔伤进一步加重。

　　自行车租赁处工作点的经理和工作人员认为，他们在租车点张贴了"租车须知"和"休闲自行车租赁须知"，工作人员在发车时也将骑行路线、车辆使用方法和注意事项等内容告知了游客。

　　上海市第一中级人民法院审理后，认定星愿公园管理人已尽到合理的安全保障义务，无须向马某承担赔偿责任。

（资料来源：中国青年报）

　　问题： 从案例中可以看出，景区租赁岗位工作人员的岗位职责十分重要，按流程操作能避免不必要的纠纷，请具体说一说景区租赁岗位的职责主要有哪些？

📖 任务拓展

　　每位同学搜集一则景区租赁服务案例，并对其进行分析，形成文字稿在班级中展示。

项目五　景区讲解服务

▌项目描述 ——······

　　景区讲解服务是景区服务诸要素中的重要组成部分，是景区教育功能、服务功能、实用功能实现的基础和必要手段。本项目在介绍景区讲解的概念、类型和功能的基础上，重点介绍了景区向导式讲解服务的原则、技巧及方法，特别介绍了向导式讲解的流程和方法，介绍了自导式讲解服务的方式，旨在让学生熟练运用各种讲解手段，并提供基本范式和方法技巧。

▌项目目标 ——······

　　※　**知识目标**

- 了解景区讲解的概念。
- 熟悉景区讲解的类型和功能。
- 掌握景区讲解服务的基本要求。
- 掌握景区自导式讲解系统的管理制度与流程规范。
- 掌握景区向导式讲解服务的技巧。

　　※　**能力目标**

- 能够指导游客使用景区自导式讲解服务。
- 能够运用向导式导游服务（人员导游讲解为主）为游客进行导游讲解。

　　※　**素质目标**

- 具有遵纪守法、热爱本职工作、认真负责、态度端正的职业道德素质。
- 具有良好的专业素质，具有丰富的专业知识储备，能够灵活处理工作中常见问题等。
- 具有良好思辨能力、组织管理能力等较高的职业综合素养。

　　※　**思政目标**

- 结合行业发展，激发学生的专业认同感、社会责任感、民族自豪感，培养学生的爱国主义情怀。
- 培养学生具有恪尽职守、敢于担当的奉献精神和团队精神等职业素质。
- 树立道德意识、质量意识、诚信意识，提升学生的职业道德综合素养。

工作任务 一 认识景区讲解系统

任务情境

景区讲解服务是景区为游客提供的获取和体验景区各种资源信息的一种重要途径，是景区对外服务的窗口，是提高景区服务水平和管理水平、满足游客旅游体验要求、增强游客满意度的重要手段。景区讲解系统有哪些类型？景区讲解系统有哪些功能？景区讲解服务的基本要求有哪些呢？

任务目标

- 了解景区讲解的概念。
- 熟悉景区讲解的类型和功能。
- 掌握景区讲解服务的基本要求。

相关知识

一、景区讲解概念

景区讲解是指通过人员引导和利用多种媒介传达景区的各种自然或文化信息的教育活动。景区讲解系统是由讲解设施（游览路径、旅游生活设施布设、景区标识等）、导览导游人员、讲解信息、受众人员（游客）四要素构成的系统。从景区所提供的讲解服务要素内容来看，实际上由软件部分和硬件部分构成。软件部分主要包括导游讲解、咨询服务等人员讲解服务；硬件部分主要包括游览图、门票、标识（讲解）牌、语音讲解、多媒体动态展示、资料图片的静态展示等表现形式。

二、景区讲解的类型和功能

（一）景区讲解类型

根据景区讲解系统的内容构成及景区讲解系统为游客提供信息服务的方式，景区讲解可分成向导式讲解和自导式讲解两种类型。

1. 向导式讲解

向导式讲解又称导游讲解，是指由专门的导游员通过导览和导游讲解的方式向游客提供信息传导服务，属于能动式服务。它的最大特点是双向沟通，能够回答游客提出的各种各样的问题，可以因人而异提供个性化服务。同时，由于导游员掌握较多的专业知识，向导式讲解系统的信息量一般非常丰富，但它的可靠性和准确性不确定，这由导游员的素质决定。导游员可以通过巧妙地运用语言艺术、情感互动、讲解技巧激发游客的参观游览兴趣，从而使游客以愉快的心情和投入的心态欣赏自然美和人文美，获得快乐的体验。此外，现场参观游览的情况是千变万化的，游客的个性化要求也是复杂多样的，现场发生任何问题、游客提出任何要求都需要有人及时处理。所有这些工作，只有导游员才能胜任。对团体游客而言，向导式讲解服务尤为重要。因此，对导游员的严格训练，使他们掌握丰富的专业知识、讲解技巧，建立一支训练有素、讲解经验丰富的导游员队伍可以极大地提升景区的服务品质和形象。

2. 自导式讲解

自导式讲解是通过书面材料、标准公共信息图形符号、语音等设施、设备向游客提供静态的、被动的、非人员讲解的信息服务。自导式讲解的特点是游客获取自导式讲解服务所提供的信息没有时间上的限制，他们可以根据自己的爱好、兴趣和体力自由决定获取信息的时间长短和进入深度。但是，自导式讲解是静态的信息服务，是一种单向性的信息传播方式，而且信息量有限，不能提供灵活的个性化服务，其设施容易受到自然的和人为的破坏。无论旅游讲解系统采用何种形式都必须借助特定的语言，对于外国游客经常到达的景区来说，外语讲解尤为重要。自导式讲解的形式多样，主要包括以下几种。

（1）标识牌。旅游景区的标识牌通常包括导游全景图、导览图、指示牌、景物介绍牌等。

（2）信息资料。旅游景区的信息资料通常包括旅游景区相关内容的研究论著、科普读物、导游图、导游资料、音像制品、录像、讲解手册、综合画册等。

（3）现代方式。现代方式主要有智能导览、语音导游、电子导游、景区网站、高科技制作的动态展示、多媒体展示等。

（二）景区讲解系统的主要功能

讲解服务是游客了解景区的重要途径之一，也是一种信息服务，既能够增加游客对自然、人文环境的理解和欣赏，在旅游休闲中达到寓教于乐的目的，也能够提升景区的游览品质，同时还能够进行有效的游客管理，从而更好地保护景区旅游资源。

景区讲解系统的内涵实质就是通过讲解，可以达到有效保护资源和环境、最大限度地开发自然和文化资源的游憩价值的目的。

因此，一个完整的景区讲解系统通常具有以下5种功能。

（1）服务功能。这是景区讲解系统的基本功能，运用某种媒体和表达方式，通过向游客提供景区的基本信息和导向服务，尽可能达到服务游客的基本功能。

（2）教育功能。帮助游客理解并欣赏旅游景区的资源及其价值，同时规范和管理游客的游览行为，形成合理的客流模式，优化景区游览环境；尤其是对于前往各种自然保护区、风景名胜区、文物保护单位等具有稀缺性资源景区的游客，景区讲解系统还承担游客认知教育、理解教育和尊重自然教育的功能。

（3）管理功能。通过景区讲解系统可以规范景区的产品管理、游客管理、安全管理等相关管理。通过科学、准确及个性化的讲解，加强游客对自然保护的政策、管理理念和管理办法的认知，加深游客对保护区管理的理解，从而增强游客对自我行为的管理。

（4）使用功能。景区讲解系统是以游客为受众的，其核心功能是为了方便游客运用不同的方式，了解景区，从而满足游览需求。尤其是自导式讲解设备的操作和使用规范，必须保证简单易操作，这样游客才愿意使用，才能实现其使用功能。

（5）交流功能。任何一种信息的传递，都是一种交流和沟通。通过不同形式的传导，实现游客和景区、居住地居民及景区管理者之间的有效交流，促进景区的良好运营。

这些讲解功能对游客而言，就是通过对景区的自然与历史文化的理解与欣赏，达到走进自然、融入自然与享受自然的目的，达到了解不同文化、认识社会变迁、感受多姿多彩的地方特色和地方文化的目的；对景区而言，是要通过讲解引导游客享受休闲生活，为游客提供愉快而有意义的体验，从而影响社会公众对景区的态度与行为，不仅让人们尊重景区资源的自然性、历史性与文化性，同时也可以得到游客对旅游景区的各项管理工作与管理政策的理解与支持。

三、景区讲解服务的基本要求

讲解服务是一种实现游客、旅游景区及旅游经营者、旅游管理者等各种媒介之间的有效沟通而进行的信息传播行为。讲解的方式、基本方法和技术要求因受众、主体、信息的不同而不同，不同的场地、不同的内容需要用不同的讲解方式和方法，而受众的不同则更需要运用不同的讲解技巧。但是，无论面对怎样的受众，在进行景区讲解服务的过程中，都应做到以下基本要求。

1. 提供信息咨询，引导游客的旅游活动

为游客提供导游和信息服务，通过讲解，引导游客按照景区的游览指南进行各项旅游活动，以减少各类破坏性行为出现的概率。同时，通过科学、规范的讲解，使游客在充分了解旅游信息的同时完成愉快的旅行，帮助游客从一个普通的观光者转变为追求旅游体验的旅行专家。

2. 展现景区魅力，促进旅游景区的可持续发展

旅游讲解可以充分展示旅游景观资源的类型、特色、美学特征和游憩开发价值，突出景区的资源魅力，提高景区的文化品位和旅游吸引力，满足游客的精神需要；同时可以丰富游客关于自然、环境、社会和历史文化方面的知识，提高游客鉴赏、理解及享受休闲生活的能力，从而使景区旅游资源得到保护，促进旅游景区的可持续发展。

3. 优化环境教育，提升景区游客管理水平

通过讲解的教育作用，促进广大游客自然生态保育、野生动物保护等方面意识的提升；通过讲解过程中的各种媒体宣传，增进游客对自然的了解，帮助游客认知自然资源的生态价值、环境价值和游憩价值；通过宣传文明旅游，直接或间接地进行游客教育，促进游客主动保护自然和文化遗产，将各项旅游活动对当地自然环境的负面影响降到最低。

任务实施

步骤一 布置任务。

（1）介绍一家你熟悉的世界文化遗产景区的旅游讲解系统，上网查阅资料，并进行归类整理。

（2）带着"景区讲解系统都有哪些"等问题到景区现场参观，收集不同景区的案例并完成景区讲解系统介绍报告。

步骤二 发放任务书。

（1）全班分成四个小组，每组选出一名组长。

（2）每组分别选择一家景区。

（3）要求介绍必须包含该景区的讲解系统，类型不得少于两种。

（4）可以分工合作，可以讨论。

步骤三 撰写景区讲解系统介绍稿。

各小组分工合作，完成一家世界文化遗产景区讲解系统的介绍稿。

步骤四 介绍景区讲解系统成果展示。

各小组派代表介绍本小组所完成的景区讲解系统介绍，其他小组或教师进行提问，代表或小组其他成员进行解答。

步骤五 教师点评。

教师针对学生介绍的不同景区进行点评，归纳总结景区讲解系统的概念、类型、基本要求等相关知识点。

步骤六 案例分析。

教师对典型案例"扫一扫二维码，'私人导游'带你玩转横店圆明新园景区"进行详细分析，同时引发学生进行讨论，思考景区讲解服务的基本要求，让学生加深印象。

任务评价

任务完成后，填写介绍景区讲解系统任务评价表（表5.1.1）。

表 5.1.1　介绍景区讲解系统评价表

评价项目	完成很好	完成较好	基本完成	未完成	本项得分
收集资料与资料展示	9～10 分	7～8 分	5～6 分	<5 分	
小组介绍景区讲解系统的种类及内容	35～40 分	30～34 分	24～29 分	<24 分	
个人介绍景区讲解系统的种类及内容	35～40 分	30～34 分	24～29 分	<24 分	
学习态度、合作意识、完成效率、整体质量	9～10 分	7～8 分	5～6 分	<5 分	
总分					

案例分析

扫一扫二维码,"私人导游"带你玩转横店圆明新园景区

只需拿出手机扫描二维码,你就可拥有一位"私人导游",带你逛圆明新园,方便吧! 11 月 20 日,横店圆明新园景区的 45 个景点介绍及实景图,通过二维码的方式"搬"上了景区内各指示牌,游客通过手机扫描二维码就能获知各景点概况,还可转发分享。

69 岁的市民周先生带着孙子来游玩,"我不会用微信,孙子刚好可以教我。"周先生说,圆明新园开业时曾玩过一次,听导游讲得很多都忘了,有了免费语音介绍,他就可以慢慢听,多听几遍。

金华市孝顺镇中心小学的六年级学生正在圆明新园参加社会实践活动,听导游介绍说可以扫描听讲解,一下子全部聚集在指示牌跟前。"我们回去要制作手抄报、写作文,这些介绍可是现成的参考材料。"六五班的王越高兴地说。

据景区负责人介绍,景区各游览车上都装有讲解器,许多重要景点也提供定点讲解服务,游客还可租用智能讲解器详细了解景点介绍。有了这个二维码,游客可以根据语音讲解对景点有一定了解后,再进行有计划的游览。

为了给游客带来更加优质的参观与游览体验,圆明新园还将继续增加服务内容,创新互动体验,让广大游客在欣赏景区外在景观的同时,还能更深入地了解它的文化内涵。

(资料来源:德安杰环球顾问集团微信平台)

问题:从以上这则新闻中,说说横店圆明新园有哪些景区讲解方式?它们各有什么利弊?

任务拓展

调研你所在城市的一家 5A 级景区或知名景区,了解该景区的讲解系统并列出清单。

工作任务 二　自导式讲解

任务情境

李先生一家趁着十一黄金周来到某景区游玩，该景区自导式讲解系统先进，景区工作人员小周热情地为李先生一家讲解了自导式讲解系统的使用方法。

任务目标

- 了解景区自导式讲解系统的类型和特点。
- 掌握景区自导式讲解系统的管理制度与流程规范。

相关知识

一、自导式讲解系统的类型和特点

自导式讲解服务系统是景区讲解服务的重要组成部分，是景区产品高科技的主要表现，具有较强的智能化特点。常见的有便携式语音导览器。便携式语音讲解服务是根据旅游景区的特点，借助通信、无线控制技术、微电脑控制、语音压缩等现代技术手段开发便携式语音讲解设备，并利用该设备为游客提供讲解服务的一种自助讲解方式。常用的便携式语音讲解方式主要有录音方式、感应式电子导游方式、无线接收方式、二维码扫描接收方式、手机 App 或微信小程序等导游方式等。

1. 录音方式

这种语音讲解的主要特点是讲解器上面有显示屏、数字键、播放键、停止键。这一服务方式的实现需要将与景区相关的讲解词用不同的语种全部储存到讲解器中，并且按景点分成不同的文件，即将每个景观的讲解词分别归入景点内，景点名显示在显示屏上。

游客拿到讲解器后，首先选择所需要的语种，然后进入景点讲解中。游客想听某个景点的讲解就按下相应的键，讲解器就会自动播放景点的基本介绍。这种讲解最大的优点就是游客可以随意听到自己所需要的内容，讲解不受游览线路、游览进度的限制，收听质量也可以得到很好的保证，而且讲解器体积很小，便于携带，成本也很低。若景区中要增加或修改讲解内容，处理起来也非常方便。这种讲解方式对于景观多、讲解内容多的景区非常适用。

2. 感应式电子导游方式

这种方式也是多语种可供选择的讲解方式。它由两部分组成：一部分是具有讲解内容的芯片；另一部分是游客手中的讲解器。景区经营者先将讲解内容通过语音压缩技术压缩到芯片中，然后将它置于需要讲解的景点中。当游客携带讲解器到达某一景点时，讲解器与之产生感应，就会启动信号，然后自动地讲解。这种讲解也不受时间、地点和游览线路的限制，如颐和园很早就采用了这种讲解方式。

这种讲解方式操作起来相当简便，游客除了需要选择自己所需要的语言、开关机及调节音量外，基本上不需要其他操作。但是由于技术上的要求，它的成本相对来说比较高。这种电子讲解器在我国一些景区已经投入使用。这种"电子导游"方式具备智能引导、自动讲解、语音同步乃至电子地图等多种功能。故宫于 2005 年 5 月推出了第 6 代电子导游——电子讲解器，体积很小，游客每走到一处景点，电子讲解器上的小红灯接收到感应就会闪烁，这里的景点介绍就会进入游客的耳中，游览结束后，电子讲解器自动关闭。

3. 无线接收方式

这种讲解方式是由多台无线调频发射机和游客接收机构成的。它是在景区的各个景点分别放置调频发射机，然后把景点的讲解内容用多种语言储存在发射机内。当发射机开始工作时，讲解信号就被发射出去。

游客在景点周围收听适合自己的讲解词。它的功能和收音机的功能相似。这种无线接收方式的讲解系统服务范围比较广，无论有多大的游客量，只要游客手中有接收机，就可以享受导游讲解服务，并且可以避免因讲解员个人因素而带来的服务不满意的情况。

无线接收方式需要划出一个号段给景区。游客到达景区，传一个信息给信息平台后，手机将变成一个自动讲解器为游客播放该景区的讲解词。这种讲解不仅可以让游客随意游览，而且解决了讲解员在讲解过程中遇到的一些尴尬问题。这种讲解方式非常适合自助游的游客。

4. 二维码扫描接收方式

根据腾讯公司发布的 2023 年第二季度财报，截至 2023 年 6 月 30 日，微信及 WeChat（微信国际版）的合并月活跃用户为 13.27 亿，微信已成为当下国内最大的社交软件。因此，微信在线二维码已经成为游客所依赖的智慧化服务平台，游客通过扫描二维码，即可获取图像、不同国家的语言文字介绍及语音讲解。

5. 手机 App 或微信小程序等导游方式

App 是 application 的缩写，通常专指手机上的应用软件，或称手机客户端，目前多指移动设备（包括平板电脑、手机和其他移动设备）上的第三方应用程序。随着智能手机的普及，很多工作、生活的功能都可以通过 App 实现，App 开发的市场需求与发展前景也空前巨大。

微信小程序，简称小程序，英文名 mini program，是一种不需要下载安装即可使用的应用。2017 年 1 月 9 日，张小龙在 2017 微信公开课 Pro（微信一年一度的官方活动，是集中展示微信产品新能力、新场景与新计划的年度"课堂"）上发布的小程序正式上线，它实现了应用"触手可及"的梦想，用户"扫一扫"或"搜一下"即可打开应用。微信小程序支持分享当前信息，只要启动使用过一次，则无须再次启动；可以分享对话给单个好友及微信群；还可直接根据名称或品牌搜索小程序。现在已经有超过 150 万开发者加入了小程序的开发，小程序应用数量超过了一百万，覆盖 200 多个细分行业，日活用户达到两亿。

2017 年 4 月 20 日，美团旗下旅行品牌"美团旅行"正式亮相。"美团旅行"是一款旅行资讯应用，以西瓜为标志，以"玩出当地味"为宣传标语，致力于为年轻旅行者打造一站式旅游平台，同时与一些旅游品牌合作，共同打造更好的线上旅游服务。

通过下载手机 App，或搜索小程序，"美团旅行""美团门票"界面会出现"免费云导览"，游客只需按需要根据提示进行选择就可以了，操作简单方便。

景区智慧语音导览是实现景区全域智慧旅游的关键环节，具有类似功能的应用程序也在陆续开发中。2019 年 6 月 6 日，梦旅程景区智慧语音导览系统正式发布。同时，很多景区也顺势而为，通过线上的语音导览为游客提供方便，包括 App 客户端下载也设置了安卓专区、iOS 专区、Windows 专区，满足不同品牌和型号手机的使用，使游客的使用和操作更加便捷。可以说，只要一机在手，所有的游览消费环节均可实现。

二、自导式讲解系统的管理制度与流程规范

俗话说"没有规矩，不成方圆"。制度是一个组织内大家共同遵守的行为规范，是保证组织有效运转、达成组织目标的可靠保证，也是实现公平、公正、公开的必要条件。

根据景区讲解系统类型的不同，在其管理制度的制定方面也不同。

（一）线上自导式讲解服务系统的管理要求

由于旅游景区讲解系统的设施设备越来越先进，结构也越来越复杂，对设备的操作人员和维修人员的要求也越来越高，也对景区的管理水平提出了更高的要求。

（1）要注重通信基础设施和基站的建设，实现网络全覆盖。

（2）数据安全管理和数据安全保护要有监管，切实保障公共数据和个人隐私信息的安全，对信息收集、存储、使用等流程的安全给予更多关注，营造良好的数据安全氛围。

5G 时代将给文旅产业发展带来了巨大改变，只有不断提升景区智能化管理和服务水平，才能为游客提供更加丰富、多元的旅游消费体验。

（二）线下自导式讲解系统的管理要求

线下自导式讲解系统的管理主要包括工作人员对器材的租用管理和解答游客的使用咨询，通常以游客中心的咨询服务为主。

1. 咨询环境设置

（1）设置游客咨询台。

（2）设置资料架（摆放景区宣传资料及相关信息资料）。

（3）摆放旅游咨询和投诉电话标志牌，并有投诉受理登记、转办本及游客咨询记录本。

（4）制定景区各项工作制度。例如，旅游高峰期应急措施、特殊时段安全处置措施；景区游程路线图及价格；景区活动节目预告等。

（5）设置电脑触摸屏，并保证能够正常使用。

（6）有视频介绍系统，并保证展示的实时性。

2. 工作人员管理

（1）应制定工作人员岗位规章制度，如工作人员名录、照片（姓名、证件号码、职务等）；诚信公约；各项服务收费标准；工作人员服务标准。

（2）加强对员工责任心和业务能力的培训。

（3）应对操作人员进行技术培训，必须持证上岗，做到对设施设备会使用，会保养，会检查，会排除常见故障。

3. 讲解系统设施设备管理

（1）景区电子设备周转量宜与景区游客需求量做到大体适应。

（2）景区应注意保障无线传输设备的使用安全，并避免雷雨天在户外使用。

（3）景区应安排专用的消毒设施（或程序），及时对耳机与话筒进行消毒。

（4）非语音查询说明设备（主要为台式或壁挂式触摸屏查询说明系统）和景区的大屏幕视频播放系统，是景区讲解的补充性公共设施，有条件的景区宜适度设置。

（5）应保持设备的完好可靠，可以常年正常运行。

（6）对于景区的相关介绍，应有图文并重的设计。

（7）应安排专人负责讲解系统设施设备的运行管理。

（8）景区的相关介绍应适时更新。

（9）应保障游客使用触摸屏时的用电安全。

（三）自导式讲解服务系统的流程规范

旅游景区应根据自身的特点，有计划、有重点、有步骤地进行讲解系统的运营，正确制定相关讲解系统的操作规范，具体可以采用日常检查、监测、维护保养、点检、技术维修的形式。

从发展的角度看，日常检查是主要环节，因为各种设施的性能、使用范围和生产能力等都有一定的技术规定，必须严格按照各种设施的技术性能和负荷限度使用。因此，对于相关设施的使用流程和操作规范一定要严格执行。

任务实施

步骤一 布置任务。

（1）调研当地一家知名景区，考查该景区自导式讲解系统有哪些类型，并总结各种类型的功能。

（2）带着"景区自导式讲解系统都有哪些"等问题到景区现场参观，收集不同景区的案例并完成景区自导式讲解系统介绍报告。

步骤二 发放任务书。

（1）全班分成四个小组，每组选出一名组长。

（2）各组分别选择一家景区。

（3）要求介绍报告必须包含该景区自导式讲解系统，类型不得少于两种。

（4）可以分工合作，可以讨论。

步骤三 撰写景区自导式讲解系统介绍报告。

各小组分工合作，完成一家景区自导式讲解系统的介绍报告。

步骤四 成果展示。

各小组派代表介绍本小组所完成的景区自导式讲解系统介绍，其他小组或教师进行提问，代表或小组其他成员进行解答。

步骤五 教师点评。

教师针对学生介绍的不同景区进行点评，归纳总结景区自导式讲解系统的概念、类型、基本要求等相关知识点。

步骤六 案例分析。

教师对典型案例"沈阳故宫博物院着力打造智慧旅游景区"进行详细分析，同时引发学生进行讨论，思考景区自导式讲解系统的基本要求，让学生加深印象。

任务评价

任务完成后，填写介绍景区自导式讲解系统任务评价表（表5.2.1）。

表 5.2.1　介绍景区自导式讲解系统评价表

评价项目	完成很好	完成较好	基本完成	未完成	本项得分
收集资料与资料展示	9～10分	7～8分	5～6分	<5分	
小组介绍景区自导式讲解系统的种类及内容	35～40分	30～34分	24～29分	<24分	
个人介绍景区自导式讲解系统的种类及内容	35～40分	30～34分	24～29分	<24分	
学习态度、合作意识、完成效率、整体质量	9～10分	7～8分	5～6分	<5分	
总分					

案例分析

沈阳故宫博物院着力打造智慧旅游景区

2017 年，沈阳故宫博物院将传统参观模式与现代化智能手段相结合，进一步提高了服务水平，增强了游客参观的体验满意度。

沈阳故宫博物院微信公众平台已经制作完成并开通。网络用户可以浏览沈阳故宫博物院的历史沿革、藏品图片、展览专题、古建筑介绍、清文化演出视频、古建筑内景 360°实景展示等栏目，通过手机网站等功能实现了一键联络、一键定位、一键分享的功能。

沈阳故宫博物院二维码导览项目已正式投入使用。游客在参观过程中，只需通过手机对二维码进行扫描并访问对应的网址，就能查看到该建筑的文字资料、图片资料，并听到相关语音讲解。沈阳故宫博物院还配备了 10 台发射器和 200 个无线耳机，打造团队数字导览讲解系统。讲解员用数字接收机在 50 米内任意走动，游客都能听清讲解员的讲解，提高了游客的游览质量。

沈阳故宫博物院数字化展厅包括全息投影、裸眼 3D、嵌入式触摸屏三项主要功能，全息投影技术利用干涉和衍射原理记录并再现物体真实的三维图像，产生文物立体的空中幻象，营造亦幻亦真的氛围，增强游客体验感。裸眼 3D 技术，能够给观众带来巨大的视觉享受和体验。嵌入式触摸屏可以使观众跟着虚拟导游参观沈阳故宫博物院，用电子触摸屏欣赏逼真的文物三维模型。

沈阳故宫博物院还通过引入数字多媒体技术建设独具故宫特色的"特效立体影院"，并依据清史进行原创 3D 科学动画电影的开发，引领沈阳故宫博物院进入数字多媒体时代。伴随着影院落成和故宫题材科学动画电影的不断开发，影院还将成为景区大众数字科普教育和清史文化交流舞台。

沈阳故宫博物院通过 Wi-Fi 覆盖及光纤通信设备铺设施工项目，对观众集聚地和公共区域所有景点实行 Wi-Fi 无缝隙全面覆盖。

沈阳故宫博物院还将进一步提升景区智慧化程度，打造沈阳故宫博物院智能化导览系统，深入挖掘和拓展沈阳故宫博物院文物蕴含的文化历史、科学艺术价值和时代精神，将互联网的创新成果与沈阳故宫博物院文化的传承、创新与发展深度融合，实现"互联网+展览"的多平台沉浸式体验，使观众足不出户，就可通过互联网对文物进行三维旋转、放大缩小等把玩体验，结合语音讲解、图文说明等功能，对文物进行全方位展示。

（资料来源：佚名. 沈阳故宫博物院着力打造智慧旅游景区. http://www.sohu.com/a/137402221349299，搜狐网）

问题：从以上这则新闻中，说说沈阳故宫博物院有哪些景区讲解方式？各有什么利弊？

任务拓展

调研你所在城市的一家 5A 级景区或知名景区，了解该景区的自导式讲解系统的类型。

工作任务 三 向导式讲解

任务情境

某景区的讲解员小王今天接待一个来自香港的老年旅游团，她在讲解时应该注意哪些讲解服务原则？运用哪些讲解方式和技巧？

任务目标

- 了解景区导游服务的职责。
- 熟悉景区导游讲解的流程。
- 掌握景区导游讲解技巧。
- 掌握不同性质景区的导游讲解要求。
- 掌握景区导游讲解的典型任务处理。

相关知识

一、景区导游服务的职责

1. 导游讲解

导游讲解主要是在景区景点内引导游客游览，为游客讲解与景区、景点、景观有关的知识，并解答游客提出的各种问题。

2. 安全提示

在带领游客游览景区的过程中，除了为游客提供导游讲解服务之外，还要随时提醒游客注意安全，并照顾游客以免发生意外伤害。

3. 宣传教育

讲解员在讲解过程中，要结合景点、景观的内容，向游客宣传环保及生态保护、文物古迹、自然与文化遗产的知识等。

二、景区导游讲解的流程

在讲解时，导游员应向游客介绍所参观游览的景区、景点的概况和主要特色，使游客对游览点有较为全面的了解，同时要注重对环保知识、生态系统或文物价值的宣传，做到语言准确、清晰、生动、自然，内容翔实、科学。具体地讲，景区、景点导游讲解服务包括服务准备、接待服务、送别服务等内容。

（一）服务准备

1. 熟悉接待计划

（1）了解所接待旅游团的基本情况，弄清旅游团来自哪一个地区，人数、性质、身份、职业、文化层次和特殊要求等。
（2）了解接待方案。

2. 熟悉景区、景点的情况

（1）根据旅游团的基本情况，掌握相关的知识。
（2）掌握必要的环境保护和文物保护知识及安全知识。
（3）熟悉景区、景点的有关管理条例。

3. 物品准备

（1）准备好导游器材和游览工具（大型景区往往配有游览交通工具）。
（2）携带好导游图、相关资料及纪念品。
（3）佩戴好导游胸卡。

（二）接待服务

景区导游接待服务包括致欢迎词、导游讲解、食宿和购物服务等。

1. 致欢迎词

欢迎词的内容包括向游客自我介绍，表示欢迎，表达工作愿望，希望得到大家的合作和指导等。

2. 导游讲解

在进行景区讲解时，导游员要注意以下几方面：
（1）景区、景点的概况介绍。景区、景点的概况内容包括基本概况（如历史背景、规模、布局等）、特征、价值，以及参观、游览的有关规定和注意事项。
（2）向游客讲明参观、游览的线路和主要内容。
（3）积极引导游客参观、游览。导游员应根据游客的兴趣、爱好进行有针对性的讲解。
（4）宣传与讲解相结合。导游员应根据所参观、游览的景区、景点的具体内容对环境保护、生态知识及文物保护知识等进行宣传，并认真回答游客的询问。
（5）留意游客的动向，提醒其安全注意事项。

3. 食宿和购物服务

有的景区比较大，要一天以上的时间才能参观完，这样的景区一般都配有餐饮和住宿设施。导游员要按照游客和旅行社签订的合同标准安排游客的食宿，如不能达到合同标准的要说明情况。导游员也要如实向游客介绍旅游纪念品和旅游地的特产等，不得强制游客购物或者欺诈游客，并且要制止不法人员尾随兜售。

（三）送别服务

第一，致欢送词。致欢送词是景区、景点导游员重要的工作内容之一，包括对游客的合作表示感谢，征询意见和建议，向游客表示祝愿，欢迎再次光临。

第二，向游客赠送相关宣传资料或小纪念品。

第三，与游客道别。

三、景区导游讲解技巧

1. 系统介绍法

系统介绍法就是按照景区导游材料对景区所作的比较全面的讲解，是一种最基本的导游讲解方法，适合一些内容较单一、规模较小或次要的景点，如杭州六和塔、西安大雁塔、苏州虎丘塔等。它的特点是有利于游客对景点概况的全面了解。导游员在讲解时应简明扼要，突出重点，注意讲解语言的技巧，使讲解抑扬顿挫，富于节奏，以达到吸引游客的效果。

2. 分段讲解法

分段讲解法就是将一处大景点分为前后衔接的若干部分来讲解。也就是说，在参观一个大的、重要的景区之前，先概括地介绍该景区的基本情况，包括历史沿革、规模范围、参观游览的主要内容、景观特色或欣赏价值等，使游客对即将游览的景区有一个大体印象。然后，导游员再带团顺次参观，边看边讲，将游客引入审美对象的意境。例如，介绍杭州西湖景区时，一般先从其概况、传说、成因开始讲起，继而导入"一山、二堤、三岛""西湖新旧十景"等具体景点的讲解，游客边欣赏沿途美景，边倾听导游员绘声绘色、层次分明、环环相扣的讲解，一定会心旷神怡，获得美的享受。

3. 突出重点法

突出重点法就是导游讲解时避免面面俱到，而是着重介绍参观游览点的特点和与众不同之处。通常可以采用的此类方法如下：

（1）突出大景区中具有代表性的景观。对于大的游览景点，导游员必须根据这些景点的特征进行重点讲解。例如，游览花港观鱼，主要是参观红鱼池和牡丹园，并对此加以重点介绍，不仅能让游客了解景点全貌，还能便于他们领略公园的园林艺术和花卉知识，从中获得美的享受。

（2）突出景点的特征及与众不同之处。游客在游览过程中会发现很多同类的东西。俗话说：内行看门道，外行看热闹。即使是同一佛教宗派的寺院，其历史、规模、结构、建筑艺术、供奉的佛像也各有差异。导游员在讲解时必须讲清其特征和与众不同之处，才能使游客避免枯燥乏味的游览，增加知识，提高旅游兴趣。

（3）突出游客感兴趣的内容。游客来自各个层面，兴趣各不相同，但有一点是相同的，即大家出来旅游都是为了寻找快乐，如导游员能对他们的背景有所了解，认真研究游客的喜好，努力做到投其所好，便能博得大多数游客的青睐。突出游客感兴趣的内容就是要提高讲解层次，吸引游客注意力。如介绍建筑，仅仅讲其布局、特征往往觉得很抽象，如果能引经据典地加以比较，就会显得层次丰富，内容厚实。一幢漂亮的建筑其造型本来就是"凝固的音乐"，导游员只有将其丰富的内涵介绍给游客，才能使游客叹服。

（4）突出"……之最"。对于某一景区，导游员只要根据实际情况，介绍这是世界（中国、某省、某市、某地）最大（最长、最古老、最高甚至可以说最小）的……因为这也是景区的特征，能提高游客的兴致。有时在讲解一个景点时也要避轻就重，如杭州飞来峰，洞窟岩壁上分布着保持完整的五代到宋、元时期的石窟造像300余尊，导游员不可能面面俱到地进行介绍，只能择其重点，将"最大、最早、雕刻最细腻"的三处佛像细述，其余概述即可。

4. 触景生情法

触景生情法就是见物生情、借题发挥的导游讲解方法。在讲解时，导游员不能就事论事地介绍景物，而是要借题发挥，利用所见的景物制造意境，引人入胜，使游客产生联想，从而领略其中之妙趣。

另外，触景生情法还要求导游讲解的内容要与所见景物和谐统一，使其情景交融，让游客感到景中有情，情中有景。导游员结合一些电影场景，给游客做生动的描绘，让他们在参观游览的同时，能从影片中有所感悟，并产生联想。

触景生情贵在发挥，要自然、正确、切题地发挥。导游员要通过生动形象的讲解、有趣而感人的语言，赋予没有生命的景物以活力，注入情感，引导游客进入审美对象的特定意境，从而使他们获得更多知识和美的享受。

5. 虚实结合法

虚实结合法就是导游员在讲解中将典故、传说与景物介绍有机结合，即编织故事情节的导游手法。也就是说，导游讲解要故事化，以求产生艺术感染力，努力避免平淡的、枯燥乏味的、就事论事的讲解方法。

虚实结合法中的"实"是指景观的实体、实物、史实、艺术价值等，而"虚"则是指与景观有关的民间传说、神话故事、趣闻逸事等。"虚"与"实"必须有机结合，但应以"实"为主，以"虚"为辅，"虚"为"实"服务，以"虚"烘托情节，以"虚"加深"实"的存在，努力将无情的景物变成有情的导游讲解。例如，讲解杭州断桥时，结合白娘子和许仙在断桥上"千年等一回"的故事，一定会显得更加风趣生动。再如，一座雷峰塔本来很普通，由于民间故事的介入，白娘子、许仙、法海等人物穿插其中，导游员一加渲染，就会激起游客的极大兴趣。当然，导游员在讲解时选择"虚"的内容要"精"、要"活"。所谓"精"，就是所选传说是精华，与讲解的景观密切相关；所谓"活"，就是使用时要活，见景而用，即兴而发。

总之，讲解每一个景点，导游员应编织故事情节，对先讲什么，后讲什么，中间穿插什么典故、传说，心中都应有数。加上形象风趣的语言、起伏变化的语调，导游讲解就会产生艺术吸引力。

6. 问答法

问答法就是在讲解时，导游员向游客提问题或启发游客提问题的导游方法。使用问答法的目的是活跃游览气氛，促使游客与导游员之间产生思想交流，使游客获得参与感或自我成就感，也可避免导游员唱独角戏的灌输式讲解。

（1）自问自答法。导游员自己提出问题，并作适当停顿，让游客猜想，但并不期待他们回答，只是为了吸引他们的注意力，促使他们思考，激起兴趣，然后做简洁明了的回答或做生动形象的介绍，还可以借题发挥，给游客留下深刻的印象。例如，导游员在讲解六和塔时，讲到塔的高度、外观层数时就可以用自问自答法，这样会大大增强导游效果。

（2）我问客答法。导游员要善于提问题，但要从实际出发，适当运用。希望游客回答的问题要提得恰当，估计他们不会毫无所知，也要估计到会有不同答案。导游员要诱导游客回答，但不要强迫他们回答，以免使其感到尴尬。游客的回答无论是对还是错，导游员都不应打断，更不能取笑，而要给予鼓励。最后由导游员讲解，并引出更多、更广的话题。

（3）客问我答法。导游员要善于调动游客的积极性，欢迎他们提问题。游客能够提出问题，说明他们对某一景物产生了兴趣，进入了审美角色。游客提出的问题，即使是幼稚可笑的，导游员也绝不能置若罔闻，千万不要取笑他们，更不能表示出不耐烦，而是要善于有选择性地将回答和讲解有机地结合起来。

7. 制造悬念法

导游员在讲解时提出令人感兴趣的话题，但故意引而不发，激起游客急于知道答案的欲望，使其产生悬念的方法称为制造悬念法，俗称"吊胃口""卖关子"。制造悬念法是常用的一种导游手法。通常是导游员先提起话题或提出问题，激起游客的兴趣，但不告知下文或暂不回答，让他们去思考、去琢磨、去判断，最后才讲出结果。这是一种"先藏后露、欲扬先抑、引而不发"的手法，一旦"发（讲）"出来，会给游客留下特别深刻的印象，而且导游员可以始终处于主导地位，成为游客的注意中心。

制造悬念的方法很多，如引而不发法、引人入胜法等都可能激起游客对某一景物的兴趣，激发遐想，使他们急于知道结果，从而制造悬念。

8. 类比法

所谓类比法，就是以熟喻生，达到类比旁通的导游手法。导游员用游客熟悉的事物与眼前景物比较，便于他们理解，使他们感到亲切，从而达到事半功倍的导游效果。类比法分为同类相似类比和同类相异类比两种，不仅可在物与物之间进行比较，还可以作时间上的比较。

（1）同类相似类比。将相似的两物进行比较，便于游客理解并使其产生亲切感。例如，讲到梁山伯和祝英台的故事时，可以将其称为中国的罗密欧和朱丽叶等。

（2）同类相异类比。这种类比法可将两种景物比出规模、质量、风格、水平、价值等方面的不同。例如，在价值上将秦始皇陵地宫宝藏同古埃及第十八王朝法老图坦卡蒙陵墓的宝藏相比；在宫殿建筑和皇家园林风格与艺术上，将北京故宫和巴黎凡尔赛宫相比，将颐和园与凡尔赛宫花园相比等。这种类比法不仅可使游客对中国悠久的历史文化有较深的了解，而且对东西方文化传统的差异有进一步的认识。

（3）时代之比。在游览故宫时，导游员若说故宫建于明永乐十八年，不会有几名外国游客知道这究竟是哪一年，如果说故宫建成于 1420 年，就会给人以历史久远的印象。但如果说在哥伦布发现新大陆前 72 年、莎士比亚诞生前 144 年，中国人就建成了面前这座宏伟的宫殿建筑群，这不仅便于游客记住中国故宫的修建年代，给他们留下深刻印象，还会使外国游客了解中华文明的悠久历史。

9. 画龙点睛法

用精练的词句概括所游览景点的独特之处，给游客留下突出印象的导游手法称为画龙点睛法。导游员在讲解中可以简练的语言点出景物精华之所在，帮助游客进一步领略其奥妙，使其获得更多的精神享受。例如，导游员可用"椰风海韵春常在，请到天涯海角来"赞美海南风光；可以"黄山归来不看山，九寨归来不看水"赞赏黄山和九寨沟的山水之美。这种画龙点睛的介绍方法使游客在游览中得到了知识的启迪，并从中获得了美感享受。

10. 知识渗透法

导游员在讲解景物或事件时，可以介绍一些对游客理解讲解对象有帮助的相关背景知识和材料。例如，导游员在苏州带外国游客参观拙政园前，可以先进行中国园林的分类背景知识介绍："在中国，园林分为三大类：皇家园林、私家园林和寺庙园林。拙政园属于私家园林。中国园林一般包括水、植物、建筑和假山四个要素。大多数的私家园林在江南是因为江南多水和有适宜造假山的湖石。"

四、不同性质景区的导游讲解要求

（一）自然景观导游

自然景观是游客主要的审美对象之一，也是导游员的重要导游内容之一。自然景观是指一切具有美学和科学价值，具有旅游吸引功能和游览观赏价值的自然旅游资源所构成的自然风光。较有代表性的自然景观包括山地景观、水体景观及植物景观等。这些内容丰富、变化万千的景观，导游员既要学会欣赏，又要恰如其分地引导游客欣赏。

1. 名山导游

（1）从外观特征讲解其美感，名山主要表现为雄、险、秀、幽、旷、奇的特点，以及色彩美、动态美、听觉美、嗅觉美等景观特征。

（2）从地质构造讲解其成因，同为山地，山景因山而异。构成山地的地层不同，呈现的景观也不尽相同。例如，由石灰岩地层构成的山地容易造成形形色色的岩溶风光，由红色砂砾岩构成的山地会形成丹霞地貌，由黄土层构成的山地则呈现黄土景观等。导游员在向游客介绍景观时，了解地质构造因素十分重要。一般来讲，常见的名山景观的地质构造主要有花岗岩山体、岩溶山水、丹霞山地，以及砂岩峰林峡谷地貌和火山地貌景观等。

（3）从人文因素讲解其内涵。在中国的名山中，绝大多数拥有悠久的历史和丰富的文化遗产，如四大佛教名山、五岳等，有的名山经历代诗人的歌咏成为历史文化名山，如庐山。作为导游员，在进行名山的导游讲解时，需要从不同角度加以联系，如历史、宗教、现实、特产等方面，从而让游客深刻领会名山的文化内涵。

2. 水体景观导游

我国主要的水体景观类型有海洋景观、江河景观、湖泊景观、泉水景观和瀑布景观等。这些景观在构景和造景中均具有形态美、倒影美、声音美、色彩美、光像美、水味美、奇特美等特点。因此，做好水体景观的讲解，能增强景观的自身美感，丰富游览情趣。

在进行这一类景观的讲解时，可从景观类型讲解其特色，从造景功能讲解其美感；从时代变迁讲解其功能作用，可使游客全面地了解有关人文造景因素，诸如政治、经济、军事、交通、文化、宗教、民俗等方面的内容。只有将其实际情况正确运用到讲解中去，才能丰富讲解内容和文化底蕴，体现人与自然的完美结合与和谐统一。

3. 植物花卉导游

植物花卉导游重点要从植物分类，植物的形、色、香、古、幽、光、影、奇等造景功能，以及植物品质内涵所蕴含的寓意等方面进行讲解。

（二）人文景观导游

人文景观导游所涵盖的内容比较广泛，包括城市景观导游、古建筑导游、宗教建筑导游、园林导游、博物馆导游等。本书主要选择园林导游和中国古建筑导游加以概述。

1. 园林导游

中国园林有着巧妙精致的构造和博大精深的内涵，要把中国园林特点和诗情画意绘声绘色地介绍给游客，并使他们情景交融地领略山水情趣、体验景观美感，导游员要懂得中国园林建筑艺术和技巧，并把握好以下几方面的讲解要求。

（1）从造园法则讲解其构造。中国园林建筑的最高法则是"虽由人作，宛如天开"，它揭示了造园艺术的本质特征就是对大自然的山水加以整治，甚至在清静的市郊或喧嚣的闹市营造出一片模拟山水，以再现一个充满诗情画意的大自然生活环境。

中国园林历来讲究"构园"，从立意、布局、叠山、理水到建筑、水体、花木、廊榭乃至楹联、匾额、水边留矶、山腰设亭、视窗如画，都是为了让游客参与审美创造，获得审美享受而设置的。在有限的封闭空间中叠山理水以模拟自然，是一种艺术；而在有限的时间内欣赏并导游园林中人造山水风光和无限景致，也是一种艺术。因此，导游园林风光贵在灵活、传神。

（2）从文化内涵讲解其特色。园林艺术是一种特殊的造型艺术，是"立体的画，无声的诗"。因此，在讲解园林造型艺术时一定要十分注意语言的简洁、生动，讲出其哲理内涵。园林艺术涉及诗、文、书画、雕刻、音乐、哲学等诸多方面的知识，导游员必须有一定的文化底蕴，对这些诗、文、书画在环境中所起的作用能做深入浅出的解释，如杭州西泠印社涉及的知识有金石书画、诗文楹联，如不深入了解其中的内涵，是很难进行正确介绍的。

（3）要正确表达园林的文化内涵，导游员还要把握美的规律，运用审美眼光和审美修养，向游客传达美的信息，使其获得美的享受。如以"湖光山色"著称的杭州西湖与四周群山俨然是一个大园林，西湖山水的美无处不在，从内容到形式，丰富多彩，名人文化、民俗文化、民间文化、诗词文化、佛教文化、道教文化、儒家文化等渗透其间。因此，在讲解园林的文化内涵时，一方面要给游客时间和机会去独自欣赏、品味，感受其审美快感；另一方面要给游客讲解其妙，点出其神，以达到享受自然景观、陶冶性情、赏心悦目的目的。

（4）从动观和静观中获得其审美情趣。中国园林是处理空间、布置景观的艺术。要在一个封闭空间中观赏美景，可以漫游动观，也可以端坐静观。一般来说，大园宜动观，小园宜静观。

2. 中国古建筑导游

中国古建筑是人文景观的主体，包括皇家宫殿建筑、寺庙建筑、园林建筑、陵寝建筑、古代水利工程建筑等。进行古建筑导游讲解时主要把握以下几方面。

（1）从时代性和民族性方面讲解其特点。每个时代、每个民族都有其各自的建筑风格和建筑特色。导游员在讲解古建筑时，应着重突出中国古建筑的民族特色，同时又要注意时代特征。例如，唐代建筑的色调简洁明快，屋顶舒展平远，门窗朴实无华，给人以庄重、大方的印象；而明清建筑色调华丽浓重，屋顶高耸，屋脊华丽，挑檐飞腾，雕梁画栋，给人以严谨稳重而又富丽华贵的印象。

（2）从实用性和艺术性方面讲解其功能。导游员在讲解古建筑时，既要说清建筑物的功能，又要讲解其建筑艺术和装饰特色，以及由此创造的气氛和意境。两者尽管有主次之分，但又相辅相成，功能决定艺术处理和装饰赋彩的规格和等级，而艺术特色和装饰特色又反过来陪衬、烘托建筑物的功能和气势。皇家宫殿建筑是为朝仪庆典、起居游乐、礼神拜佛三种功能而设计建造的，因此，采用"前朝后寝""左祖右社"的礼制，中轴对称、居中面南的布局，以及高台广厦、重檐庑廊、斗拱飞檐、雕梁画栋、黄瓦红墙等方面的高规格、高等级的建制，以突出皇权至上、皇帝至尊的意图。寺庙建筑则是为苦度修行、礼神供佛之功能而设计建造的，因此，山门肃穆、晨钟暮鼓、法殿庄严、佛阁森森、僧舍寂寂；在布局上也多中轴对称、层进闭合、步步登高；佛像供桌、七珍八宝、木鱼袈裟、香烟卧莲、古柏劲松、银杏菩提。

（3）从实体性和虚拟性方面讲解其风格。"实"是指建筑物的历史沿革、功能用处、建筑布局、结构风格等；"虚"是指与古建筑有关的民间传说、名人逸事、神话故事等。"实"是导游员讲解的前提和基础，是导游内容的主体；"虚"是"实"的引申和扩展，是导游内容的"赋彩"部分。导游员应把两者有机结合起来，穿插讲解、搭配有序，以"虚"烘托"实"的实际，以"虚"增添"实"的情趣，使古建筑，特别是名胜古迹古建筑物导游讲解既富于知识性，又富于趣味性，从而满足游客求知、求解、求乐等不同层次的需求，增加其对古建筑的审美乐趣。

五、景区导游讲解的典型任务处理

1. 在讲解中面对游客干扰的情况处理

景区导游员在讲解时，有个别游客会干扰导游员的讲解，这种现象的出现主要有以下几个原因：一是有个别游客喜欢在众人面前炫耀自己的学问；二是对导游员所讲的内容持有不同的意见和观点；三是导游员所讲内容和知识确实存在问题；四是游客知道的内容比导游员讲的更丰富。面对以上情况，导游员的处理方法主要如下：

（1）适当礼让。如果导游员在讲解时，有个别游客打断了讲解，而提出了个人的见解，此刻，导游员不妨先让那位游客暂时作为一名"导游员"进行讲解，游客讲解得好不好，都没关系，重要的是，这是导游员的处理方式。在游客讲解完成后，首先要肯定其合理和有特色的部分，随后可以再给予补充；如果游客讲解得确实精彩、有水平，那么，导游员就应该虚心地向对方学习。值得注意的是，导游员必须掌握整个游览进程的主动权，切记不能让游客反客为主，更不能让其打乱讲解计划，扰乱整个游览活动。

（2）坚持自我。如果游客对导游员所讲解内容持有不同意见和观点，应在求同存异的基础上，肯定游客的独特思路，给予其尊重，同时要按照自己原有的计划继续讲解，然后再个别地、友好地与其交流、探讨，相互取长补短。面对这种情况，导游员最关键的是要保持冷静，保持从善如流的大度。

2. 旅游景点游客拥挤不堪的情况的处理

在旅游旺季，许多景点游客如织，十分拥挤，不但秩序混乱，而且游览质量也难以保证。在这种特殊的环境中，要确保带领游客"进得去，出得来，玩得尽兴，游得安全"，讲解员就应该采取一些特殊的做法。

（1）合理利用"时间差"和"空间差"。所谓利用"时间差"，是指设法避开景点的客流高峰时间，在游客相对较少的时间组织安排游览。所谓利用"空间差"，是指设法避开客流集中的游览线路，与高峰交叉易位，达到较为理想的游览效果。

（2）改变常规游览方法。导游员要头脑灵活，果断处事，不要一成不变地组织安排旅游活动。例如，可以先冷后热、先远后近、先偏后中等，根据现场的客流情况，灵活调整线路。但是一定要将游览路线、注意事项、集合时间与集合地点向游客交代清楚，尤其是紧急应变措施更要明确告知，再三强调。

（3）时刻注意安全第一。在人流密集、十分拥挤的景点，要特别注意游客的安全，预防走失。在人流较稠密、较集中的大门口、通道、桥梁上尽快通过，不要停留。在通过游客拥挤的楼梯、石磴、软索桥等狭窄的空间时，应提醒游客注意安全。

任务实施

步骤一　学生分组模拟练习。
学生分组，每组成员 3～5 人，收集某景区的背景材料，撰写该景区导游词。
步骤二　组织赴景区实地考察。
步骤三　学生观摩教师现场讲解。
步骤四　分组进行景区讲解。
步骤五　教师、学生作自我评价、各小组同学互评。
步骤六　教师总结。

任务评价

任务完成后，填写导游讲解评分标准表（表 5.3.1）。

表 5.3.1　导游讲解评分标准表

项目	分类	评分标准及要求	分值	本项得分
语言与仪态（20分）	语音语调	语音清晰，语速适中，节奏合理	6分	
	表达能力	语言准确、规范，表达流畅、有条理，具有生动性和趣味性	6分	
	仪容仪表	衣着打扮端庄整齐，与所讲景点内容协调，言行举止大方得体，符合导游人员礼仪礼貌规范	4分	
	言行举止	礼貌用语恰当，态度真诚友好，表情生动丰富，手势及其他身体语言应用适当与适度	4分	
景点讲解（30分）	讲解内容	景点信息正确、准确，要点明确，无明显错误	6分	
	条理结构	条理清晰，详略得当，主题突出	6分	
	文化内涵	具有一定的文化内涵，能体现物境、情境和意境的统一	6分	
	讲解技巧	能针对不同游客使用恰当的讲解技巧，讲解通俗易懂，富有感染力	6分	
	导游词编写	导游词编写规范且有一定特色	6分	
总分				

案例分析

黄河壶口瀑布

"黄河之水天上来，奔流到海不复回"。唐代诗人李白对黄河的赞美，只有来到了黄河壶口瀑布才能真切地感受到。黄河自青海源头起沿途汇集了 40 余条大的支流和成千上万条溪川，来到了晋峡大峡谷，水流从 500 多米宽骤然收束至 40 多米，从龙槽口飞流而下，落入深潭，形成巨大的瀑布，犹如茶壶注水，"壶口瀑布"因此得名。

看着奔腾而来的黄河水，好似千万匹骏马，势不可当。惊涛巨浪，以排山倒海之势，注入壶口，形成这震撼心魄的瀑布。站在岸边，望着这奔涌的瀑布，可以产生各种各样的联想。中国人对黄河寄托了太多的情感，黄河已经成为中国人民不屈不挠、勇往直前的性格象征。最能体现黄河性格的就是壶口瀑布。"不到壶口大瀑布，不识黄河真面目。"著名诗人光未然正是来到了这里，才被黄河这巨大的力量所感染，于是写出了著名的《黄河大合唱》。"风在吼，马在叫，黄河在咆哮"，体现了中国人民奋起抗日的坚强意志，成为一曲民族精神的颂歌。

（资料来源：根据网络资料整理）

问题：这篇导游词有哪些特色？

任务拓展

请撰写一份世界文化遗产景区或 5A 级旅游景区的导游词，并进行模拟讲解。

项目六　景区商业服务

▌项目描述 ─●●●●●●

　　景区作为游客活动的空间载体，不仅要为游客提供游憩体验，还应该提供完善的配套服务，如餐饮、住宿、购物、娱乐等。尽管对于不同类型、不同规模的景区而言，其设施与服务的重要性可能会有所差别，但不可否认，它们是景区接待系统中不可缺少的部分。

▌项目目标 ─●●●●●●

　　※　**知识目标**

　　　● 了解旅游景区餐饮、住宿、购物、娱乐等服务的基本概念和特点，掌握旅游景区餐饮、住宿、购物、娱乐等服务的主要类型及基本要求。

　　　● 掌握旅游景区配套商业服务和管理的方法及技能，明确旅游景区餐饮、住宿、购物、娱乐等服务和管理的任务及意义。

　　※　**能力目标**

　　　● 能独立开展旅游景区餐饮、住宿、购物、娱乐等服务和管理工作。

　　　● 能指导旅游景区餐饮、住宿、购物、娱乐等服务与管理的具体工作。

　　※　**素质目标**

　　　● 能善于接受新观念，思想开放，个性温和谦虚，能倾听和接纳别人的意见。

　　　● 具有高度的使命感，能淡化个人荣辱和利益得失，有胸怀和大局观。

　　　● 具有较高的情商，外圆内方，刚柔相济，面对特殊情况能做到"和风细雨"。

　　※　**思政目标**

　　　● 践行社会主义核心价值观，能挖掘旅游景区商业服务中的中国特色与文化特色。

　　　● 能遵守客观规律与科学精神，履行道德准则和行为规范，对景区商业服务内容和服务质量认真反思与总结，不断提升个人形象和素质。

工作任务 一 餐 饮 服 务

任务情境

李先生夫妇到某景区游玩，中午时分来到景区餐厅用餐，如果你是餐厅的服务员，将如何为李先生夫妇提供用餐服务？

任务目标

- 了解景区餐饮服务的类型和特点。
- 熟悉景区餐饮服务的基本要求。
- 掌握景区餐饮服务的工作流程与规范。

相关知识

一、景区餐饮服务的类型

1. 景区餐饮类型

（1）大排档。食摊大排档以供应地方小吃为主，由于花样繁多而且价格低廉，特别受到游客的喜爱。例如，南京的夫子庙是秦淮小吃的发源地，历史悠久、品种繁多，形成了独具秦淮传统特色的饮食集中地，是我国四大小吃群之一。这里的小食摊比比皆是，供应的小吃品种多达百余种，很多中外游客到南京旅游都要慕名前来品尝美食。

（2）快餐服务点。快餐服务点以方便、卫生、快捷为特点。游客到景区的主要目的是参观游览，因此在游览过程中会选择简便易携带的快餐来节约用餐时间，同时，快餐服务点的设置还可以节省出大量的就餐空间，减少投入，增加销售额。由于快餐服务符合旅游餐饮的特点，因此国外许多著名景区的餐饮服务大多是快餐服务点。

（3）特色餐馆。特色餐馆主要是指经营菜品有特色的餐馆。在一些著名景区，同时著名的还有一些传统老字号餐饮店，如坐落在西湖边上，素以"佳肴与美景共餐"而驰名的"楼外楼"餐馆。

（4）宴会餐厅。宴会是以餐饮聚会为形式的一种高品位社交活动方式，大型宴会餐厅非常讲究对环境的设计，同时对宴会菜单的设计及餐具的配置都有严格的规定。

（5）主题餐厅。这是近几年新兴起的一种餐饮类型，它往往围绕一个特定的主题对餐厅进行装饰，甚至食品也与主题相配合，为顾客营造出一种或温馨或神秘，或怀旧或热烈的气氛，千姿百态，主题纷呈。例如，三亚景区有着各种各样的民族风情餐厅，比较有代表性的黎寨餐厅，以"黎寨风情"为主题，餐厅装饰多以茅草盖顶，有木制墙裙，服务风格引入黎族待客风俗，清秀的黎家姑娘身着民族服装侍立两旁。

（6）农家乐和户外烧烤。农家乐旅游是近几年兴起的旅游产品。农家乐餐饮为游客提供地道的农家饭，使游客在农家品尝五谷杂粮和天然野味的同时，身心得到一种回归自然的放松。户外烧烤也是景区常见的餐饮类型，但考虑到烧烤时油烟对景区环境的破坏，因此这种餐饮类型不值得提倡。

2. 景区餐饮形式

随着游客餐饮的多元化需求，景区餐饮形式开始与各种娱乐活动相结合，呈现出多样化的特点，常见的有以下几类。

（1）餐饮与歌舞表演相结合。采取饮食文化与歌舞艺术相结合的形式，使游客在品尝美味佳肴的同时，还能欣赏优美的歌舞表演。比较著名的有西安唐乐宫仿唐歌舞表演、昆明世博园的"吉鑫宴舞"等。

（2）餐饮与康体活动相结合。这里主要是指餐饮与垂钓、桑拿、洗浴等康体活动相结合。例如，在一些景区，游客可以在鱼塘垂钓后，将自己亲手钓的鱼虾交给景区内厨师烹制，更可亲自下厨，做出适合自己家人口味的美味佳肴。

（3）餐饮与郊野娱乐相结合。这种餐饮形式常见的有篝火晚餐、滨海大排档、野外烧烤。例如，在承德坝上草原推出的"烤全羊"项目，同时附赠篝火晚会项目。

二、景区餐饮服务的特点

和其他餐饮企业相比，景区餐饮服务具有以下特点。

（1）季节性。景区餐饮服务受自然因素、节庆活动和假日的制约，一年之中会出现明显的淡旺季。

（2）地方性。景区餐饮服务不仅要满足游客的基本饮食需求，还肩负着让游客品尝不同风味美食、宣传景区的饮食文化和饮食特色的任务。因此，景区要提供各具特色的餐饮服务。

（3）快捷性。景区通常接待的都是大批量的团队游客。因此，快捷性是景区餐饮的必然要求。

（4）经营方式灵活。景区餐饮多采用的是承包经营、特许经营及自主经营等方式，可视情况灵活选择。

（5）经营成本高。景区餐饮服务的经营成本比较高有很多原因：一是受景区淡旺季的影响；二是景区对餐饮服务的特殊要求，无意中抬高了景区餐饮服务的经营成本；三是需要向景区缴纳一定的承包费用。

三、餐饮服务基本要求

作为消费者，进入一家餐馆进餐时，希望有什么样的消费和招待呢？1994年，美国旅游基金会与宝洁公司为研究美国旅游市场上经常旅行者的偏好，合作进行了一项调查研究。从餐饮消费者初次和再次选择一家消费地的 14 个因素来看，排在前五位的依次是清洁卫生、快速上菜、公平合理、尊重、位置与环境。

1. 清洁卫生

就餐客人对就餐中的卫生条件非常重视，这也是客人对安全需要的一种反映，同时，它对客人情绪的好坏也直接产生影响。只有当客人处在清洁卫生的就餐环境中，才能产生安全感和舒适感。客人对餐厅卫生的要求体现在环境、餐具和食品几个方面。客人总希望在餐厅吃到的食物都是新鲜、卫生的，餐具都经过了严格消毒，餐厅的环境整洁雅静、空气清新，客人可以在安全、愉快、舒适的环境中，品尝美味佳肴。

2. 快速上菜

客人到餐厅就餐时希望餐厅能提供快速的服务。为了满足客人的这种需要，可采取以下服务策略。

（1）备有快餐食品，为那些急于就餐者提供迅速的服务。

（2）客人坐定后，先上茶水或其他免费的小吃，使他们在等待上菜的过程中不感到无聊或上菜太慢。

（3）反应迅速。客人进入餐厅后，服务员要及时安排好客人的座位并递上菜单，让客人点菜。

（4）结账及时。客人用餐结束，账单要及时送到，不能让客人等待付账。

3. 公平合理

只有当客人认为餐厅在接待、价格上是公平合理的，才会产生心理上的平衡。如果客人在就餐的过程中，并没有因为外表、消费金额的不同而受到不同的接待，在价格上没有吃亏受骗的感觉，他就会觉得公平合理，就会感到满意。因此，餐厅在制定价格和接待规格上都要尽量客观，做到质价相称、公平合理。

4. 尊重

根据马斯洛的需要层次理论，客人外出用餐出于两个原因：一是为了替代家中日常的进餐活动；二是把在餐厅进餐看作消遣和娱乐活动。客人对餐厅的需求实际上隐含了客人对情感、社交、自我实现等较高层次的需求。

俗话说，"宁可喝顺心的稀粥，绝不吃受气的鱼肉"，道出了尊重客人在餐厅服务中的重要性。尊重客人体现在客人用餐服务的各个环节，如微笑迎送客人、恰当领座、尊重客人的饮食习俗等。

5. 位置与环境

餐厅的位置是消费价位的间接反映，好地段的餐厅肯定在价格上同其他地段的餐厅有区别，但其中也存在着对顾客群的选择问题和餐厅经营类型的定位问题。

环境问题，不能仅停留在狭义上的清洁来理解。下面有这样一个例子：重庆市大足区的"荷花山庄"巴渝特色鲜明，游客三三两两地坐在一艘花艇内，观看艇外各式荷花，品尝巴渝小吃，接受穿着古朴渔家服的"渔家女"热情淳朴的服务，令游客感觉仿佛来到了世外桃源。这个例子显示的是环境特色的经营理念。舒适的环境能调动游客就餐的情绪，同时也让其得到享受和尊重。可以说，餐饮环境的营造是餐厅的无形资产投入。

四、餐饮服务工作流程与规范

1. 餐前准备

（1）准时到岗，参加班前会，接受领班和经理对当餐的工作安排和布置。

（2）员工进岗后，做卫生，定位摆台，如提前预订应按要求摆台。

（3）清理地面卫生和室内所有物品表面及死角卫生，做到地面无垃圾、无油垢、无水迹、无烟头、无墩布毛。每餐清扫一遍。

（4）检查台面餐具无破损、无水迹、无油迹、无污迹，保持台面干净整齐。

（5）由领班领用餐中一次性物品，分配后注意妥善保管，归档码放整齐。

（6）按点立岗定位，准备迎客。

2. 迎客

（1）当迎宾员将顾客领到餐厅中时，服务员应微笑点头问好。

（2）拉椅让座，根据顾客人数添减餐具，递上菜单，示意顾客稍候，迅速沏茶倒水，示意顾客用茶。征求顾客是否点菜（如点菜则当好顾客参谋，如不点菜则示意顾客有事请召唤）。

3. 点菜

（1）翻开菜单，请顾客阅览，同时介绍本店的特色菜、特价菜、新推菜及酒水。

（2）在记录顾客所点菜品、酒水时，写清日期、桌号、用餐人数、服务员姓名。

（3）顾客点菜完毕，向顾客唱单，以确认顾客所点菜品，然后示意顾客稍候菜品上桌。

（4）在吧台下单，核对单据与预结联是否一致，如有问题则迅速解决。

4. 餐中服务

（1）迅速及时地将顾客所点酒水及一次性餐具送上餐桌，征求顾客意见，启瓶将酒水倒入杯中。

（2）巡视自己所管区域顾客的用餐情况，及时补充顾客所需，整理台面，上菜报清菜名，划菜核单，征求顾客意见，随时撤下顾客餐桌上的空餐具和用具。菜品上齐后应告知顾客："您点的菜上齐了，是否还需要添加一些别的菜品？"

（3）餐中推销，勤斟酒水，巡视餐台，如发现顾客酒水快用完或菜品不足时，应征求顾客是否加添。

（4）服务员有事暂时离开工作区域时，一定要向邻区的服务员打招呼寻求帮助。不要长时间离岗，办事完毕后应迅速返回工作区。

（5）随时巡查地面和台面卫生，及时清理以保持清洁。

5. 结账

（1）顾客示意结账时，服务员应及时到吧台结算。如遇顾客亲自到吧台结账，服务员应跟随，核对账单要准确无误。

（2）问清付款人，报清所消费的金额，双手递上账单，请顾客过目。顾客在核对账单时如有疑问，服务员应马上核实，并耐心地做好解释工作。

（3）收到顾客付款，应双手接过，点清所收数目（收您×××元，请您稍候或您的付款正好），到吧台找零后，在账单上签名，回到餐桌，双手递给顾客找回的零钱（找您×××元，请您清点并收好，谢谢！）。如顾客需要发票，问清开票信息。如本店的发票用完或因机器故障无法给顾客开发票，应耐心向顾客解释，出具其他证明，示意顾客下次用餐时一起开。

（4）顾客离座拉椅，提示顾客带好随身携带的物品，并致欢送辞。

6. 收台

（1）餐具应按档码放，不得大餐具摆小餐具，前厅用品和厨房用品分开，使用规定的收台工具将餐具分别送到洗碗间和洗杯间。

（2）清理台面垃圾，擦净桌椅，及时摆台以便接待下桌顾客。

🌱 **任务实施**

步骤一 学生分组模拟练习。

学生分组，每组成员3～5人，小组成员分别扮演李先生夫妇和某景区餐厅服务员。

步骤二 学生代表模拟展示。

（1）微笑问好。

（2）拉椅让座，递上菜单，迅速沏茶倒水，示意李先生夫妇用茶。

（3）点菜。向李先生夫妇推荐餐厅的特色菜、特价菜、新推菜及酒水。

（4）记录所点菜品、酒水。

（5）点菜完毕，向顾客唱单。

（6）在吧台下单，核对单据与预结联是否一致，如有问题迅速解决。

（7）餐中服务。时刻关注李先生夫妇用餐情况，如需帮助及时解决。

（8）结账。帮助李先生夫妇结算账单。

（9）收台。清理台面垃圾，擦净桌椅。

步骤三　教师点评。

教师对小组模拟展示给予评价，重点强调餐饮服务的六大步骤。

任务评价

任务完成后，填写餐饮服务评价表（表6.1.1）。

表6.1.1　餐饮服务评价表

评价项目	完成很好	完成较好	基本完成	未完成	本项得分
服务礼仪到位	9～10 分	7～8 分	5～6 分	<5 分	
服务流程娴熟	18～20 分	15～17 分	12～14 分	<12 分	
服务技能高，游客满意度高	27～30 分	23～26 分	18～22 分	<18 分	
灵活处理特殊问题	18～20 分	15～17 分	12～14 分	<12 分	
语言准确得体	9～10 分	7～8 分	5～6 分	<5 分	
学习态度好，团队合作意识强	9～10 分	7～8 分	5～6 分	<5 分	
总分					

案例分析

案例一：换一个地点用餐

某景区的餐厅门前，一位身穿泳裤的男士一定要进入餐厅吃饭，被服务员阻拦。因为到餐厅用餐不能衣冠不整，所以，服务员请该客人换了服装再来餐厅。但客人不同意，说过一会儿还要游泳，换装太麻烦。

这时服务员并没有完全拒绝客人的要求，而是采用变通的方式满足了客人的需要："先生，您能不能先点餐，我们过几分钟送到游泳池去？"这样，既没有破坏规则，又满足了客人的需要。

点评：餐厅里尤其是在客人流动比较快的景区餐厅，客人迫不及待想要用餐的心情都能理解，因为游玩太久感到饥饿，用餐完毕后还要继续游玩。服务员在听到客人抱怨或责怪时，应保持良好的心态，学会换位思考，并始终保持礼貌的服务态度。

案例二：真假茅台

某景区酒店餐厅里，有一位已经半醉的客人在和服务员纠缠不清："这瓶酒是假酒，我喝了几十年酒，会连茅台的真伪都辨别不清？"他口齿含糊，满脸通红。

客人说道："这瓶酒我不喝了，马上给我封好，明天送到质量检验所去鉴定！今天这顿饭钱我不会付的。我断定这是假酒，明天检查结果出来，我要你们赔偿经济损失！"

服务员见状，知道在这种情况下很难用道理去说服这位客人，便悄悄让人给餐厅经理打电话。不一会儿，餐厅经理赶到，对客人说道："谢谢您对我们的服务质量提出宝贵意见。我们的饮料和酒都是从市糖烟酒公司直接进的货，这几年来还未发生过伪劣商品的事件，然而我们还是愿意重视您的意见，以维护酒店的声誉。明天一早我会派人把酒送去检验，对您今天的晚餐暂不收费，等鉴定结果出来再说。"这番话充满诚意，令客人连连点头称是。经理请他先回房休息，明天再把鉴定结果通知他。

（资料来源：根据网络资料整理）

问题：请分析上面两个案例，在景区餐厅服务中，给你哪些启发？

任务拓展

某景区餐厅，夜幕降临，工作人员正在忙碌地为游客服务，突然停电了，游客们都慌乱起来，纷纷抱怨"你们景区怎么回事啊！什么都看不见，我们的饭还怎么吃啊！"景区工作人员小王迅速掏出两支打火机轮流打火，并对游客们说："大家少安毋躁，我们给大家准备了精心别致的烛光晚餐，请耐心等待片刻！"随后，景区其他工作人员送来了几个西餐烛台，小王将烛台摆在餐台上，又从柜子里拿出了备用的风情画挂在了墙上，营造出一种浪漫的氛围。片刻间，这家景区一隅的餐厅变成了一个极具异国情调的西餐宴会厅，看着从天而降的烛光晚餐，游客们非常兴奋，纷纷赞不绝口："还挺有情调的呢！这可是我第一次享用烛光晚餐呢！这个景区太用心啦！"不一会儿，景区恢复了供电，小王想吹灭蜡烛，但游客们拦住了他，说："还是烛光晚餐好，不要吹灭了，想不到今晚还有幸享用了烛光晚餐呢！"意外的烛光晚餐，给游客们留下了美好的回忆。

思考：在景区日常工作中，停水停电时有发生，工作人员对突发事件的处理，关系到景区餐饮服务水平和游客的满意度，同时也能体现出景区工作人员的应变能力。在该案例中，餐厅的工作人员是如何化解矛盾的？

工作任务 二　住 宿 服 务

任务情境

王先生一家来到某景区游玩，事先在网上预订好了客房，到了景区客房中心，王先生来到前台办理入住，如果你是前台的接待员，将如何为王先生一家办理入住呢？

任务目标

- 了解景区住宿服务类型。
- 熟悉景区客房服务要求及规范。
- 掌握景区住宿服务与管理的工作流程。

（🔎）相关知识

一、景区住宿服务的类型

按照景区住宿接待设施的档次与运作模式，可将其分为如下类型。

1.　标准酒店类住宿设施

标准酒店类住宿设施包括饭店、度假村、疗养院、避暑山庄、会议中心等，是按照国家星级饭店标准建设，执行标准化服务，是景区档次较高的住宿设施，一般适合规模较大的景区和高级旅游度假区。

2.　经济酒店类住宿设施

经济酒店类在景区中所占规模较小，设施有限且价格便宜，主要为游客提供整洁而简单的入住环境。

3.　自助式或家庭旅馆类住宿设施

在景区中，自助式或家庭旅馆类住宿的接待设施、环境质量、服务标准都较一般，价格比较便宜，家庭旅馆提倡自助服务，住在这里更像一个自己的"家"。家庭旅馆以当地家庭为依托，以当地居民为经营管理者，以当地的特色为支撑点。游客入住家庭旅馆可以全面感受当地民风民俗，真实地领略一番异地风情，原汁原味地收获一种文化的体验与感受。例如，厦门鼓浪屿景区将一些独栋老别墅改建成家庭旅馆，这些家庭旅馆与鼓浪屿景区完美地融合，提升了游客的旅游体验。

4.　民居客栈类（特色小屋类）住宿设施

民居客栈类（特色小屋类）住宿设施是根据景区的自然环境和人文环境加以设计的，在反映当地的风土民情、历史文化特色、满足游客住宿要求的同时也构成了景区中极具特色的风景。例如，同里、乌镇、西塘、宏村四大古镇景区及周边有许多设计别致、风格清新的民居客栈。美国黄石公园小木屋也是世界知名的特色小屋。

5.　露营类住宿设施

露营类住宿设施一般包括露营地、夏令营、临时帐篷驻地等，这类住宿接待设施在所有景区住宿接待设施中最为简陋，受外界的环境干扰较为严重，一般只在特定季节开放。近年来，我国自驾游人群逐渐增多，人们对旅游也呈现出多元化的个性需求，使这种流行于欧美的房车露营逐渐受到业界和旅游达人们追捧。但是，由于房车露营这种高端旅游休闲在我国还处于起步阶段，而且还受到房车相对高端、房车保有量不足、景区露营地不足、交通停车位不足等多方面困扰，使我国房车露营处于发展的一个瓶颈期。

二、景区客房服务的特点

景区客房的客源集中在到景区观光、游览、度假的游客上，客源相对单一，并且易受景区旅游淡旺季的影响。因此，景区客房的规模相对较小，功能也不全面，需要借助景区其他部分（如餐饮部、娱乐部等）进行弥补和配合。

景区客房服务部门，在业务上和内部管理上与酒店客房服务部门差别不大，下面就以总台接待服务为例介绍相关服务程序和要求。

1. 总台的基本功能

1）推销客房

合理调整房间床位价格，进行宣传促销，促使客房顺利销售。

2）信息服务

对客房出租、会议安排、团队接待等信息严格控制，及时处理。

3）控制客房状况

最大限度地利用每间客房，合理进行安排协调，提高客房入住率。

4）建立和接转客人账务

这项工作直接关系到景区的经济利益能否得到保证。

5）综合服务

总台肩负着协调景区各部门工作的任务，各部门要根据总台的接待情况、游客类型和服务要求进行组织和安排。

6）整理和保存入住客人资料

客人资料可作为解答客人问询的依据，便于进行统计分析，为景区进行销售预测和经营计划制订提供依据。

2. 住宿登记制度

酒店行业属于特殊行业，为做好安全四防和治安保卫，提高服务质量，热情周到地为客人服务，必须通过客人登记来掌握客人的各方面情况。因此，游客在景区入住必须进行登记。

住宿登记卡的填写要求：

（1）客人（包括各种会议的参加者）自行填写住宿登记卡。店簿由接待登记人员填写。

（2）12 周岁以上或身高 1.3 米以上的少年，要填写登记卡。

（3）店簿要逐项填写，字迹清楚。

（4）客人离店时，及时注销店簿并注明离店时间、去往地点。

（5）店簿要长期保管，不能缺损、遗失。

3. 交接班制度

景区服务人员昼夜工作，工作中各班次应办好交接班手续，相互间才能紧密衔接，明确职责，防止混乱。交接班的主要内容应包括：

（1）客人退租结算、房间床位情况及已收账款。

（2）空房空床情况及原有和新来客人的一般情况。

（3）客人交办未了的事项，如详细交代要求、时间及已处理情况。

（4）患病客人的病情及照护情况。

（5）来访宾客的留言或委托转交事项及外来电话留言。

（6）家具设备的变动或处理情况。

（7）夜间值班注意客人叮嘱清晨叫醒的时间。

（8）其他情况。

4. 总台接待服务人员的工作要求

1）掌握预约客房情况

掌握当天或未来几天内所能腾出的房间数，热情接待并明确答复预约者（包括来人、来函或电话预约）提出的要求，做出妥善安排。如果住房客满，应表示歉意，并协助联系其他的住宿单位。

2）验证登记

客人走近柜台，登记员应微笑迎候，介绍客房种类、位置、条件及房价，征求客人住宿意见。办理手续时，验证要仔细，登记要迅速，不清楚事项需要询问客人时，语言应温文尔雅。接待团体客人应预先将房间分好，并请陪同人员协助安排，统一登记。对特殊客人可让其先进房间，后办理手续。

3）客房分配

全面掌握客房的方位及档次条件，分配时尽量满足客人的要求。如不能满足时应耐心解释，并表示歉意，有条件时再做适当调整。

4）账目结算

审核填写时要认真细致，发票字迹清楚，收找款时唱收唱付。结账后，向客人道谢，并欢迎再次光临。

5）客人查询

礼貌应答，不清楚时应向有关部门查询，不能用"大概""也许""可能"等含糊不清的语言作答，更不能敷衍了事。

6）代办事项

客人函电、留言应及时传递，夜间叫点准时无误。客人委托代办事宜，要认真办理，做到及时准确。

三、景区客房服务的基本要求

1. 整洁

清洁卫生是客人对客房最普遍、最重要的心理需求。作为客房服务人员，主要工作职责之一就是整理客房，做到客房内外清洁整齐，使客人产生信赖感、舒服感、安全感，能够放心使用。清洁卫生是反映客房服务质量的一项重要内容，是宾馆档次、等级的一个重要标志。

客房是客人单独拥有的空间，因而，客人对客房整洁方面的要求比较高。服务人员清理客房时应该遵循一定的程序。一般情况下，清理客房要在客人不在的时候进行。如果客人有特殊要求，可以随机处理。服务人员在清理客房时，必须保证客房及各种设施、用具的卫生。即使是空房间，也要时刻保持清洁，随时准备迎接客人。客人到达客房后再去清扫，会留给客人不好的印象。另外，服务人员可以采取一些措施来增加客人心理上的卫生感和安全感。例如，在清理后贴上"已消毒"的标志，在茶具上套上塑料袋等，这些措施能起到一定的心理效果。但一定要实事求是，不能欺骗客人。客房卫生还包括服务人员自身的卫生和清洁，应让客人觉得服务人员干净、利索、精神状态好。

2. 宁静

客房的主要功能是用于客人休息，客房环境的宁静是保证这一功能实现的重要因素。由于现代都市生活的丰富性，一些客人可能喜欢过夜生活，而在白天睡觉，因此，客房对宁静的要求不是单纯地指夜间这一段时间。即使在没有客人休息的情况下，客房环境也要保持宁静。这会给人舒服、高雅的感觉。

保持客房宁静也就是要防止和消除噪声，这要从两方面入手。首先，必须做到硬件本身不产生噪声，宾馆选择设备的标准之一就是它产生的噪声要小；另外，在硬件上要保证隔音性，能阻隔噪声的传入和传导。其次，在软件上也要不产生噪声，员工须做到"三轻"——走路轻、说话轻、操作轻。"三轻"不仅能减少噪声，而且能使客人感到服务人员文雅和亲切。同时，服务人员还要以自己的言行去影响那些爱大声说笑的客人，用说服、暗示等方式引导客人自我克制，放轻脚步，小声说笑。

3. 安全

安全感是愉快感、舒适感和满足感的基础，客人是把自己出外旅游期间的安全放在首位的。安全感不仅局限于卫生方面，还包括防火、防盗和防人身意外伤害。客人在住宿期间，希望自己的人身与财产得到安全保障，能够放心地休息和工作。因此，客房的安全设施要齐全可靠。服务人员没有得到召唤或允许，不能擅自进入客人房间，绝对不能去干扰客人。有事或清扫服务要先敲门，在得到允许后才能进入，工作完成后即刻离开。日常清扫服务，绝对不许随意乱动客人的物品，尤其在进入房间时不可东张西望，以免引起客人不安。

4. 亲切

客房服务是客人每天接触和享受的，客房服务离客人最近，与客人关系最密切。在入住宾馆以后，客人感受到的最重要的服务就是客房服务。客人住店，希望自己是受服务人员欢迎的人，希望看到的是服务人员真诚的微笑，听到的是服务人员真诚的话语，得到的是服务人员热情的服务；希望服务人员尊重自己的人格和生活习俗，希望真正体验到宾至如归的感觉。

客房服务人员亲切的服务态度，能够最大限度地消除客人的陌生感、距离感等不安情绪，缩短客人与服务人员之间情感上的距离，增进彼此的信赖感。客人与服务人员情感接近了，会使其对宾馆的服务工作采取配合、支持和谅解的态度。出现这种局面将非常有利于宾馆顺利完成日常的服务工作，也有利于提高宾馆的声望。

四、景区住宿服务与管理的工作流程和规范

1. 欢迎客人

（1）客人进店后，接待员面带微笑地向客人致意问候。获悉客人要住店后，应询问客人有无预订。

（2）若客人有预订，询问客人姓名，找出预订单；复述客人的预订房间、数量、离店时间并与客人核实有无变更。

（3）若客人没有预订，问清客人所需房间类型及有无特殊要求，对于第一次光临酒店的客人，要主动将房价表双手呈递给客人，按由高到低的原则向客人做简单的介绍和推销。客人确认房间类型后，迅速在电脑上查找，根据分房原则，将房号告诉客人并征得客人同意。

2. 登记、验证

（1）接待员请客人出示有效证件，检查证件照片和客人本人是否相符，检查证件印章、证件期限是否有效。

（2）证件检查完毕后，请客人填写登记表，同时在电脑中选出客人要求的房型并在"房间状况表"上将房号标注为"OC"，表明该房已出租。

（3）审核客人是否已按入住登记表上的列项填写清楚、完整。

（4）准备好房卡，向客人介绍房间情况、酒店设施及酒店的各种规定。

（5）对于预订的客人，要检查是否有为其代收的信件或物品，如有应及时转交给客人并办理相关手续。

3. 收取押金

（1）接待员询问客人押金支付方式并协助前台收银员收取押金。

（2）接待员在入住登记表上写清房价、押金支付方式及数目并签字。

4. 送客进房

（1）入住手续办理完毕后，接待员询问客人是否需要其他帮助。

（2）若客人需要搬运行李，则将房卡交给行李生，由其引领客人进入房间。

（3）若客人不需要帮助，用双手将房卡递给客人并告知其电梯方位。

（4）客人离开时，与客人道别并祝客人入住愉快。

5. 资料存档

（1）接待完毕后，接待员按照登记表上填写的内容，准确地将信息输入电脑。

（2）将登记表放入客人入住档案中，以便随时查询。

任务实施

步骤一 学生分组模拟练习。

学生分小组，3～5人为一组，分别扮演前台接待员和王先生一家人。

步骤二 学生代表模拟展示。

（1）王先生一家进店后，接待员面带微笑地向客人致意问候，并询问王先生是否提前预订客房。

（2）询问王先生的姓名，找出预订单；复述预订房间、数量、离店时间并与客人核实有无变更。

（3）接待员请王先生一家出示有效证件，并检查证件照片、证件印章及证件期限。

（4）请王先生填写登记表，同时在电脑中选出客人要求的房型并在"房间状况表"上将房号标注为"OC"。

（5）审核王先生所填的入住登记表。

（6）准备好房卡，向王先生介绍房间情况、酒店设施及酒店的各种规定。

（7）检查是否有为其代收的信件或物品。

（8）询问王先生的押金支付方式并协助前台收银员收取押金。

（9）在入住登记表上写清房价、押金支付方式及数目并签字。

（10）入住手续办理完毕后，询问王先生是否需要搬运行李：如果需要，则将房卡交给行李生，由其引领客人进房间；如果不需要，则用双手将房卡递给王先生并告知其电梯方位。

（11）与王先生一家道别并祝其入住愉快。

（12）接待完毕后，按照登记表上填写的内容，准确地将信息输入电脑，并将登记表放入客人入住档案中，以便随时查询。

任务评价

任务完成后，填写景区住宿服务评价表（表6.2.1）。

表 6.2.1　景区住宿服务评价表

工作流程	工作步骤	服务标准	很好完成	较好完成	基本完成	未完成	本项得分
一、欢迎客人	1. 问候客人	"您好，欢迎光临，请问有什么可以帮您？"	5	4	3	0~2	
	2. 询问有无预订	（1）有预订至步骤3 （2）无预订至步骤4	5	4	3	0~2	
	3. 核对预订人信息	询问预订人姓名，找出预订单；复述客人的预订房间、数量、离店时间并与客人核实有无变更	5	4	3	0~2	
	4. 查询房间	问清客人所需房间类型及有无特殊要求，主动将房价表双手呈递给客人，按由高到低的原则向客人做简单的介绍和推销。客人确认房间类型后，迅速在电脑上查找，根据分房原则，将房号告诉客人并征得客人同意	5	4	3	0~2	
二、登记、验证	5. 请客人出示证件	核对客人的证件信息	5	4	3	0~2	
	6. 请客人填写登记表	请客人填写登记表，同时在电脑中选出客人要求的房型并在"房间状况表"上将房号标注为"OC"	5	4	3	0~2	
	7. 审核登记表	审核入住登记表上的列项填写清楚、完整	5	4	3	0~2	
	8. 准备房卡	准备好房卡，向客人介绍房间情况、酒店设施及酒店的各种规定	5	4	3	0~2	
	9. 检查代收物品	检查是否有为其代收的信件或物品，如有应及时转交给客人	5	4	3	0~2	
三、收取押金	10. 收取押金	（1）根据客人的入住天数、房价合理收取预付金，询问客人付费方式（现金或银行卡）	5	4	3	0~2	
		（2）现金：点票—唱票—验票	5	4	3	0~2	
		（3）银行卡：根据银行卡预授权流程办理		4	3	0~2	
		（4）接待员在入住登记表上写明房价、押金支付方式及数目并签字	5	4	3	0~2	
四、送客进房	11. 送客进房	（1）客人需要搬运行李，则将房卡交给行李生，由其引领客人进房间	5	4	3	0~2	
		（2）客人不需要帮助，用双手将房卡交给客人并告诉其电梯方位		4	3	0~2	
		（3）与客人礼貌道别并祝客人入住愉快	5	4	3	0~2	
五、资料存档	12. 制作房卡	（1）按照登记表上填写的内容，准确地将信息输入电脑	5	4	3	0~2	
		（2）将登记表放入客人入住档案中，以便随时查询	5	4	3	0~2	
语言准确得体			9~10	7~8	5~6	0~4	
学习态度好、团队合作意识强			9~10	7~8	5~6	0~4	
分数合计							

案例分析

突然的退房

正值旅游旺季，两位外籍客人出现在景区宾馆总台前。总台服务员小刘是个新手，他查阅了订房登记单后，马上简单地对客人说："你们预订了一个标准间 B 档客房，明天一早退房。"

客人听后脸色陡然一变，很不高兴地说："接待单位说给我们订了 3 天，怎么变成 1 天了呢？"小刘仍用刻板且毫无变通的语气说："我们这两天房间特别紧张，明天已经没有标 B 的房间，当时你们接待单位来订房的时候，已经跟他们说过了，他们也同意了的。"客人非常愤怒，一定要投诉。

问题：小刘错在哪儿？如果你是小刘，你会怎么做？

任务拓展

溪口打造房车风情小镇，开启全新旅游体验

厌倦了跟团旅游的走马观花，选择自由行的你，是不是又遭遇了新的困扰？靠近景点的酒店价格贵，远离景点的酒店交通不方便；没有导游带领，三餐只能盲目找饭店；每换一个景点，就要更换一家酒店，每天清晨的第一件事就是打包行囊。

2015 年 2 月，由宁波市奉化区溪口旅游集团有限公司、厦门云之道旅游开发公司和途家网联合打造的溪口房车风情小镇项目正式启动，预计投资 3 亿元人民币，3 年完成开发建设，委托斯维登集团经营管理。目前各地建立的房车基地，房车与景区各自为政、分离经营，溪口则是全国首家 5A 级景区与房车基地高度融合的房车小镇，创立了房车旅游新业态的一个全国新模式。

思考：你如何看待"当房车遇上景区"这一新业态？

工作任务 三　景区购物服务

任务情境

张先生和朋友来到某景区游玩，在景区购物店张先生想买一些礼物送给家人，如果你是景区购物店的销售员，你如何向张先生推荐商品？

任务目标

● 了解旅游商品的特点。

- 熟悉商品推销技巧。
- 掌握商品推销工作流程。

相关知识

一、旅游商品的特点

旅游商品是指游客在游览过程中所购买的物品。旅游商品是景区经营的重要内容，也是景区经营收入的重要组成部分。游客在旅游过程中，由于生活、旅行和纪念等需要，自然要购买许多商品，这些商品有的在旅游过程中被使用或消费掉，有的则被带回作为赠送礼品或收藏品。总的来说，旅游商品具有以下特点。

1. 实用性

实用性是指商品具有一定的使用价值。游客在旅游过程中所购买的纪念品可以是一件有一定使用价值的生活用品，也可以是其他有特殊用途的物品，如一件印有景区标志的文化衫、一件工艺台笔、一块有特殊图案的地毯等。这些商品因既有实用功能，又有其特定的产地和特殊的工艺、图案或设计而具有的纪念意义。

2. 艺术性

在很多情况下，游客购买旅游商品是为了作为礼品送人，或作为纪念品、收藏品收藏。因此，旅游商品应具有较高的艺术性。旅游商品只有具备了艺术美，才能具有特殊的欣赏价值和收藏价值，才能有市场。

3. 纪念性

一次旅游就是一次经历。对于游客来说，这种经历是难忘的、具有纪念意义的。这种纪念意义既体现在他们日后的记忆中，也体现在其旅游时所购买的各种纪念品中。在旅游地购买的饰物、挂件、明信片，甚至在旅游地采集的一片树叶，都可能作为该次旅游的纪念品而被永远珍藏。

旅游商品的纪念性价值，主要来自商品的民族特色或地方特色。例如，许多外国女性游客常常购买旗袍、直襟衣服、布鞋等商品，她们看中的是中国的民族特色。

4. 时代性

旅游是人们追求精神和物质享受的一种消费活动，具有鲜明的时代气息，旅游商品必须适应人们的这种消费活动特点而具有时代性。特别是随着社会的发展，高科技已渗透到生产和生活的方方面面，许多商品体现了高科技的时代特点，并不断更新换代。例如，景泰蓝等传统工艺品已经渗透到诸如钥匙扣、指甲刀、水性笔、放大镜、吉祥物等各种日用品上，这也是旅游商品时代性的反映。

二、游客购物心理

总的来讲，游客的购物心理主要有以下几种。

1. 求实心理

求实心理即追求商品的使用价值。游客购买商品，看中的是实用、实惠，对商品的外观并不十分注意。尤其是中低收入群体的游客，在旅游过程中购买所需要的用品时，特别注意商品的质量和用途，要求商品经济实惠、经久耐用、实用方便。

2. 求名心理

求名心理即追求名牌和有名望的商品。优质名牌商品、具有纪念意义的商品、可荣耀身份的商品，都会使这类消费者爱不释手。对于有求名动机的消费者来讲，往往不太注意商品的效用和价格，而是注意商品的名望、象征意义和纪念意义，并在感情冲动时做出购买决定。这类游客希望在景区购买到具有纪念意义的工艺美术品、古董复制品、旅游纪念品等旅游商品，一方面是为了留作纪念，因为很多游客都喜欢把在旅游点买的纪念品连同他们在旅行中拍的照片保存起来，留待日后据此回忆他们难忘的旅行生活；另一方面是为了带回去馈赠亲友，并以此增进感情。

3. 求美心理

求美心理即重视商品的艺术欣赏价值。俗话说："爱美之心，人皆有之。"爱美是人的本性。对游客来讲，离开自己的居住地参加旅游活动，不仅希望欣赏到美丽风景，同时也希望能购买到一些富有美感的旅游商品。他们往往重视商品的款式、包装，以及对环境的装饰作用。

4. 求新心理

求新心理即追求商品的新颖、奇特、时尚。在游客购物的过程中，好奇心起到一种导向作用。游客大多喜欢新奇、新颖的商品，这些新的颜色、新的款式、新的质量、新的材质、新的情趣，可以满足人们求新的心理，调节枯燥、单调、烦闷的生活。因此，当游客看到一些平时在家看不到的东西时，就产生好奇感和购买的欲望，如游客在西安旅游时，喜欢购买兵马俑复制品；在南京旅游时，喜欢购买雨花石；在乡村旅游，游客喜欢购买竹制品、藤制品等。

5. 求廉心理

求廉心理即消费者对商品的价格特别敏感，他们追求价格低廉、经济实惠的商品。怀有这些动机的游客在购物时，注意力主要放在价格上，他们希望购买同等价值的商品能少花钱，喜欢买简单的商品甚至不包装的商品。这样，既不影响使用，又节约开支。

当然，旅游活动本身是一种高级的、高消费的享受活动，游客通常不会像普通消费者那样过分追求廉价。

6. 求趣心理

对于游客来讲，由于生活经历、宗教信仰、受教育程度、家庭背景等方面的不同，其兴趣、爱好也各不相同。在旅游的过程中，他们一般只购买与自己兴趣、爱好有关的商品。

7. 求知心理

这种心理的特点是通过购物获得某种知识。有些游客特别喜欢销售员和导游员介绍有关商品的特色、制作过程，字画的年代、其作者的逸闻趣事及鉴别商品优劣的知识等。他们对当场作画或刻制的旅游商品及有关资料说明特别感兴趣。

8. 求尊重心理

这种心理是游客在购物过程中的共同心理需要。这种需要表现在很多方面，如：希望销售员能热情地回答其提出的问题；希望销售员任其挑选商品，不怕麻烦；希望销售员彬彬有礼，尊重其爱好、习俗、生活习惯等。

游客的购物动机基本上包含以上八种，其中求新、求美、求名、求知、求尊重是主要的动机。这就要求景区在开发旅游商品时，要考虑游客心理的多样性和层次性。

另外，值得注意的是，游客的购物动机一般是多种并存的，也就是说，要重视多功能旅游商品的设计和生产。

三、商品推销技巧

1. 善于接触客人

销售员除注意自己的着装和仪容仪表外，更要善于与客人沟通。一般来说，客人刚一进店，销售员不可过早同客人打招呼。过早接近客人并提出询问，会使客人产生戒备心；而过迟则往往使客人觉得销售员缺乏主动和热情，从而失去购买兴趣。

接触客人的最佳时机如下。

（1）当客人长时间凝视某一种商品时。

（2）当客人从注意的商品上抬起头来时。

（3）当客人突然止步盯着某一商品看时。

（4）当客人用手触摸某一商品时。

（5）当客人像是在寻找什么时。

（6）当客人的目光和自己的目光相碰撞时。

销售员一旦捕捉到这样的时机，应马上微笑着向客人打招呼。销售员必须善于察言观色，通过对客人的言行、年龄、穿着、表情等外部现象的观察，学会揣摩客人的心理，分辨客人性格类型与购物喜好，有针对性地为客人服务。例如，对于目光集中、步子轻快、迅速地直奔某个商品柜台、主动提出购买要求的客人，销售员要主动热情接待，动作要和客人"求速"的心理相呼应，否则客人容易不耐烦；又如，对于神色自若、脚步不快、无明显购买意图的客人，销售员应让其在轻松的气氛下自由挑选。

客人类型及具体接待方法如下：

（1）见多识广型客人：赞扬、引导和谦虚。

（2）慕名型客人：热情、示范、尊重、不要过分亲热。

（3）性格未定型客人：大方、有分寸的热情、保持一定距离。

（4）亲昵型客人：赞扬、亲切、宽容。

（5）犹豫不决型客人：鼓励、引导、替他决断。

（6）商量型客人：提供参考、平和、有礼貌。

（7）慎重型客人：少说、多给他看、鼓励。

（8）沉默型客人：亲切感、有问必答、注意动作语言。

（9）聊天型客人：亲切、平和、在不经意中推荐。

（10）爽快型客人：鼓励、建议、替他决断。

（11）好讲道理型客人：多提供商品知识、理性推荐。

（12）爽朗型客人：热情、大方推荐、快速成交。

（13）谦虚型客人：鼓励、赞扬、距离感。

（14）腼腆型客人：主动接触、引导、多问。

2. 展示商品特征，激发客人购买兴趣

接近客人后的重要工作就是向客人展示商品，让客人观看、触摸、嗅闻。目的是使客人看清商品特征，产生对商品质量的信任，激发其购买欲望，加快成交速度。

展示商品是一项技术性较高的工作，需要销售员具有丰富的商品知识和熟练的展示技术。在展示时动作要敏捷、稳当，拿递、搬动、摆放、操作示范等动作不可粗鲁、草率，否则会显得销售员对工作不负责任，对商品不爱惜，对客人不尊重。

3. 热情介绍商品，增进客人信任

当客人对某一商品产生喜欢情绪并对商品进行比较、评价时，销售员应适时地介绍商品知识，如名称、种类、价格、特性、产地、厂牌、原料、样式、颜色、大小、使用方法、流行性等。

四、商品推销工作流程

1. 准备工作

（1）要熟悉本公司产品，了解行业知识，不能一问三不知，对相关产品要有丰富的资料和知识储备。了解产品的种类、产品用途、目标客户、竞争对手情况、目标群体划

分、价格范围、产品的价格组成等。熟悉公司在行业的地位、行业分布、行业动态、行业宣传、行业趋势等。

（2）产品优劣势分析（信誉、质量、价格、运输、仓储等）。

（3）销售工具准备（产品样品、宣传资料、名片等）。

（4）销售心态（成功、受挫）。销售员最大的心理障碍是怕被拒绝，销售员应记住销售的目的是帮助客户解决问题，是共赢的事情。加入一家公司就要对公司有很强的信心，对产品的信心就是最好的去除心理压力的办法。

2．了解客人的问题、需求和渴望

了解客人需求，知晓客人最想要的利益：价格空间、亟须解决的问题。

3．加强与客人的双向交流

注意倾听客人的意见，即使客人的言论有谬误，也不可以打断客人的话，更不能表现在态度或表情上，由此可以深入了解客人意向，更可能让客人加深对企业与产品及销售员个人的好感度。

4．解决客人的反对意见

事先把客人可能提出的问题一一列出来，然后再写出答案；提出对客人问题的解决方法并塑造产品价值，做让人信服的展示和讲解。

5．成交

不成交时留有余地，以便下次再协商和沟通。

6．要求客人转介绍

请求客人帮忙宣传和推广产品。

🌱 任务实施

步骤一　学生分组模拟练习。

学生分组，每组成员 3～5 人，小组成员分别扮演商品销售员和客人。

步骤二　学生代表模拟展示。

（1）问候客人。礼貌、热情、面带微笑地向客人问好，询问客人需要什么帮助。

（2）了解客人需求。与客人充分沟通，了解客人具体的、详细的购物需求。

（3）推荐商品。根据客人的需求，向客人推荐合适的商品，推荐过程中详细介绍商品的特点、质量等信息。

（4）展示商品。向客人充分展示商品，让客人通过看、摸、体验等亲身感受充分了解商品的特点。

（5）成交商品。按照客人要求为客人打包好商品，并指引付款。若客人对所提供商品不满意，可与客人深入沟通，耐心了解其购买意向。若客人未购买商品离店，应热情、礼貌送客，并希望其有需求时再来。

步骤三 教师点评。

教师对小组模拟展示给予评价，重点强调商品推销工作的重要知识点。

任务评价

任务完成后，填写商品推销服务评价表（表6.3.1）。

表 6.3.1　商品推销服务评价表

考核项目	很好完成	较好完成	基本完成	未完成	本项得分
服务礼仪到位	9~10 分	7~8 分	5~6 分	<5 分	
服务流程娴熟	18~20 分	15~17 分	12~14 分	<12 分	
服务技能高，游客满意度高	27~30 分	23~26 分	18~22 分	<18 分	
灵活处理特殊问题	18~20 分	15~17 分	12~14 分	<12 分	
语言准确得体	9~10 分	7~8 分	5~6 分	<5 分	
学习态度好，团队合作意识强	9~10 分	7~8 分	5~6 分	<5 分	
总分					

案例分析

案例一：景区商品缺乏档次，游客直喊有钱没处花

武汉的王先生一家三口春节期间来到南京旅游，除了中山陵、明孝陵、总统府、夫子庙这些经典的景区，买些特产带回家送亲友也是旅游的一项重要活动。王先生在南京市区跑了一个上午，也没决定到底买什么。"我们家参加华东三日游包括交通、住宿、景区的所有费用不过一千多元，全家在旅游购物上的预算也接近千元。可是旅行社带游客走进的卖场大多是'老字号'或珠宝首饰店，除了夫子庙商业街和民间艺术大观园，很少发现成规模的大型旅游购物市场或商业街。"王先生说。

王先生的遭遇折射出一个无奈的现实：虽然南京的旅游、美食等资源丰富，但却缺乏包装，一些旅游景点内或景点周围经营点布局比较分散、零乱。彩灯、剪纸、折扇、金箔、云锦、雨花石、雨花茶、南京板鸭等旅游商品，都分布在各主要景点的经营点。

一项调查显示，目前国内游客除了基本团费外，都愿意花费百元至 1500 元用于旅游购物。事实上，由于旅游商品质量和信誉不佳，以及行程限制和商业购物街的缺乏等原因，国内多数游客都没有达到预期购买水平，造成很多游客陷入"有钱没处花"的窘境。

案例二：多为客人想一想

几位游客到杭州西湖附近某商场购物，他们径直走到茶叶专柜前，看了看标价便议论道："这儿的东西有点贵，我们还是到外面去买吧！"这时，销售员走上前，关切地说：

"先生们去外面买茶叶一定要去正规的购物商店，因为市场上以次充好的茶叶很多，一般是很难辨别的。"客人立即止步问道："哪家商店比较好，茶叶又怎么进行选择呢？"

于是销售员便介绍茶叶等级的区分，如何用看、闻、尝等几种简易的方法区分茶叶好坏；又介绍了本商场特级龙井的特点，价格虽略高，但对游客来说，买得称心、买得放心是最重要的。几位游客听了销售员的介绍，都爽快地买了几盒茶叶。

（资料来源：根据网络资料整理）

问题：以上案例给了你哪些启发？

任务拓展

故宫文创产品研发概况

说起中国的博物馆，不能不提故宫博物院；说起博物馆的文创产品，也不能不提故宫文创。故宫文创已经凭借精良的设计、大开的"脑洞"，成为文创界的"网红"。

提起故宫，给人的印象是珍宝无数的博物馆，以及历史悠久、大气磅礴的历史建筑，在国内，故宫也是较早尝试开发文创产品的博物馆。早在2010年10月1日，"故宫淘宝"就已上线，截至2018年年底，故宫博物院共计研发文化创意产品超1.1万种，销售额达到15亿元。

故宫博物院作为中国优秀传统文化的代表，一改其严肃古朴的形象，用更贴近年轻人的"接地气"的方式和"卖萌"的态度推出系列文化衍生品及表情包，在迅速吸引了大量忠实粉丝的同时更让故宫文化触手可及。

2018年2月，故宫在北京出现首家线下快闪店——"朕的心意"快闪店，售卖故宫日历、故宫胶带等文创产品，还有海错拼图、故宫元素的水杯、故宫元素的首饰及各种故宫元素食品（不只有"妃常暖"姜茶、"亭亭御栗""海错图曲奇饼"等，还有为新年专门准备的中式糕点礼盒）。

据时任故宫博物院院长单霁翔介绍：故宫文创有不同专类的团队，故宫也鼓励这些团队多做没尝试过的东西。"我们研发故宫文创小商品的团队，每个月都会有几十种、上百种文创产品，经过市场检验，然后淘汰。我们也会与知名设计师合作，出成品以后我们可以和设计师签约。"故宫每次展览也都会配套一批文创产品。故宫的商店也在做出改变。故宫的商店应该是人们参观故宫博物院情绪的延伸，充满文化气息。"所以我们现在干脆不叫商店，叫文化创意馆。我们的服装店不叫服装店，叫服饰馆，展示故宫特有的服装。"

（资料来源：https://www.dpm.org.cn/classify_detail/180051.html%20www.dpm.org.cn）

思考：各大景区如何学习故宫的文创模式，开发具有本地特色的旅游商品？

工作任务 四　景区娱乐服务

任务情境

李女士一家三口周末来到上海迪士尼旅游度假区进行游玩，作为一名景区娱乐设备现场服务人员，应如何为李女士一家做好服务？

任务目标

- 了解景区娱乐服务的主要类型。
- 熟悉景区娱乐服务的基本要求。
- 掌握景区娱乐项目现场服务工作流程。
- 熟悉景区娱乐项目现场典型任务处理。

相关知识

一、景区娱乐服务的主要类型

景区娱乐服务是指景区为游客提供的，以消遣放松获得精神愉悦的身心平衡为目的的多种旅游活动方式和服务的总称。景区娱乐服务包含如下内容。

1. 小型常规娱乐

小型常规娱乐是指景区长期提供的娱乐设施及活动。它因占用员工少，因而规模小，游客每次得到的娱乐时间也不长，其形式可分为三大类若干小类（表 6.4.1）。

表 6.4.1　景区小型常规娱乐形式分类表

大类	细分类别	特征及举例		
表演演示类	地方艺术类	二人转、黄梅戏、京剧		
	古代艺术类	唐乐舞、楚国编钟乐器演奏		
	风俗民情类	绣楼招亲、对歌求偶、土家族摆手舞		
	动物活动类	赛马、动物表演等		
游戏演艺类	游戏类	模拟枪战、踩气球、单足赛跑、猜谜语		
	演艺类	节日街头（广场）舞蹈、秧歌、竹竿舞		
参与健身类	人与机器	人机一体	操纵式：滑翔、赛车、热气球
			受控式：过山车、滑行车、摩天轮
		人机分离	亲和式：翻斗乐
			对抗式：八卦冲宵楼

续表

大类	细分类别	特征及举例	
特有娱乐类	人与动物	健身型	钓鱼、钓虾、骑马
		体验型	观光茶园、农家乐、狩猎
	人与自然	亲和型	滑草、温泉疗养、潜水
		征服型	攀岩、迷宫
	人与人	健身型	网球、高尔夫球、保龄球
		娱乐型	烧烤、手工艺品制作

2. 大型主题娱乐

大型主题娱乐是指景区经过精心策划，组织、动用大量员工和设备推出的大型娱乐活动，一般在推出前会进行较高频率的广告宣传，用心营造特定氛围。大型主题娱乐是目前主题公园营销的主要方式。按照大型主题公园的活动方式，可以将其分为三种类型。

（1）舞台豪华型。舞台豪华型一般采用先进的舞台灯光技术，采用氢气球、秋千、声控模型、鸽子等占据多维空间，并施放焰火、礼炮配合舞台演出。在舞台表演中，服饰强调彩衣华服、夸张怪诞，节目强调时代感与快节奏，集杂技、小品、歌舞、哑剧、服饰表演、游戏娱乐于一体，淡化艺术属性中的教育性、审美性和知识性，极其强调娱乐性，以新、奇、乐取悦观众。

例如，世界之窗在恺撒宫上演的《凤舞东方》，是世界之窗原创作品，受文化和旅游部选派，赴澳大利亚及欧洲多国亚巡演并获得盛赞。该剧目共分为"凤舞东方""楚魂汉风""大汉百戏""中国元素中国风""五洲风采"五个部分。整台晚会运用舞蹈、武术、杂技和戏曲等多种表现形式，将盘古创世、女娲补天、百鸟朝凤、霸王别姬等经典故事用绚丽恢宏的艺术语言展现出来，在演绎传统艺术精华的基础上加以创新。整台晚会兼具中国风情和世界元素，堪称中华舞蹈艺术的点睛之作。

（2）花会队列型。花会队列型是一种行进式队列舞蹈、服饰、彩车、人物表演，一般与节庆相结合，在广场或景区内街道进行，有的以民族民俗为主题，有的以传统神话为主题，有的以童话传说为主题，音响热烈，喧闹喜庆，服饰夸张怪诞，娱乐性强。

例如，世界之窗的大游行汇集了皇家马队、扑克方阵、典礼仪仗、文化彩车等异国文化风情。

（3）分散荟萃型。分散荟萃型是以一定的节庆为契机，围绕一定的主题，在景区多处同时推出众多小型表演型或参与型娱乐活动，从而共同形成一个大型主题娱乐活动。

目前，大型主题娱乐呈现出舞台豪华型、花会队列型和分散荟萃型三种类型的相互交叉的趋势，并大量运用声、光、电等高科技手段，使活动更为丰富、热烈、精彩纷呈。

二、景区娱乐服务基本要求

（1）保证各种娱乐设施、设备完好。服务人员每天上岗前要认真仔细检查设施、设备，加强对设备、设施的定期维护和保养，使其处于良好的使用状态，保障游客康体健身的需要。

（2）注重娱乐服务人员的素质培养。娱乐服务人员应具备良好的职业道德、文化素养、娴熟的技能技术和良好的心理素质，要聆听游客的要求，忍受一定的委屈，这就要求员工要具备很强的心理承受能力。

（3）做好娱乐项目的配套工作。某些娱乐项目在运行时，需要一些配套服务，如观看四维电影时须佩戴专用眼镜，玩激流勇进时须穿雨披和鞋套，等等。服务人员应耐心细致地提供并帮助游客使用这些用具。尤其是一些激烈、刺激的娱乐项目，应事先提醒游客注意安全。

总之，良好的服务态度，会使游客产生亲切感、宾至如归感，娴熟的服务技能会给游客带来精神和物质享受，敏捷快速的服务效率节约了游客的时间，众多的服务项目可以满足游客多方面的需求，设备、设施的良好运转保证了游客的舒适和安全，清洁卫生的环境使游客心情愉快，这些都从不同角度构成了优质娱乐服务的内容。

（4）熟练掌握售票工具和设备的性能及操作技术，爱护设备、用具，定期保修，保持售票室、设备、工作台和工具的清洁卫生。

（5）售票设备出现故障时应立即与系统维护员取得联系并及时修复；系统维护员对售票机进行参数设置或数据修改时，售票员必须主动回避。

（6）不使用售票设备做与售票业务无关的事情。

（7）按时填写当班工作记录、原始台账，负责交接好当班工作。

三、景区娱乐项目现场服务工作流程

景区各项游乐项目操作的服务流程应按照规定严格执行，同时应与游客充分互动，互动包括安全提醒和体验激励，让游客获得最佳体验乐趣。因此，将景区现场娱乐服务工作流程设计为以下六个环节：

（1）迎客。娱乐设施设备开启之前，工作人员应在入口处迎接客人。同时应按要求提醒不符合身高要求、不符合身体要求的游客不能体验该设施设备，并建议其体验其他设备。

（2）安全检查及提醒。对于已经进入设施设备的游客，按照要求进行设施设备检查，并通过广播等设备进行安全通告提醒。

（3）启动设备。启动设施设备前应让游客知道，让游客做好心理准备。

（4）体验激励。设施设备在运行时，工作人员可以根据设施设备的情况，设计相应的主持词或音乐，以调动游客的体验兴趣，给游客留下难以忘怀的极致体验。

（5）设备停运前提醒。设备停止运行前，也应给游客一定的提醒。

（6）送客。感谢游客对于设施设备的体验，提醒游客携带好随身物品，欢迎下次继续体验。

四、景区娱乐项目现场服务典型任务处理

1. 应急处理

（1）按下急停按钮，切断电源。

（2）通知技术中心维修人员并告知领导现场详细状况。

（3）告知游客接下来要实施的措施并安抚游客。

（4）协助技术中心维修人员将游客安全救下并送至安全出口处。

2. 发生故障的应急救援处理

（1）当设备运行至提升段发生故障，立即按下急停按钮。

（2）立即呼叫技术中心维修人员，汇报上级领导。

（3）组织人员对游客进行安抚，等维修人员赶到现场。

（4）随维修人员上提升段，一人进行安抚，一人接应游客。

（5）待维修人员把游客解救下来后，按批次护送游客下至站台。

（6）待全部解救完成后上报上级领导。

3. 游乐设备触电应急救援处理

（1）迅速切断电源。当电源开关或电源插头就在事故现场附近时，可立即将闸刀开关打开或将电源插头拔掉，使触电者脱离电源。当带电导线触及人体引起触电时，可用绝缘的物体（如木棒、竹竿、绝缘手套等）将电线移开，使触电者脱离电源。必要时可用绝缘的工具（如带有绝缘柄的电工钳、木柄斧等）切断导线，以使触电者脱离电源。若触电者的衣服是干燥的，拉拽触电者衣服，使之脱离电源。

（2）对症处理。对神志清醒，但乏力、头昏、心悸、出冷汗，甚至有恶心或呕吐的伤员，应让其就地安静休息，以减轻心脏负荷，加快恢复。对呼吸、心跳尚存在，但神志不清的伤员，应使其仰卧，保持周围空气流通，注意保暖，并且立即通知医疗部门，或用担架将伤员送往医院，请医护人员抢救。对已处于"假死"状态的伤员，若呼吸停止，则要用口对口进行人工呼吸，使其维持气体交换；若心脏停止跳动，则要用胸外心脏按压法使其重新维持血液循环；若呼吸、心脏全停，则需要同时施行胸外心脏按压和口对口人工呼吸，并应立即向医疗部门告急求救。

4. 游乐设备火灾事故处理

（1）发生火灾后应立即切断电源，以防止扑救过程中造成触电。若是精密仪器起火应使用二氧化碳灭火器进行扑救；若是油类、液体胶类发生火灾应使用泡沫或干粉灭火，严禁使用水进行扑救。当火灾燃烧产生有毒物质时，扑救人员在佩戴防毒面具后方可进行扑救。在扑救火灾的过程中，始终坚持救人第一的原则。

（2）对火灾受伤人员的急救，应根据受伤者情况，结合现场实际施行必要的医疗处

理，对烧伤部位要用大量干净的冷水冲洗。在伤情允许的情况下，应将受伤人员搬运到安全地方。

（3）发生人员伤亡事故时，应立即拨打 120 医疗急救电话，说明伤员情况，告知行车路线，同时安排人员到入场口指引救护车的行车路线。

任务实施

步骤一 学生分组模拟练习。

学生分组，每组成员 3～5 人，小组成员分别扮演景区娱乐项目现场服务人员和游客李女士一家。

步骤二 学生代表模拟展示。

（1）迎客。娱乐设施设备开启之前，工作人员应在入口处迎接客人。检查李女士孩子的身高，如果不符合该娱乐项目要求，则应建议其体验其他设备。

（2）安全检查及提醒。对于已经进入设施设备的游客，按照要求进行设施设备检查，并通过广播等设备进行安全通告提醒。

（3）启动设备。启动设施设备前应让李女士一家人知道，让其做好心理准备。

（4）体验激励。设施设备在运行时，工作人员可以根据设施设备的情况，设计相应的主持词或音乐，以调动游客的体验兴趣，给游客留下难以忘怀的极致体验。

（5）设备停运前提醒。设备停止运行前，也应给游客一定的提醒。

（6）送客：感谢游客对于设施设备的体验，提醒游客携带好随身物品，欢迎下次继续体验。

步骤三 教师点评。

教师对小组模拟展示给予评价，重点强调景区娱乐现场服务工作流程。

任务评价

任务完成后，填写景区娱乐服务评价表（表 6.4.2）。

表 6.4.2　景区娱乐服务评价表

考核项目	很好完成	较好完成	基本完成	未完成	本项得分
服务礼仪到位	9～10 分	7～8 分	5～6 分	<5 分	
服务流程娴熟	18～20 分	15～17 分	12～14 分	<12 分	
服务技能高，游客满意度高	27～30 分	23～26 分	18～22 分	<18 分	
灵活处理特殊问题	18～20 分	15～17 分	12～14 分	<12 分	
语言准确得体	9～10 分	7～8 分	5～6 分	<5 分	
学习态度好，团队合作意识强	9～10 分	7～8 分	5～6 分	<5 分	
总分					

案例分析

沂水雪山彩虹谷景区吊桥断裂 十几名游客落水

　　大众网临沂 2016 年 3 月 26 日讯（记者 张振 孙剑 王娜）26 日上午，临沂沂水雪山彩虹谷景区一吊桥发生垮塌，十多名游客落水。大众网记者了解到，落水区域较浅加上救援及时，落水游客均未受伤。

　　上午 10 时 30 分许，沂水雪山彩虹谷景区彩虹雨前吊桥由于游客过多，在拥挤过程中发生垮塌，桥上十几名游客落水。据现场游客手机拍摄的视频显示，发生事故的木质吊桥长约 20 米，距离水面高度约 2 米。落水游客的棉衣、外套基本全部湿透。

　　事情发生后，在场的临沂登山协会救援队 9 名队员和景区工作人员 11 人等迅速跳入水中参与救援。据景区工作人员介绍，由于桥下水浅，落水游客只是湿了衣服均未受伤。同时，救护车也赶往现场进行救护，沂水县文化旅游安全生产委员会、体育工作办公室工作人员第一时间到达现场并启动应急预案，做好游客安抚工作。

　　对于吊桥垮塌的具体原因，负责人表示，事故发生时，正值今日游园高峰期，大量游客短时间内涌上吊桥，超过了吊桥的最大承载量，桥面产生晃动突发垮塌。

　　"我们将通过这件事认清景区管理中存在的不足和安全隐患，积极排查改正。"景区负责人告诉大众网记者，景区第一时间启动应急预案，将施救上岸的游客送入景区宾馆更衣、休息。同时，将对落水游客损坏丢失的物品进行赔偿，并为他们购置了新的衣服。

　　景区处理得很及时，除了赔偿衣物之外，还向游客承诺坚决避免此类事故再次发生，做好自身安全排查，保证游客的安全游玩，让游客监督再来。不幸落水的游客虽然很不开心，但也大度地表示理解景区，达成赔偿协定。景区很快做好了落水游客的安置工作，一日游的游客均已回家，二日游的游客已经妥善安置在宾馆休息，不耽误次日的旅程。

（资料来源：http://jiangsu.china.com.cn/html/Travel/tour/5007191_1.html，有删改）

　　问题：从以上案例中能得到哪些启示？

任务拓展

天津市严查大型游乐设施安全 开展应急演练 增强安全意识

　　游乐场是市民和不少外地游客青睐的消费场所，游乐设备安全因此备受关注。针对可能发生的突发情况，天津市市场监管综合行政执法总队组织开展特种设备大型游乐设施安全应急演练。

　　在天津市一大型游乐场所，演练现场模拟过山车在爬坡处 45° 时遇动力电源突然停电，造成设备非正常停机，导致四名游客滞留高空。模拟险情发生后，设备作业人员立即按下"急停"按钮，通知应急指挥组组长。应急指挥组接到游客滞留空中的求救信号后，启动应急救援预案，指挥现场救援组、设备抢修组等第一时间赶赴现场，拉好警戒线后，各司其职开展救援工作。救援人员配备安全带后快速攀爬到乘客滞留点，一边解救被困乘客一边对其进行心理疏导，安抚乘客情绪。全部乘客被安全解救至地面后，医务人员展开救护，最终乘客平安脱险。应急演练结束后，执法人员督促大型游乐设施运营使用单位严格落实安全主体责任，加强安全教育培训，不断提升员工安全防范意识和操作技能。

市场监管部门提醒广大游客：在乘坐大型游乐设施之前，一定要仔细阅读乘客安全须知，注意观察警示标识，确认身体状况符合乘坐要求后再有序乘坐。如遇突发情况切莫惊慌，不要擅自打开安全保护装置，更不能攀爬、跳跃，要听从工作人员的指挥，耐心等待救援，切莫盲目自救。

（资料来源：http://www.tj.xinhuanet.com/20230623/8753c3b223454615810cb48bdf8be7b0/c.html，有删改）

思考： 从以上案例中能得到哪些启发？

模块三　景区管理篇

模块概述

本模块分为三个项目：项目七是景区安全管理，项目八是景区环境管理，项目九是景区营销管理。

学习要求

知识目标

- 了解景区安全管理、环境管理、营销管理相关概念。
- 熟悉景区安全管理、环境管理、营销管理相关服务规范。
- 掌握安全管理、环境管理、营销管理岗位职责与工作流程。

能力目标

- 能按照景区安全管理的要求及工作流程做安全巡检。
- 能按照景区环境容量测算方法测算景区的环境容量。
- 能按照景区营销管理要求及工作流程做营销管理。

素质目标

- 培养分析解决景区问题的业务能力。
- 培养学生的管理思维。

思政目标

- 树立"安全第一"意识。
- 树立人与自然和谐共生的生态文明理念。
- 培养行业道德规范和标准意识，强化职业道德素质。

思维导图

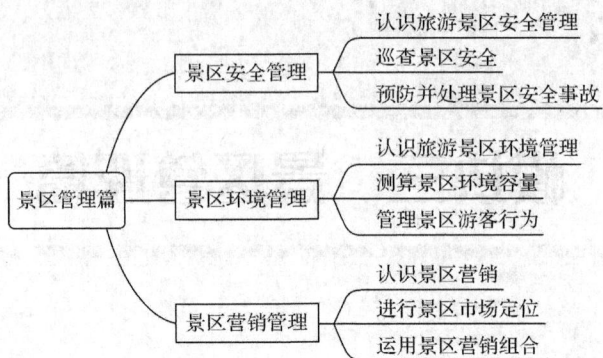

景区管理篇
- 景区安全管理
  - 认识旅游景区安全管理
  - 巡查景区安全
  - 预防并处理景区安全事故
- 景区环境管理
  - 认识旅游景区环境管理
  - 测算景区环境容量
  - 管理景区游客行为
- 景区营销管理
  - 认识景区营销
  - 进行景区市场定位
  - 运用景区营销组合

项目七 景区安全管理

■ 项目描述 ─•••••

安全是旅游景区的头等大事，它关乎游客的安危，是景区及景区所在区域旅游业健康、可持续发展的"命脉"。景区应把安全作为景区管理的第一要务。本项目有三个工作任务：工作任务一是认识旅游景区安全管理，工作任务二是巡查景区安全，工作任务三是预防并处理景区安全事故。

■ 项目目标 ─•••••

※ **知识目标**

- 了解旅游安全、旅游景区的安全管理等相关概念及类型。
- 熟悉旅游景区安全管理的岗位及基本要求。
- 掌握旅游景区安全管理岗位的工作流程。
- 掌握旅游景区常见安全问题的预防和处理方法。

※ **能力目标**

- 能辨识旅游景区主要安全问题。
- 能够实际处理旅游景区常见的安全问题。

※ **素质目标**

- 培养学生树立旅游景区安全管理的意识与使命。

※ **思政目标**

- 树立旅游景区"安全第一"的理念与思想。

工作任务一 认识旅游景区安全管理

任务情境

通过对某 5A 级旅游景区的实地调研、资料收集，了解该景区的安全管理类型、安全管理岗位和安全管理要求。

任务目标

- 了解旅游安全、景区安全管理的概念及类型。
- 熟悉旅游景区安全管理岗位职责。
- 掌握旅游景区安全管理基本要求。

相关知识

一、旅游安全的基本概念和特征

旅游安全是旅游业的生命线，是旅游业发展的基础和保障。旅游业发展的事实证明，旅游安全事故的出现，不仅影响旅游活动的顺利进行，而且可能带来巨额的经济损失；旅游安全事故危及游客生命和财产，直接影响社会的安定团结；旅游安全事故还会损害国家的旅游声誉，阻碍旅游业发展。

1. 旅游安全的概念

旅游安全就是旅游活动中出现的一切不安全的现象及矛盾冲突，包括旅游主体自身的安全意识问题和旅游过程中发生的涉及安全的事件。

2. 旅游安全的特征

（1）隐蔽性。旅游活动中的安全问题为数不少，但由于旅游安全问题本身的敏感性所带来的负面影响往往易被旅游经营管理者所掩盖，因此，旅游活动中实际发生的安全问题具有隐蔽性特征。

（2）复杂性。旅游活动是一种开放性的活动，而旅游企业正是为开放性活动提供各类服务的企业。旅游景区作为一个公共场所，每天接待大量的游客，人员复杂，同时也存在着天然的不安全因素。因此，旅游安全表现出极大的复杂性。

（3）特殊性。在旅游活动中，游客为追求精神愉悦与放松，常常对安全防范有所放松，因此，旅游活动过程中发生的各类事件不同于一般民事或刑事案件，有其自身的规律性和特殊性。

（4）突发性。发生在旅游活动中的各种安全问题，往往带有突发性。例如，旅游活动中的许多安全问题都是在极短的时间内、在毫无防备的状况下发生的。旅游中的自然灾害也具有突发性。

（5）广泛性。旅游安全问题存在于旅游"六要素"的各个环节与过程，几乎所有的环节都存在安全隐患，因此，旅游安全具有广泛性特征。

（6）巨大性。旅游安全问题造成的危害和破坏巨大。旅游安全问题不仅将使游客蒙受巨大的经济损失、生命威胁，而且将可能造成旅游企业的名誉、财产损失等，从而使整个社会受到巨大的损失。

二、景区安全管理的概念及主要类型

1. 景区安全管理概念

景区安全服务管理是指景区为了确保游客、员工和景区的安全，消除各种安全隐患，确保景区秩序井然，保持良好运营状态而实施的一系列计划、组织、指挥、协调、控制等服务管理活动。

2. 景区安全管理主要类型

1）景区防火安全服务管理

景区应该重视防火安全工作，认真贯彻有关消防安全的各项规定，与上级部门签订防火安全责任状，对存在消防安全隐患的区域应建立消防设施，添置消防设备，并设专人巡视和养护；大风、天气干燥的季节应禁止当地居民在远离水源地的森林、草原烧荒，明火作业确保不出现火灾险情，各项防火设施设备运转正常；对员工和旅游景区内住户普及消防知识，可采取挂横幅、贴标语、开辟专栏、分发手册、专家培训等方式进行；可联合旅游景区内住户举行群众性的消防演练，消防安全重点单位应制订消防灭火与疏散应急预案；对于旅游景区内属于省级以上文物保护单位的木结构古建筑等游览设施在未经当地公安消防部门验收、审核的情况下，不得开放，文物类的游览设施在日常维护、修缮、改建时，应配置消防疏散通道、隔火通道、灭火器材；禁止乱拉、乱接电线，避免烟火、香烛进入古建筑内，禁止在古建筑内使用高功率电器、电工设备和明火作业。

2）景区治安服务管理

景区治安服务管理部门应在上级相关部门的指导下，会同当地公安机关、城管部门，严厉打击各类侵害游客利益的违法犯罪活动，加强景区的巡逻防控，组织安防、联防队伍，增加巡逻力量，更新巡逻装备，加大巡逻密度，将景区游览区域分为若干个责任区，每个责任区以主要路段、村寨、码头为中心设岗布控，并安装报警设备，建立巡逻等级制度；大型游览区可与当地派出所、区内社区联动设立警务室，对重点部位、治安事故高发地段实行不定时巡逻，延长巡逻时间，保障通信条件，必要时可使用卫星导航和电子监控；发现形迹可疑的人员或存在不法行为的游客应跟踪调查，及时制止；制订有效的安保预案，构建"群防群治"的长效防控体系，切实维护景区良好的治安秩序。此外，定期在区内开展法治宣传，对当地居民、经营者进行法治教育，帮助其树立法治意识、守法观念；景区导游员在进行讲解时，应提醒游客注意自身安全。

3）景区自然灾害服务管理

针对自然灾害给旅游景区带来的破坏和对游客生命安全构成的威胁，旅游景区可以与气象、水利、防汛、国土、林业、农业、建设等部门密切合作，做好旅游景区监控和旅游警报工作，设置警示标识，制定针对突发性灾害的应急措施；确定排洪防涝标准，做好水土保持和小流域治理，建筑塘坝沟渠，利用水利设施进行水量调节，预留泄洪通道，疏通淤塞河道；雨季来临前加固防洪设施；保证旅游景区交通沿线的植被覆盖率；对易发生灾害的区域设置防护设施，加固原有设施，条件成熟时可以运用工程治理与生物治理相结合的模式；加大宣传力度，普及防灾减灾知识。

4）景区环境安全服务管理

有计划和有针对性地对可能存在安全隐患的区域进行专项监测；研究危害发生的特性和规律，邀请专家，有针对性地调查、追踪、排查；设立警示标识、宣传告示；增设和加固防护设施；控制游客数量；设置符合紧急疏散需要且标志明显的出口、通道，并保持其畅通；配备消防、通信、广播、照明等应急设施和器材，并确保其正常使用；禁止存放易燃、剧毒、强腐蚀性和放射性的危险物品；做好环境卫生建设，景区游览路线附近有在建施工项目，要协助做好施工现场的监护工作；向景区游客分发环境安全常识小册子，提高游客自我保护意识和自救能力。

5）游乐园安全服务管理

游乐园景区安全部门应会同旅游、质监、文化、建设、林业等行政部门定期对游乐场所、动物表演场所的设施设备开展检查，对检查中发现的问题提出整改意见并进行有效监督。景区要针对惊险刺激的游乐设备进行必要的保养和检修，或请有资质的机构或部门进行安全检测与鉴定，保障设备的良好运行；对动物娱乐表演的相关人员和场地进行安全认定；定期开展对设备操作人员的安全技术培训，保证从业人员上岗安全操作，掌握安全操作技能；规范设备安全警示、安全引导用语的使用，告知游客正确使用设备，并明确双方当事人的责任，尤其是经营者的责任，不可将责任强加给游客。

6）景区住宿设施安全服务管理

一是住宿设施防火安全服务管理。景区内开办的度假村、度假酒店、机关企事业单位培训中心、乡村旅馆等经营单位，应重视防火安全工作，在落实安全生产责任制的同时，更要把消防工作纳入正常的安全服务管理范围，认真贯彻公安消防安全的各项规定和消防技术规范，未经消防部门验收、审核的，不得营业，在职工岗位职责中突出消防安全的内容，做到重计划、重布置、重检查。对存在消防安全隐患的场所应布设消防设施、添置消防器材和隔火材料，并设专人维护，确保设施设备完好、运转正常；厨房内的煤气管道、燃烧器具附近不得堆放易燃易爆物品和化学危险品，可燃物体与火源的距离不得小于 1.5 米；使用明火作业的人员不得擅自离开岗位，使用完毕要仔细检查火种是否完全熄灭；瓶装液化石油气不得放置在宾馆入住的楼层内；定期对消防设施设备、电器线路元件、照明与加热部位进行检查，不符合要求的一律更换；住宿设施在筹建、改造、扩建项目时应使用安全性能高、阻燃性能好的材料设备，并对电器、电路安装漏电保护装置，禁止在营业场所内使用高功率电工设备；对员工进行消防知识宣传，开展集中培训与演练，要求员工意识到火灾的危险性，懂得预防、扑救火灾的方法，学会报警、使用灭火器材，掌握帮助住客逃生的基本知识，牢记"太平门、灭火器、消防栓"

的位置和易燃易爆用品的合理放置位置。

二是住宿设施安全服务管理。景区住宿设施安全服务管理以预防偷盗为主。盗窃案件是发生在住宿设施内较普遍、常见的犯罪行为。景区饭店设施盗窃案件主要分为外部不法分子作案和内部员工借工作之便作案两类。景区内的住宿设施要建立健全治安管理机构，在公安机关的指导下，不断加强饭店安全保卫工作，重视并打击各类违法犯罪活动。

7）景区餐饮设施安全服务管理

景区内所有餐饮经营单位开业均须向当地卫生部门申请卫生许可证，餐饮设施须达到国家规定的卫生水平，服务人员须通过体检，持健康证上岗；景区管理部门须会同当食品卫生监督部门定期开展对区内饮食单位的卫生检查、抽查工作，重点检查厨房卫生状况，防止生熟制品、原材料混放，避免交叉污染，检查器具消毒不力等现象，督促经营人员在食品采购、运输、生产、加工、烹饪、保藏环节严把卫生质量关；每日固定对炊具、餐具等进行卫生消毒；每日定时对餐饮服务场所的设施设备进行卫生保洁；对卫生条件不过关的饮食经营单位进行处罚，责令其暂停经营甚至取缔；提高服务人员保洁服务意识和服务水平，有针对性地加强卫生安全培训。

8）景区购物设施安全服务管理

景区内购物场所，包括各类大中型纪念品商场、购物中心、土特产批发市场、购物街、购物城等，应建立消防、治安、环境安全管理制度，配备安全指示标识、消防器材、报警装置、防盗装置、照明应急系统、寻人广播系统等，设置安全疏散通道、安全救护设施，增加安防岗位，定时巡查，定期开展员工安全救护与逃生演练。

9）景区游览安全服务管理

根据文化和旅游部《旅游景区恢复开放疫情防控措施指南》，公共卫生事件背景下，旅游景区应做好游览安全服务管理，包括严控游客容量、防止人员聚集、落实实名登记、加强游客防护、加强现场巡查、加强防控知识宣传等。

三、景区安全服务管理的主要岗位

根据旅游景区安全服务管理的主要类型，结合景区内部安全服务管理的组织架构，将景区安全服务管理的主要岗位分为景区防火安全服务管理岗位、景区治安服务管理岗位、景区自然灾害服务管理岗位、游乐园安全服务管理岗位、景区特种设备安全服务管理岗位等。

1. 景区防火安全服务管理岗位

景区防火安全服务管理岗位主要负责景区内防火安全工作。景区应根据政府相关职能部门要求和景区防火安全工作实际，制定防火安全工作制度和职责，确保景区防火安全。

2. 景区治安服务管理岗位

景区治安服务管理岗位主要负责景区各类治安工作。景区治安服务管理部门应根据上级相关政策，会同当地公安机关、城管部门建立景区治安服务管理制度和职责，全面负责景区内各场所的治安服务管理工作。

3. 景区自然灾害服务管理岗位

景区内自然灾害的发生是不以人的意志为转移的，具有偶发性，会给景区及景区游客带来生命财产安全隐患。因此，景区自然灾害服务管理岗位应根据景区自然灾害发生情况，制定相关制度和应急预案，全面负责景区自然灾害服务管理工作。

4. 游乐园安全服务管理岗位

游乐园作为诸多旅游景区重要的参与性和体验性活动聚集区，加之游客会在短时间内在游乐园集聚，存在安全隐患。因此，有关部门应该积极同政府相关部门定期对景区游乐园区域进行安全检查和监督。

5. 景区特种设备安全服务管理岗位

诸多景区内都或多或少地存在一些特种设备，这些设备的安全运行对于景区整个的安全服务管理非常重要。因此，景区应根据实际，设置景区特种设备安全服务管理岗位，并制定相应制度和安全操作规程，全面负责景区内特种设备设施安全管理工作。

四、景区安全服务管理的基本要求

（1）建立景区安全管理组织，建立健全景区安全管理制度。

（2）建立景区安全的预警、控制与保障体系，保证游客和工作人员的人身安全和财物安全。

（3）建立预案管理制度，制定景区应急预案，并落实景区的安全生产责任制，将景区安全管理的责任落实到每个部门、岗位和员工。

（4）加强景区设施设备的管理与维护，制定景区设备的安全操作规程。

（5）对景区基建工程进行安全审查，组织落实各项安全检查工作。

（6）配置必要的安全设施设备，对景区进行安全监控。

（7）防范、控制与处理各类安全突发事件。

（8）提升景区的安全形象，积极提升景区从业人员的安全素质。

任务实施

步骤一 发放任务书。

（1）全班分成四个小组，每组选出一名组长。

（2）教师给出某景区安全管理条例，让学生划重点，逐条解读条例，并讨论安全管理的要点。

步骤二　小组完成任务。

小组讨论，分工合作完成某景区安全管理条例的解读稿，列举出该景区安全管理要点。

（1）确保旅游景区游览秩序，保障游客生命、财产安全。

（2）景区安保部门负责景区的游览秩序、日常安全保卫、消防安全及贵宾接待的安保工作。

（3）按照规定和景区规划测算的容量，将游客数量控制在最佳接待容量之内。

（4）正确约束游客在景区内的游览行为，防止不安全行为导致的事故发生。

（5）在景区的重点部位和危险地带加强安全防护措施。

（6）工作人员严格按照设施设备安全操作规程进行操作，防止违章作业导致安全生产事故的发生。

（7）治安管理人员要做好安全保卫工作，防止抢劫、盗窃等犯罪行为发生。

（8）景区内建设施工场所要做好安全防护措施，避免伤及游客和工作人员。

（9）对景区内道路交通设施（如车辆等）要做好安全管制工作，特别是旅游旺季和游客高峰期期间。

（10）在节假日、黄金周等重要时段，景区应设立游客安全疏导缓冲区域。

（11）尽量避免游客集中出现在某区域，导致安全问题，防止踩踏、拥挤等事故的发生。

（12）做好景区特种项目（如拓展类运动等）的安全防护工作。

（13）禁止游客在非旅游活动区域或无安全保障的地域开展旅游活动。

（14）景区安保人员要加强景区内的巡查，保证景区内良好的游览秩序和环境。

步骤三　解读景区安全管理办法展示。

每小组派代表介绍本小组所完成的任务，其他小组或教师进行提问，代表或小组其他成员进行解答。

步骤四　教师点评。

教师针对学生解读的安全管理办法进行点评，归纳总结景区安全管理概念、类型、主要岗位及管理要求等相关知识点。

步骤五　案例分析。

教师对典型案例"夫子庙秦淮风光带安全防护、消防、救援工作管理井然有序"进行详细分析，同时引发学生进行讨论，思考景区安全管理应从哪些方面入手，让学生加深理解。

任务评价

任务完成后，填写解读景区安全管理条例任务评价表（表7.1.1）。

表 7.1.1　解读景区安全管理条例任务评价表

评价项目	完成很好	完成较好	基本完成	未完成	本项得分
收集资料与资料展示	9～10 分	7～8 分	5～6 分	<5 分	
小组解读景区安全管理条例内容	35～40 分	30～34 分	24～29 分	<24 分	
个人解读景区安全管理条例内容	35～40 分	30～34 分	24～29 分	<24 分	
学习态度、合作意识、完成效率、整体质量	9～10 分	7～8 分	5～6 分	<5 分	
总分					

案例分析

夫子庙秦淮风光带安全防护、消防、救援工作管理井然有序

夫子庙秦淮风光带位于江苏省南京市秦淮区，以南京夫子庙古建筑群为中心、十里秦淮为轴线、明城墙为纽带，东起东水关公园，西至西水关公园（今水西门），拥有众多的文物保护单位。该景区的安全防护、消防、救援工作管理井然有序，值得借鉴，主要从以下三个方面入手。

一是认真做好危险地带安全防护。不断加强危险地带安全防护设施建设，包括安全护栏、安全警示标识等，做到齐全、有效。主要游览区域内各主要游览节点安全警示标志、标识做到醒目、规范，起到充分保护、提醒游客的作用，同时也最大限度地维护旅游景区资源的安全。

二是做好消防、防火等设备日常管理和安全知识普及。夫子庙秦淮风光带有效落实消防、防火制度，切实保障景区的日常安全，特别是高度重视各文物保护单位类景点的消防设备完善，做到齐备、完好、有效，并确定专人负责管理。认真做好日常消防、防火设备的点检制度，包括日常点检、定期点检和专项点检，并做到消防安全状况公示。同时，不断加强全员消防安全"四个能力，三懂三会"等知识的学习和能力的提高。

三是建立完善的紧急救援体系。在保障救援工作顺畅、及时、快速的同时，采取多种途径（如门票、主要游览节点导览图等）有效公布内部救援电话，并保持畅通有效，做到及时为游客提供救援服务。

（资料来源：http://www.njqh.gov.cn/qhqrmzf/201903/t20190321_1472287.html）

问题：夫子庙秦淮风光带安全管理有哪些值得借鉴的地方？

任务拓展

调研你所在城市的一家 5A 级景区，收集该景区安全管理相关制度，并撰写一份《××景区安全管理调研报告》。

工作任务 二 巡查景区安全

任务情境

国庆黄金周即将来临，九寨沟景区负责观光设备安全管理的徐经理要对设备做全面巡查。假如你是徐经理，应该按照怎样的安全巡查工作流程开展工作呢？

任务目标

- 了解景区安全巡查岗位职责。
- 熟悉景区安全巡查规章制度。
- 掌握景区安全巡查工作流程。

相关知识

一、景区安全巡查管理的岗位职责

（1）熟悉景区安全巡查管理岗位的工作流程。

（2）熟悉和掌握景区内各项游乐设施的技术状况和安全状况，及时做好安全教育和安全监督工作。

（3）准确、及时记录安全事故及处理结果，并将事故的具体情况及时报告主管经理及有关领导，分析事故原因，制定防范措施。

（4）熟悉景区内地形及消防设施的分布和使用方法。

（5）爱护通信器材和岗位上的各种设施。

（6）果断处置本岗位发生的问题。若有可疑人员和事件要有礼貌地进行盘查和监控。

（7）遇有火情及其他事故应及时报告、迅速扑救，或采取其他有效措施，保护好现场。

（8）定时、定点对景区内消防、防火等存在安全隐患的区域进行巡查。

（9）落实景区 24 小时安全巡查制度。

二、景区安全巡查管理的规章制度

1. 安全巡查要求

（1）全体景区管理人员必须牢固树立"安全第一，游客至上"的思想，自觉维护景区秩序，及时制止游客的不安全行为。

（2）每日景区开放前，各部门要组织安全人员对责任区域内的安全状况进行巡查，及时排除安全隐患；不能及时排除的，要在监控的同时，将隐患情况及解决方案迅速报告办公室和主管领导。驾驶员在车辆运行前也要认真进行安全检查，确保行车安全。

（3）各部门负责人要认真督促安全员每天巡查，并将巡查情况做好记录，由巡查人员签字，在次月初前将本月安全巡查记录汇总，由部门负责人签字后交办公室存档。

（4）按照"谁主管谁负责""谁属地谁负责"的原则，严格实行责任追究制。

（5）各级责任人切实负起责任，要按照规定定期对分管工作进行安全巡查，发现问题应按级汇报，并及时处理，消除安全隐患。

（6）巡查情况由各责任人记录备案，并签字。

2. 安全巡查人员及巡查时间

（1）分管领导要和安全办公室人员每月至少进行两次安全巡查，检查、督促各部门责任人担负起具体分工事项，确保景区安全和稳定。

（2）部门负责人要每周至少进行一次安全巡查，检查、督促本区域的安全稳定工作，确保工作落到实处。

（3）安全员应坚持每天巡查，确保责任区域安全。

（4）重要节假日前、进入防汛或防火期间要进行综合安全检查，对检查中发现的问题提出整改意见。如遇有突发天气情况，如冰雪灾害、大暴雨等，在灾前和灾后各责任人要对自己分管的区域进行重点检查，防患于未然。

3. 巡查内容

（1）各科室及部门制定安全措施及执行情况。

（2）各岗位员工落实岗位安全责任制情况。

（3）各科室及部门安全管理上有无漏洞及安全隐患。

（4）责任人对治安保卫条例的执行落实情况。

（5）需要整改的部位和隐患。如定期检查消防设施、重点要害部位监控情况等。

三、景区安全巡查管理的工作流程与规范

1. 检查与巡查内容

（1）查意识。以相关检查与巡查规定、制度等为依据，检查与巡查相关制度、规定在旅游景区各部门的落实情况，员工对安全生产的认识是否正确等。

（2）查制度。检查和巡查相关制度是否健全，以及其落实情况。对于存在的问题及时整改。

（3）查措施。检查与巡查安全技术措施是否到位，是否有针对性，对于不符合安全技术的措施及时纠正。

（4）查隐患及整改。检查与巡查景区内各种安全生产条件、设备设施、装置、电气设备、安全用具、易燃易爆物品管理等是否符合安全生产法规、标准。

（5）查领导。检查领导对安全生产是否重视。

（6）查组织。检查是否成立景区安全生产领导小组，安全服务管理人员是否严格按照规定配备。

（7）查岗位职责。检查各级安全生产管理责任人的岗位安全责任落实情况。

（8）查纪律。检查是否有工作人员擅离岗位、做与工作无关的事情。

（9）查标志。检查现场安全生产标志是否齐全到位。

2. 检查与巡查方法

（1）看。查看景区整体环境，包括景区施工现场的环境作业情况，以及安全生产情况。

（2）听。听汇报、介绍、反映、意见等，深入了解景区安全生产情况。

（3）闻。检查景区内是否存在易燃易爆物品、油料、化学材料、腐蚀物等安全隐患。

（4）问。询问景区各岗位安全状况，查找危险源和不利安全的环境因素。

3. 检查与巡查形式

景区安全检查与巡查可以采取经常性、专业性、季节性检查与巡查方式进行。

4. 检查与巡查实施

（1）班查。景区安全生产人员实施班前、班中、班后岗位检查与巡查，并做好相应记录。

（2）日查。景区带班领导每日检查与巡查，对安全隐患及存在安全问题的景区各区域进行检查与巡查，并做好记录。

（3）周查。景区各部门负责人每周对部门的安全生产检查与巡查。

（4）月查。景区安全工作领导小组每月对景区安全生产的检查与巡查。

（5）季查。景区负责人按季度对景区安全生产的检查与巡查。

5. 安全巡查工作流程

一是安全巡查准备，包括巡查的对象、目的、任务等；了解工作流程、可能存在危险的情况，制定安全员巡查记录表；安全巡查的内容、方式方法；编写巡查表或巡查提纲；书写表格或填写记录；挑选和培训巡查人员，并进行必要的分工等。

二是安全巡查实施。

（1）访谈。与有关人员谈话，了解相关规章制度执行情况。

（2）查阅文件和相关记录。

（3）现场观察。到现场寻找不安全因素、事故隐患、事故征兆等。

（4）仪器检测。利用检测仪器设备，对景区内的设施设备、器材等进行检测，以发现隐患。

（5）掌握情况之后，就要进行分析、判断和检验。

（6）对隐患及时处理，下达隐患整改通知书，提出整改要求和意见。

（7）复查整改落实情况，对不能立即整改的安全隐患，要采取有效的防范措施，并再次组织复查。

任务实施

步骤一 学生分组模拟练习。

学生分组，每组成员 3～5 人，小组成员分别扮演九寨沟景区的徐经理、安全员、设施设备操作员。

步骤二 学生代表模拟展示。

（1）访谈。与安全员、设施设备操作员谈话，了解相关规章制度执行情况。

（2）查阅文件和设施设备相关记录。

（3）现场观察。到现场寻找不安全因素、事故隐患、事故征兆等。

（4）仪器检测。利用检测仪器设备，对景区内的设施设备、器材等进行检测，以发现隐患。

（5）掌握情况之后，进行分析、判断和检验。

（6）对隐患进行及时处理，下达隐患整改通知书，提出整改要求和意见。

（7）复查整改落实情况，对不能立即整改的安全隐患，要采取有效的防范措施，并再次组织复查。

步骤三 教师点评。

教师对小组模拟展示给予评价，重点强调安全巡查管理的工作流程。

任务评价

任务完成后，填写安全巡查管理的工作流程评价表（表 7.2.1）。

表 7.2.1　安全巡查管理的工作流程评价表

评价项目	完成很好	完成较好	基本完成	未完成	本项得分
"安全第一，游客至上"意识	18～20 分	15～17 分	12～14 分	<12 分	
流程全面，无缺项	27～30 分	23～26 分	18～22 分	<18 分	
灵活处理特殊问题	18～20 分	15～17 分	12～14 分	<12 分	
沟通顺畅、语言得体	18～20 分	15～17 分	12～14 分	<12 分	
学习态度好，团队合作意识强	9～10 分	7～8 分	5～6 分	<5 分	
总分					

案例分析

开展景区消防巡查，筑牢景区安全屏障

为切实做好消防安全巡查工作，消除火灾隐患，预防各类火灾事故的发生，近日，铜川市照金消防救援队深入辖区大香山景区开展安全巡查。

巡查人员重点检查了景区安全管理制度是否落实到位，消防设施、器材是否完好；消防通道是否通畅；消防安全责任制是否落实到位，是否定期开展防火巡查和检查；消防安全"四个能力"建设是否达标等消防安全工作，并对检查中发现的问题进行了及时梳理，敦促景区及时整改。

巡查人员表示，景区要进一步提高安全意识，加强内部安全日常管理工作和自检自查力度，将安全责任落实到人，确保重点部位、重点设施的安全；要定期开展安全培训工作，提高员工安全意识，强化员工火场逃生自救能力和初期火灾扑救能力。同时，景区也要加强消防安全知识宣传，可以通过展览板、悬挂标语、张贴海报等方式宣传消防安全常识，在景区内部营造良好的消防宣传氛围。

通过此次消防安全巡查，及时消除了一批景区内的火灾隐患，进一步提高了景区负责人及员工的消防安全意识，最大限度地消除安全隐患，为确保辖区景点火灾形势持续平稳夯实了基础。

（资料来源：http://www.tongchuan.gov.cn/resources/site/105/html/syjgljdt/gzdt/202210/671201.html，有删改）

问题：请说说景区安全巡查的重要性。

任务拓展

调研你所在城市的一家 5A 级景区，观察、体验该景区安全巡查工作流程，并撰写一份《××景区安全巡查调研报告》。

工作任务三 预防并处理景区安全事故

任务情境

游客在景区游玩时，不可避免地会发生各种安全事故、如扭伤、磕碰、食物中毒、抢劫等。作为一名景区安全管理员，应如何处理游客在景区发生的安全事故，并防患于未然呢？

任务目标

● 了解景区安全事故的表现。

- 熟悉景区安全事故的成因。
- 掌握景区常见安全事故的处理程序。

相关知识

一、景区安全事故的表现

1. 旅游景区交通安全事故

旅游景区交通安全事故是指机动车驾驶员、行人、乘客及其他在道路上进行交通活动的人员因其行为违反了国家有关道路交通安全的法律法规的规定，而造成了人身伤亡和财产损失的事故。根据交通工具及事件发生空间的不同，旅游景区交通事故可分为道路交通事故、景区水域交通事故、景区特种旅游交通事故。

（1）道路交通事故。按照我国相关法律的规定，道路交通事故是指车辆在道路上的行驶过程中因过错或意外造成的人员伤亡或财产损失的事件。景区的道路交通事故通常是旅游车辆由于各种原因相撞、追尾、坠落、陷落或撞到行人等。

（2）景区水域交通事故。景区水域交通事故是指在湖区、海域、江河、溪流等水域的水上运载工具因为各种原因而发生的碰撞、翻船和沉船事故。

（3）景区特种旅游交通事故。特种旅游交通是指为满足游客游览、娱乐的需要而产生的特殊交通运输方式。主要可以分为以下几类：在景区内的某些特殊地段，为了游客的安全或节省体力而设置的交通工具，如缆车、索道、直达观光电梯等，可能发生的安全事故为突然停运、坠落或滑落；带有娱乐性质，并能辅助老弱妇孺游客完成观光游览的交通工具，如滑竿、骆驼、马匹等，其可能发生的安全事故为失控和冲撞；带有探险性质及在特殊需要下使用的交通工具，如羊皮筏子、热气球等，其可能发生的安全事故为翻覆和坠落。

2. 旅游景区治安事故

近年来中国旅游发展迅速，旅游景区游客数量猛增，因此，在旅游景区发生的与游客相关的治安事故数量也明显增加。从表现形式来看，景区治安事故主要有以下几类：在景区、交通工具及住宿、餐饮、购物场所发生的偷盗和抢劫事件，因买卖引发的言语争执、肢体冲突甚至人身伤害事件，以模糊标价误导消费者的价格欺诈事件等。轰动全国的"2015 年青岛大虾事件"和"2016 年黑龙江天价鱼事件"都是典型的旅游景区治安事故，这两个事故不仅引发了大众对于旅游消费安全的高度关注，也对这两个城市的旅游形象和旅游声誉造成了恶劣的影响。

3. 旅游景区火灾事故

旅游景区的火灾事故主要是指非自然因素引发的火灾，导致人员生命安全和财产安全受到威胁和损害的事件。火灾的发生原因有故意纵火和过失致火两种，发生的场地主要是旅游景区草木较为集中的区域、住宿设施、餐饮设施和游乐设施等。

4. 旅游景区环境安全事故

旅游景区环境安全事故一般是指景区内的自然环境、游览场所因自然因素（非灾害因素）或人为因素而导致的安全事故，如海滨旅游景区游客误触危险海洋生物水母、海蜇等，峡谷旅游景区狭窄游道在游客数量较多时可能引起的游客拥挤、踩踏事故，山岳型旅游景区的悬崖、峭壁、险峰等处可能发生的游客坠落伤亡事故。

5. 旅游景区溺水事故

旅游景区溺水事故近年来时有发生，一般是游客因自身没有注意人身安全随意到水域型旅游景区、有水体景观的旅游景区或以水上游乐项目为主的主题乐园游玩而受到伤害的事件。夏季是景区溺水事故的高发季节，多为游客在沙滩玩耍、在泳池游泳时不慎发生溺水，也有因不熟悉水情或不顾警示在危险水域擅自下水而导致意外发生。

6. 旅游景区游乐设施安全事故

近年来，诸多游乐设施因其惊险刺激而吸引游客，能极大满足人们挑战自我、挑战极限的需求。热气球飞行、蹦极、跳伞等旅游项目，以及大摆锤、海盗船、极速飞车等大型游乐设施吸引了越来越多的游客。但是，这些惊险刺激的旅游项目或旅游设施本身都存在不小的安全风险，稍有不慎，甚至只是一个细节出现小问题，就有可能发生意外事故，酿成游客伤亡的惨剧。

二、景区安全事故的成因

旅游景区安全事故产生的原因是多方面的，主要集中在游客、旅游景区、自然环境方面，以及其他因素。

1. 游客因素

游客因素是产生景区安全事故非常重要的一个因素。

（1）游客安全意识薄弱。游客在旅行过程中由于其愉悦的旅游体验而放松了对危险的警惕，行为上更具有冒险性，因此，为一些安全事故的发生埋下了隐患。例如，在山顶观景平台拍照留念时，为了拍摄角度更佳的照片而做出了一些危险动作，甚至翻越护栏；在进行漂流活动时，不顾工作人员的劝阻，将身体探出竹筏（橡皮艇）之外等，诸如此类的游客不安全行为随处可见，给游客和旅游景区带来了不可挽回的生命与财产损失。

（2）盲目追求个性化体验。近年来，诸如探险旅游等需要个人户外生存经验、生存技能的旅游方式，作为一种新兴的户外旅游活动，因其独特的体验性、新奇性和刺激性，受到了越来越多人的喜爱。然而，这种旅游方式却隐藏着巨大的安全隐患，也极大地增加了旅游景区的安全管理难度。

2. 旅游景区因素

旅游景区的安全管控存在漏洞、安全管理人员不足、安全管理方法落后等都是造成旅游景区安全事故发生的重要原因。

（1）旅游景区安全管控存在漏洞。受旅游景区的开放性，以及旅游景区经营管理者注重经济效益等因素影响，旅游景区安全管控存在漏洞，导致旅游景区安全事故发生。

（2）旅游景区安全管理人员不足。由于旅游景区安全事故发生具有一定的偶然性，发生频率较低，因此，大多数旅游景区不够重视安全管理，从事旅游安全管理的工作人员大部分由安保人员兼任，安全管理人员数量、质量都存在一些问题。一方面，未经专业培训的工作人员安全意识淡薄、安全敏感性不足，无法在安全管理中及时发现和排除安全隐患；另一方面，一旦发生安全事故，他们很可能因为经验的缺乏而延误事故处理的最佳时机。

（3）旅游景区安全管理方法落后。目前，不少旅游景区对安全的管理主要是定点、定时巡逻，这些被动、落后的工作方式无法实时、有效地监控旅游景区的安全状态。一方面，旅游景区地域范围广阔、地理环境复杂，监控盲点较多；另一方面，景区游客数量多、流动性大，安全隐患也比较多。因此，旅游景区安全管理更多的是做好事故发生前的隐患排查和风险防控工作，巨大的工作量光靠有限人手的人工作业是无法完成的。

3. 自然环境因素

自然环境因素是影响旅游景区安全管理的复杂因素之一。地质地貌特征、各类自然灾害，都决定了旅游景区安全管理的复杂性和突发性。

（1）自然环境复杂。我国地形以山地为主，山地、高原和丘陵约占陆地面积的67%，所以大部分旅游景区以地文景观为主，多样的地文景观和丰富的动植物景观及相关景观是吸引游客前来游玩的重要因素，但也存在一些安全隐患。陡崖、险峰、瀑布、峡谷等观赏性较强的景点也是旅游安全事故的多发地。

（2）突发自然灾害。自然灾害的发生，具有一定程度的难预测性。因此，旅游景区内突发的自然灾害，在给旅游景区带来破坏的同时，也严重威胁到游客的安全出行与游览。

4. 突发公共卫生事件

突发公共卫生事件是指突然发生，造成或可能造成社会公共健康严重损害的重大传染疫情、群体性不明原因疾病、重大食物和职业中毒、重大动物疫情，以及其他严重影响公众健康的事件。突发公共卫生事件，将会直接或间接影响旅游景区的安全管理工作，也是旅游景区安全事故发生的原因之一。

5. 其他方面的因素

（1）旅游景区管理混乱。我国旅游景区"多头管理"现象明显。目前，涉及旅游景区的管理机构有工商、林业、海洋、地质、建设、文物、宗教、文化等多个部门。同时，因为归属不明、责任落实不到位导致管理上出现"真空地带"，造成事前防控不力、事后多方推诿的现象，这对旅游景区的安全管理没有任何益处。

（2）法律法规不健全。虽然，我国目前已经出台了与旅游安全有关的一些法律法规用于规范、约束旅游景区安全生产问题，明确了旅游主体责任义务，强化了旅游安全防控意识，规范了旅游行为，为旅游安全提供了制度保障，但伴随着旅游产业的快速发展，旅游景区活动形式多样，推陈出新，导致了一些法律法规滞后于旅游景区安全管理实际。

（3）游客出行时间集中。目前，由于我国节假日制度，导致游客出行时间比较集中，尤其是黄金周期间，激增的游客数量使旅游景区呈现人满为患的景象，不仅容易产生矛盾纠纷，而且也增加了旅游景区安全管理的难度。

三、景区常见安全事故处理

1. 景区火灾处理

（1）景区发生火灾的原因可分三类：①人为火灾，大部分的火灾都是由于游客乱丢烟头、火柴等引起的，还有部分是因为操作人员思想麻痹、违规操作等违反安全管理规定引起的；②自然起火，如雷击；③故意纵火。

（2）景区火灾的特点。因旅游景区的特殊性，景区的火灾主要发生在旅游宾馆、饭店和各类公共场所及森林景区内。景区火灾的特点是起火因素多且蔓延快；人员多而复杂，极易形成着火源；疏散、扑救难且危害大。

（3）景区火灾的预防措施。旅游景区管理者应严格遵循消防条例和景区规定，防患于未然，加强安全管理。

同时，景区管理者还要积极对游客进行安全教育和安全引导。景区工作人员要对进入景区的游客进行景区防火宣传，告知安全通道、消防设施、安全门等情况。

（4）火灾的应急处理措施。

① 组织灭火。火灾发生区域的工作人员或发现火情人员应立即向景区安全职能部门报告，讲清失火的准确部位、火势大小等情况，失火现场及附近关联区域应立即暂停游客接待；安全职能部门立即上报景区主要负责人，并报告当地消防部门，拉响警铃；报警中心应指示总机播放录音，告知火势情况，稳定游客情绪，指挥游客撤离现场；由景区负责人和有关部门成立火灾抢险指挥部，总经理或总负责人、安全部门经理、消防队、医务人员等应立即赶赴火灾现场指挥救火；迅速查明起火的准确部位和发生火灾的主要原因，采取有效的灭火措施。

② 保护火灾现场。应注意划定和保护起火点；火灾扑灭过程中，不允许擅自清理火灾现场；火源全部扑灭之后，调查火灾原因，经公安部门允许后再清理火灾现场。

（5）善后措施。对事故人员伤亡、财产损失进行统计；严肃处理有关责任人，追究其法律责任；对广大员工进行防火安全再教育；安抚受害游客及前来探望他们的亲属，采取相应的补偿措施。

2. 景区治安管理

治安问题是目前景区较为常见的问题，其类型多样。景区治安管理可以采取以下措施。

（1）普及法治教育，提高安全防范意识。应对景区内居民进行普法教育，强化景区内旅游管理人员、从业人员、居民及游客的法治意识与安全防范意识。

（2）健全和完善各种治安管理制度。景区应根据国家有关治安管理的法规条例，结合景区特点，健全和完善各种治安管理制度，包括景区内食、住、行、游、娱、购等安全的管理和控制制度；对景区内经营者、从业人员、居民及游客的治安管理和防范制度；旅游接待过程中各环节在治安管理工作中的联合、分工制度及信息联络制度；景区内各相关部门治安管理责任制度等。

（3）建立、健全治安执法机构和治安管理队伍。治安执法机构和治安管理队伍是景区治安管理的保障。景区治安管理需要一个能统一协调、具有权威性的执法机构，而景区执法机构的工作要靠治安管理队伍来完成。

（4）实施建、防、治三位一体的管理体系。在治安管理中建立建、防、治三位一体的体系，充分发挥治安管理机构的作用，达到标本兼治的目的。为提高建、防、治体系的防控能力，在景区各路段、各主要交通工具（如汽车、游船等）装备报警装置，以便案发时及时报警。景区中治安多发地区更要有完善的通信设施，以便与各景区保持联系，防止出现治安盲点。

3. 景区重大盗窃事故处理

（1）了解情况，保护现场。景区安保人员应查明事故发生的经过，设置现场警戒区，对犯罪分子必经之地和可能出入的场所遗留的作案痕迹要妥善保护，维持原状。不准触摸犯罪分子动过的物品，以免留下新的痕迹，破坏旧的痕迹。

（2）向警方报案，上报景区负责人或主管部门，请求指示。说明事故发生的时间、地点、经过，提供作案者的身材、长相、穿着等特征，受害者的人数、性别、年龄、工作身份等特征，损失物品的名称、数量、形状、规格、型号等特征。

（3）将游客转移到安全地点，并设置隔离区、警戒线，封锁通向案发现场的交通要道，设岗检查过往车辆，加强景区各个出入口的安保力量。

（4）划定勘查范围，确定勘查顺序。盗窃案发现场勘查的重点是现场进出口的勘查、被盗财物场所的勘查及现场周围的勘查。

（5）分析判断案情，确定嫌疑人。经过勘查分析，判断案情，如果不是外部人员作案，即可在划定范围内，通过调查访问发现嫌疑人。

（6）稳定游客情绪，稳定景区正常的游览秩序和饭店正常的接待秩序，并采取一定的补偿措施。写出书面报告，说明案例性质、采取的措施、受害人的反应及要求。

4. 景区游客死亡事故处理

景区内游客死亡处理应注意三个环节。

（1）游客病危时。当发现游客突然患病，应立即报告景区负责人或值班经理，在领导安排下组织抢救。在抢救病危游客过程中，必须有患者家属、领队或亲友在场。

（2）游客死亡时应注意以下事项。

① 死亡的确定。一旦发现游客在景区内死亡，应立即报告当地公安局，并通知死者所属的团、组负责人。如属正常死亡，善后处理工作由接待单位负责。没有接待单位的，由公安机关会同有关部门共同处理。如属非正常死亡，应保护好现场，由公安机关取证处理。尸体在处理前应妥善保存。

② 通知死者单位或家属。凡属正常死亡的，在通报公安部门后，由接待或工作单位负责通知家属。如死者无接待单位，由景区或公安部门负责通知。

③ 出具证明。如属正常死亡，由县级或县级以上医院出具"死亡证明书"。如属非正常死亡，由公安机关或司法机关出具"死亡鉴定书"。

④ 死者遗物的清点和处理。清点死者遗物应有死者随行人员或家属及景区工作人员在场。如死者有遗嘱，应将遗嘱拍照或复制，原件交死者家属或所属单位。

⑤ 遗体的处理。遗体处理一般以在当地火化为宜。遗体火化前，应由领队、死者家属或代表写出"火化申请书"，交景区保存。如死者家属要求将遗体运送回原籍，遗体要由医院做防腐处理，由殡仪馆装殓，并发给"装殓证明书"。遗体运送回原籍应有相关证明。

（3）其他注意事项。善后处理结束后，应由聘用或接待单位写出"死亡善后处理情况报告"，送主管领导单位、公安局等相关部门。内容包括死亡原因、抢救措施、诊断结果、善后处理情况等。对在华死亡的外籍游客要严格按照《中华人民共和国外交部关于外国人在华死亡后的处理程序》处理。

5. 景区食物中毒事故处理

（1）赶赴现场，核实事件。在现场核实事件时应了解事发现场情况，访问相关人员和在场群众，观察受害游客，对其病原进行判断，并进行受害群体的统计工作。

（2）上报景区管理部门，成立临时指挥部。事件上报当地卫生防疫部门，同时向景区主管部门报告，服从上级部门作出的安排，临时指挥部负责整个抢救与处理工作。

（3）协同医疗单位组织并开展紧急抢救工作。设法催吐游客，使他们多喝水，加快排泄，缓解毒性，并把中毒者送到附近医院进行救治。

（4）收集物证，查明毒源。收集与食物中毒有关的食物、餐具、呕吐物等，交由卫生防疫部门化验取证，对现场遗留物和剩余食物、原料、容器具等切记不能移动、踩踏、洗刷、清扫，留待卫生防疫部门作调查时用，事后予以消毒、扑杀（害虫）、销毁处理。

（5）撰写事故发生报告，上报主管部门，追究饮食经营单位的责任。对事发的饮食经营单位责令停业，由卫生执法部门调查后暂扣一切食品原料和一切生产经营器具，令其接受处罚或被取缔。接受处理后应立即按照要求整改，经卫生检疫部门验收合格后，方可恢复饮食经营。

（6）安抚受害游客及探望他们的亲属，采取相应的补偿措施。

6. 人身安全事故处理

因爆炸、暗杀、凶杀、抢劫、绑架等暴力造成人身伤害的案件发生后，安全人员应急速赶赴现场，组织人员对伤员进行抢救护理；保护现场，注意收集整理遗留物和可疑物品，保管好受害者财物，组织力量协助警方破案。

任务实施

步骤一 教师给出任务载体。

教师：某景区安全部经理

学生：某景区治安管理员、防火管理员、游乐设施安全员、安全巡查员、游客甲、乙、丙。

学生分为四组，分别扮演景区不同角色，完成教师分配的任务，要求有合作精神，做到安全第一、服务至上。

任务1：游客甲的相机在景区被盗，假如你是景区的治安管理员，应如何处理景区治安事故？

任务2：游客乙在景区的森林公园里吸烟，烟头未完全熄灭便随意乱丢导致火灾，假如你是景区的防火管理员，应如何处理景区火灾事故？

任务3：游客丙在景区乘坐过山车，因设备故障导致其小腿扭伤，假如你是游乐设施安全员，应如何处理景区设施设备事故？

任务4：景区发生了重大食物中毒事件，假如你是景区安全巡查员，除了常规巡查外，还要做哪些工作？

步骤二 任务实施。

每组以抽签的方式决定完成哪项任务，抽到任务后，讨论确定任务的完成方案，并进行模拟演练。

步骤三 学生代表模拟展示。

每个工作小组派代表展示景区治安事故、火灾事故、设施设备事故、疫情安全巡视工作流程和处理办法。

步骤四 教师点评。

教师对小组模拟展示给予评价，重点评价景区常见安全事故的处理程序。

任务评价

任务完成后，填写景区安全常见安全事故处理程序评价表（表 7.3.1）。

表 7.3.1　景区安全常见安全事故处理程序评价表

考核项目	完成很好	完成较好	基本完成	未完成	本项得分
流程全面，无落项	35～40 分	30～34 分	24～29 分	<24 分	
思维缜密，方法灵活	27～30 分	23～26 分	18～22 分	<18 分	
沟通顺畅、语言得体	18～20 分	15～17 分	12～14 分	<12 分	
参与度高，合作意识强	9～10 分	7～8 分	5～6 分	<5 分	
总分					

案例分析

辽宁虎谷峡景区玻璃滑道发生碰撞事故

2020 年 8 月 19 日下午，辽宁省本溪市桓仁虎谷峡景区内一处玻璃滑道游乐设施发生事故，造成一名游客死亡，多人受伤。据悉，发生事故的玻璃滑道为景区内游乐项目。该玻璃滑道全长 986 米，游客下山时可以选择乘坐玻璃滑道速降下山，滑降过程中可以俯瞰整个虎谷峡。8 月 20 日，虎谷峡景区发布事故声明称，部分游客乘坐下山玻璃滑道时，因突降暴雨、滑速过快，导致发生人员碰撞事故。

事件发生后，桓仁县全力开展救治，并成立相关的调查组，对事故原因做进一步调查。虎谷峡景区表示深深的歉意，并全力做好后续处理工作。

（资料来源：https://m.gmw.cn/baijia/2020-08/20/1301480272.html，有删改）

问题：该起碰撞事故的原因是什么？

任务拓展

调研你所在城市的一家 5A 级景区，分析该景区目前可能面临的安全隐患有哪些，并提出相应的预防和解决措施。

项目八　景区环境管理

项目描述 ——••••••

环境是与景区旅游活动相关的各种地球表层因子的总和，是旅游景区赖以生存和发展的基础。本项目有三个工作任务：工作任务一是认识旅游景区环境管理，工作任务二是测算景区环境容量，工作任务三是管理景区游客行为。

项目目标 ——••••••

※　知识目标

- 了解旅游景区环境的内容及景区环境管理类型。
- 熟悉旅游景区环境管理的岗位及基本要求。
- 掌握旅游景区环境容量的测算方法。
- 掌握旅游景区游客管理的具体方法。

※　能力目标

- 能辨识旅游景区主要环境问题。
- 能实际处理旅游景区常见的环境问题。

※　素质目标

- 培养学生树立旅游景区环境管理的正确意识。

※　思政目标

- 能认识到人与自然和谐共生对于景区生态可持续发展的重要性。

工作任务一　认识旅游景区环境管理

任务情境

通过某 5A 级旅游景区的实地调研，收集资料，了解该景区的环境管理类型、环境管理岗位和环境管理要求。

🌱 **任务目标**

- 了解旅游景区环境管理的概念及类型。
- 熟悉旅游景区环境管理岗位职责。
- 掌握旅游景区环境管理基本要求。

💡 **相关知识**

一、景区环境的内容

1. 自然环境

自然环境是指影响景区存在和发展的各种自然因素，包括生态环境和自然资源，如大气、水文、地质、植被、野生动物等。

2. 社会环境

社会环境是指影响景区存在和发展的各种社会因素，景区社会环境包括人文环境、经济环境和管理环境三方面。

（1）人文环境包括当地的文化习俗、历史古迹及居民对旅游开发的态度和承受力等。

（2）经济环境主要是指旅游开发的经济背景和能力。

（3）管理环境包括当地的社会管理、旅游政策、旅游区管理所形成的旅游氛围等。

二、景区环境管理的主要类型

《旅游景区质量等级的划分与评定》（修订）对景区的空气质量、地表水质量、噪声指标提出了要求，因此景区日常的环境管理工作也围绕这三个方面展开。景区环境管理的主要类型包括景区空气质量管理、景区地表水质量管理、景区噪声指标管理。

三、景区环境管理岗位职责

景区环境管理的目的在于了解现状、发现问题，有针对性地采取保护措施，其岗位职责在于保障景区环境安全，处理游客关于景区环境问题的投诉。根据环境监测数据，对景区的环境污染因子、环境质量现状进行分析；同时根据现有的环境状况，对环境质量的变化规律、未来的环境变化趋势及形成原因进行预测，在预测的基础之上，提出合理的保护措施和科学管理方案。具体岗位职责如下：

（1）遵守景区的规章制度，服从工作安排，自觉维护景区形象。

（2）及时处理游客关于景区环境问题的投诉，保障游客游赏体验。

（3）从景区具体实际出发，对景区环境监测的需求进行细致、深入的调研，协助专业的环境监测单位制定总体监测方案。

（4）从景区具体实际出发，对景区各功能区域进行调研，做好景区突发环境事件的应急预案。

（5）搜集、分析景区及其周边历年空气质量、水质、声环境方面的数据，组织研判可能的污染源。

（6）对于常规的景区环境监测项目（如水温、pH 值、气温、湿度等），应该及时做好监测工作，并按规定做好相关记录。

（7）对于需要送实验室监测的相关项目，应该严格按照国家相关规范，协助环境监测部门及时、准确地做好样品采集工作。

（8）对日常检测所得到的数据进行分析处理，做好相关的记录备案工作。

（9）如遇到检测结果显示景区环境质量不符合国家相关标准，应该及时上报，并配合其他岗位的人员及时解决问题。

（10）应保持景区各监测点的各项监测设备处于最佳位置，如因水流、风力等原因导致仪器偏离预定位置，应该及时校正。

（11）注意设备的维护和保养，对仪器设备至少每天检查一次。如果出现设备故障，应及时通知维修人员进行维修。

（12）除了监测人员和维修人员，严禁其他人员触碰仪器设备，做好监督工作。

（13）做好监测数据、监测点情况记录表的保存工作。

（14）如遇到突发的环境危机事件，应该及时上报，并封存事件发生前的环境监测数据以备查。

（15）负责新入职员工的岗前培训。

（16）完成领导交办的其他工作。

四、景区环境管理工作流程

（1）通过景区日常监测和游客投诉发现环境问题。

（2）针对环境问题的空气质量、地表水质量和噪声指标三方面内容确定环境污染源。

（3）通过追溯景区中的污染源，有效控制、预防景区的环境污染。采用两种方法进行处理：一是景区独自处理，二是与职能部门联合处理。

（4）通过对监测指标的定量评价，为景区资源合理开发利用、生态环境综合整治提供科学依据。

任务实施

步骤一 发放任务书。

（1）全班分成四个小组，每组选出一名组长。

（2）教师给出某景区环境管理条例，让学生划重点，逐条解读条例，并讨论环境管理的要点。

步骤二 小组完成任务。

小组讨论，分工合作完成某景区环境管理条例的解读稿，列举出该景区环境管理要点。

1）目的

为了加强景区环境监测管理工作，落实景区的环保责任，贯彻国家环境保护方针、政策，为游客提供优质的景区环境，特制定本条例。

2）适用范围

本条例适用于景区内环境状况和对于大气环境、水环境及声环境的监测管理。

3）职责与分工

（1）景区环境部是景区环境监测工作的监管部门，负责监督、管理景区环境监测工作的开展情况，负责监督各部门对本条例的执行情况。

（2）各工作小组及相关部室是环境监测工作的具体执行部门，具体执行本条例中的规定，接受景区环境部的监督与管理。

（3）检验中心（可由景区自行创建，或委托第三方机构）是环保数据的测量、提供部门，为景区环境监测管理提供技术支持。

4）内容与要求

（1）景区环境部要做好对景区各区域日常环境监测管理的监督、检查工作。

（2）定期组织召开环境监测分析会，掌握主要污染物的排放规律和环境质量的发展趋势，按规定编制报表和报告。

（3）定期采用暗访、问卷调查、访谈等形式，及时了解游客对景区环境状况的满意程度，以及景区环境部处理游客投诉情况的满意度。

（4）科学检测，严格执行标准，遵守检测程序，保证检测质量，做到数据准确、有效。

（5）各环保设备设施操作人员、环境监测人员必须严格执行景区环境管理相关条例，钻研业务，提高监测技术。

（6）现场监测采样及样品保存、运输、交接、处理和实验室分析的原始记录是监测工作的重要凭证，应在记录表格上按规定格式填写。

（7）原始记录应使用墨水笔或档案用签字笔书写，字迹端正、清晰，数据规范，不得涂改或撕毁原始记录。

（8）监测人员必须具有严肃认真的工作态度，对各项记录负责，及时记录，不得以回忆方式填写。

（9）测试人和审核人在原始记录上签名后方可报出数据。

（10）原始记录应有统一编号，按期归档保存。

（11）监测点所在区域的部门应积极配合，主动提供相关资料和情况，并为采样、取证、检验等现场工作提供必要的条件。

（12）景区活动、项目施工等工作有可能影响环境监测的，监测点所在区域的部门要及时通知景区环境部。

（13）对于发生的环境监测事故，应及时上报，并由景区环境部组织事故有关部门、监测小组、化验中心等部门召开分析会，参照《安全生产事故报告和调查处理条例》处理。

（14）遵守保密规定，妥善保管检测资料。采样计划、检验报告、原始记录和数据未经景区环境部许可，一律不得以任何形式向无关人员泄露、扩散。

（15）当监测需求超出景区自身技术支持条件时，可委托外部有资质的单位进行监测，并积极配合协助完成景区环境监测工作。

步骤三 解读景区环境管理办法展示。

每小组派代表介绍本小组所完成的任务，其他小组或教师进行提问，代表或小组其他成员进行解答。

步骤四 教师点评。

教师对学生解读的环境管理办法进行点评，归纳总结景区环境的内容、景区环境管理主要类型、主要岗位及工作流程等相关知识点。

步骤五 案例分析。

教师对典型案例"夫子庙秦淮风光带注重环境整治与厕所建设"进行详细分析，同时引发学生进行讨论，思考景区环境管理应从哪些方面入手，让学生加深理解。

任务评价

任务完成后，填写解读景区环境管理条例任务评价表（表 8.1.1）。

表 8.1.1　解读景区环境管理条例任务评价表

评价项目	完成很好	完成较好	基本完成	未完成	本项得分
收集资料与资料展示	9～10 分	7～8 分	5～6 分	＜5 分	
小组解读景区环境管理条例内容	35～40 分	30～34 分	24～29 分	＜24 分	
个人解读景区环境管理条例内容	35～40 分	30～34 分	24～29 分	＜24 分	
学习态度、合作意识、完成效率、整体质量	9～10 分	7～8 分	5～6 分	＜5 分	
总分					

案例分析

夫子庙秦淮风光带注重环境整治与厕所建设

一是景区场地秩序规范。夫子庙秦淮风光带作为开放性景区，高度注重环境保持整洁，区域内无乱堆、乱放、乱建现象，各类施工场地维护完好、美观，区域内正在进行的施工现场具备较好的防护措施，并注意提醒游客施工现场请勿靠近。

二是完善垃圾管理。做到垃圾管理有序，能够达到日产日清和及时流动清扫，垃圾清扫器具美观、整洁和实用。同时，垃圾箱布局合理，与景观环境相协调，并合理安排垃圾收集点（表 8.1.2）。针对节假日期间游客数量暴增，夫子庙秦淮风光带核心区实施"5 分钟保洁"制度，确保将游客丢弃的垃圾在 5 分钟内清扫回收。

表 8.1.2　夫子庙景点垃圾分类投放点一览　　　　（单位：个）

地点	可回收垃圾桶	其他垃圾桶	有害垃圾桶	脚踏式垃圾桶
大成门	1	1	1	
中心庙院	4	4		
大成殿后	1	1	1	
东阅读角				1
二、三展厅	1	1		
大观园院落	4	4		
大观园平台（状元廊）	3	3		
大观园办公室				3

三是加强厕所日常管理。近年来夫子庙秦淮风光带先后投入近 5000 万元实施"厕所革命"，新建、改造、提升 126 座公厕，实行 24 小时免费开放。不断加强厕所的日常管理，安排专门人员进行管理，注重定时清理、维护厕所设施，及时补充日常消耗品，健全管理制度，不断完善岗位职责，加强对厕所进行标准化、信息化管理。节假日期间有序在北牌坊、乌衣巷等主要游客集散地设置移动公厕，一旦出现如厕排队较多的现象，将有引导员分散人流至附近公厕。

（资料来源：根据网络资料整理）

问题：以上案例给你哪些启发？

📖 **任务拓展**

调研你所在城市的一家 5A 级景区，收集该景区环境管理相关制度，并撰写一份《××景区环境管理调研报告》。

工作任务 二　测算景区环境容量

🔌 **任务情境**

景区的超载现象不仅影响游客的旅游体验，还带来了很多的安全隐患。例如，国庆期间由于华山游客数量的激增超过了缆车的运送能力，大量游客滞留山顶而发生争执；

还有庐山的西海景区，游客拥挤过桥，超过了桥的承重能力使桥体断裂，数十名游客落水；上海外滩的踩踏事件，九寨沟景区的游客滞留事件；等等。这在加重环境负担的同时，最终也会导致一系列严重的问题，对旅游业的可持续发展造成负面影响。那么，如何科学地确定景区的旅游接待规模，以保证景区的社会、经济、环境的可持续发展呢？

任务目标

- 了解景区环境容量相关概念。
- 熟悉景区环境容量调控与管理策略。
- 掌握环境容量的测算方法。

相关知识

一、环境容量的概念

环境容量是一个从生态学中发展而来的概念，与它相近的一个概念是环境承受力或环境承载力、环境忍耐力。世界旅游组织在 1978～1979 年的一般工作报告中正式提出了"旅游承载容量"的概念。在旅游学中，一般认为，旅游环境容量是指在可持续发展的前提下，旅游景区在某一段时间内，其自然环境、人工环境和社会环境所能承受的旅游及相关活动在规模、强度、速度上各极限值的最小值。从不同的研究角度和不同旅游因素考察旅游环境容量，包括旅游资源容量、旅游心理容量、旅游生态容量、旅游经济发展容量、旅游地地域社会容量。

（1）旅游资源容量，指在一定时间内，在保证旅游资源质量的前提下的旅游承载量。

（2）旅游心理容量，从游客感受的角度来考察旅游环境容量，旅游心理容量比旅游资源容量小。

（3）旅游生态容量，指在旅游地域自然生态不退化的条件下，旅游地的最大游客承载量。旅游对生态环境破坏表现在游客对植物的践踏和游客在游览中产生的污染物。

（4）旅游经济发展容量，指旅游地经济条件决定的该地最大游客容纳量，主要指旅游设施、物质供应、旅游从业人员状况等所影响的旅游容量，反映旅游地的旅游接待能力。

（5）旅游地地域社会容量，指旅游地社会条件决定的该地居民能承受的最大游客量。旅游业发展对旅游地居民所带来的不良影响有噪声、污染、社会治安、社会风气、物价上涨、排外心理等。发达地区的旅游地地域社会容量较落后地区大。

二、环境容量的内容及测算方法

我国传统的旅游景区环境容量的内容一般包括三个方面，即面积容量、线路容量、卡口容量。

1. 面积容量

面积容量是指单位时间内每位游客活动所必需的最小面积。

根据环境心理学原理，个人在从事活动时，对环境在其周围的空间有一定的要求，任何人的进入都会使人感到受侵犯、压抑、拥挤，导致情绪不安、不舒畅，这个空间即个人空间，也是测算旅游景区面积容量的依据。在不同的环境中，人对这种个人空间的要求是不同的。

西方一些国家对一些旅游设施设置的面积容量标准：一般旅馆 $10\sim35$ 米^2/人，海滨别墅 15 米^2/人，山区旅馆 19 米^2/人，餐馆 24 米^2/人，海滨度假区 0.1 米^2/人，滑雪场 0.25 米^2/人，室外电影场最多 1000 人/场，夜间俱乐部最多 1000 人/处。

当然，由于文化、心理、传统等方面的不同，在同一种场合，人的感受会有所不同。例如，在海滩，世界上比较常用的面积容量标准是 10 米^2/人，日本人对这个标准的满意度为 100%，而美国人的满意度只为 50%。

日本规定不同旅游场所的个人空间及平均滞留时间标准：动物园 2.5 米^2/人，2.5 小时；植物园 300 米^2/人，2.5 小时；高尔夫球场 $0.2\sim0.3$ 公顷/人，5 小时；溜冰场 25 米^2/人，1.6 小时；射箭场 230 米^2/人，2.5 小时；自行车道 30 米/人，2 小时；徒步旅行 400 米/人，3.5 小时；别墅 $70\sim100$ 米^2/人，3.5 小时。

世界旅游组织规定一些娱乐活动场所的容量或承载力标准：森林公园 15 公顷/人，郊区自然公园 $15\sim17$ 公顷/人，高密度野餐地 $300\sim600$ 公顷/人，低密度野餐地 $60\sim200$ 公顷/人，体育比赛 $100\sim200$ 公顷/人，高尔夫球场 $10\sim15$ 公顷/人，垂钓/帆船 $5\sim30$ 公顷/人，速度划船 $5\sim10$ 公顷/人，滑水 $5\sim10$ 公顷/人，徒步旅行 40 公顷/人，骑马 $25\sim80$ 公顷/人。

在我国，传统认为城市园林旅游景区每位游客所需的最佳活动面积为 14 平方米；自然风景区每位游客所需的最佳活动面积为 20 平方米。

根据旅游景区的总面积、可游面积和设施等条件，运用面积容量计算方法可计算出旅游景区在同一时间内的接待能力或饱和量，其计算公式为

$$V=M/m$$

式中，V 为单位时间内旅游景区的接待能力；M 为旅游景区可游面积；m 为每位游客所需活动面积。

2. 线路容量

线路容量是指在同一时间内每位游客所必须占有的游览线路长度。在旅游景区内，游客并不是平均分布在可游区域内，而是集中在区内的游览线路上呈线性运动，这就使游览线路成为人流最集中的区域。因此，仅用面积容量法并不能准确反映旅游景区的接待能力，因为它同时还受到线路容量的限制。

线路容量的大小可视线路的长度、宽度、可行程度或险易程度、线路交通方式、沿

线景点的分布状况等情况而定。这是一个比较复杂的变量。

3. 卡口容量

卡口容量又称瓶颈容量，它是旅游景区内因交通、景观、游乐设施等因素构成游客必需的活动"热点"，形成人流集中的"瓶颈"或"卡口"，同时成为环境和资源的脆弱点，由此会造成对整个旅游景区环境的破坏。

一般说来，旅游景区的核心区或著名的景点周围是人流最集中的地区，在旅游旺季往往形成人流过于集中、负荷过重的局面，给环境造成极大的压力。例如，八达岭长城高峰日游客量可达 3 万多人，平均每平方米要容纳 4～5 人，不仅游客无法观景、活动不便、叫苦不迭，而且破坏了长城的环境。西安一次节日仅参观秦始皇帝陵博物院的游客量就达 5 万人，出现了"进不去，出不来"的现象。杭州各风景点高峰时游客量均超过合理游客密度的 10 倍。瑶琳仙境溶洞高峰时日游客量达 1.5 万人，不但危及旅游环境，妨碍正常观赏游览，由于近几年洞内一直处于饱和状态，酸雾污染导致许多晶莹的钟乳石色泽变黑，亿万年造就的自然奇观面临着毁于一旦的危险境地。因此，为切实保护旅游环境，保证游览质量，旅游景区必须根据实际情况，对重点地段规定出此点或此段的最大允许容量作为控制全区容量的标准。

根据上述三种容量的测算方法，可以综合计算出旅游景区或游览参观点的接待能力。

测算旅游景区或游览参观点的游客接待能力一般要考虑两方面的问题：一是在旅游景区里一次（一批）能接待客的总数（如每批游客人数）、每次同时开航的游览船数等；二是旅游景区在规定的开放时间内所能接待游客的总批数，如每天能接待 10 批人、每天能开航 10 班船等。计算公式如下：

（1）园林、岩洞每天的接待能力为

$$V=T/t \times n$$

式中，V 为园林、岩洞每天能接待游客总数；T 为园林、岩洞每天开放时间；t 为前后两批游客进入园林、岩洞的间隔时间；n 为每批游客的人数（此项取决于每个游览空间的大小，一般的园林要求每个游客要拥有 14 平方米的园地面积）。

运用上述公式可计算出每个旅游景区或游览参观点接待游客能力的合理数值。

如桂林市的芦笛岩，每天开放 8 小时，每 10 分钟进一批游客，每批游客 25 人，每天能接待多少游客？

已知：$T=8 \times 60=480$（分钟），$t=10$（分钟），$n=25$（人），则

$$V=480/10 \times 25=1200（人）$$

答：每天能接待 1200 人。

（2）江河游览旅程接待游客能力为

$$V=L/J \times S \times n$$

式中，V 为江河游览旅程能接待的游客总数；L 为江河整个水面游程；J 为前后下水的两条游船间隔的距离；S 为每条游船载客的数量；n 为每批可以同时开航的船数。

运用上述公式可以计算出江河游览旅程接待游客能力的合理数值。

如桂林漓江，从桂林至阳朔的游程为 70 公里，前后两条船间隔的距离以 500 米计，每条船载客以 60 人计，江面同时只能开 1 条船，整个游程能接待多少游客？

已知：L=70×1000=70 000（米），J=500（米），S=60（人），n=1（条），则

$$V=70\,000/500×60×1=8400（人）$$

答：整个游程能接待 8400 名游客。

面积容量、线路容量、卡口容量这三种容量及其测算方法在实践中有一定的合理性，但从现代的生态和环境的角度来认识，它们所反映的基本是"游览空间"（包括面积空间与线路空间）对游客的承载能力，即空间环境容量。空间环境容量只是旅游景区环境容量的一个组成部分，而不是它的全部。

三、环境容量调控与管理策略

1. 原则

（1）尽量给游客提供更多的游憩机会（产品）以满足不同需求和目的的游客。

（2）使规划专家及旅游管理者制定的旅游地利用水平（强度）不至于损害生态系统。

（3）找出旅游容量的限制因子并提高其阈值。

（4）对于一些具有相同目的的旅游区，新建地的利用强度应低于已设立容量阈值的已开发地区。

2. 环境容量的调控

（1）采用不同的门票价格，即在旺季提高票价，平季和淡季降低票价。

（2）禁止机动车进入景区，在景区内设立禁入区。

（3）实行进入景区预订制度，采用控制游览时间的门票。

（4）最大日流量超过极限时关闭景区入口。

（5）通过为游客提供更多游览区域以提高景区内的接待能力，鼓励游客走动。

（6）开发周边景区，疏导游客。

（7）设立标语、提示牌以提醒游客保护环境，利用多种媒体等形式唤起游客环境保护意识，从根本上规范游客行为。

（8）打击犯罪和破坏环境行为，通过法律、规章制度制裁违法者，用于警示游客。

（9）增加管护人员，提高管护质量。

任务实施

步骤一　教师布置任务。

某景点总面积（A）1000 平方米，一天开放时间（T）8 小时，每人游览时间（T_0）取 30 分钟，人均最低空间标准（A_0）取 5 米^2/人。试问：

（1）该景点的极限时点容量（C_p）为多少人次？

（2）该景点的极限日容量（C_r）为多少人次？

（3）当基本空间标准（σ）取 10 米^2/人时，该景点的时点容量为多少人次？

（4）该景点的旅游感知容量为多少人次？

步骤二 学生计算环境容量。

学生分组讨论，每组成员 3～5 人，分析问题并选择计算方法，得出结论。

步骤三 结果展示。

（1）$C_p=A/A_0=1000/5=200$（人次）

（2）$C_r=T/T_0 \times C_p=8\times60/30\times200=3200$（人次）

（3）$C_p=A/\sigma=1000/10=100$（人次）

（4）$C_r=T/T_0 \times A/\sigma=8\times60/30\times100=1600$（人次）

步骤四 教师点评。

教师对小组计算结果进行评价，重点评价计算过程。

任务评价

任务完成后，填写安全巡查管理的工作流程评价表（表 8.2.1）。

表 8.2.1 安全巡查管理的工作流程评价表

评价项目	完成很好	完成较好	基本完成	未完成	本项得分
公式选择正确	18～20 分	15～17 分	12～14 分	<12 分	
过程清晰	27～30 分	23～26 分	18～22 分	<18 分	
结果正确	27～30 分	23～26 分	18～22 分	<18 分	
学习态度好，团队合作意识强	18～20 分	15～17 分	12～14 分	<12 分	
总分					

案例分析

某旅游区包括 A、B、C 三个景区。A、B 景区面积分别为 800 平方米和 1200 平方米，每天的可游时间均为 9 小时，游客在 A、B 两个景区的平均逗留时间分别为 3 小时和 2 小时，最低空间标准均为 40 米^2/人；C 景区面积 200 平方米，每天开放时间 3 小时，游客在此的平均逗留时间为 1.5 小时，最低空间标准为 0.5 米^2/人。三个景区之间的连接道路长 2500 米，一天可游时间为 8 小时，游客在游道上的逗留时间平均为 4 小时，游客在游道上的合理间距为 5 米/人。

计算：该旅游区的极限日容量。

任务拓展

调研你所在城市的一家 5A 级景区，选取该景区的 1～3 处景点，了解所选取景点的面积、游客平均逗留时间和最低空间标准，计算所选取景点的极限日容量。

工作任务 三　管理景区游客行为

任务情境

部分游客在景区游玩时存在不文明行为，如随地吐痰、插队、大声喧哗，为美丽的景区带来了不和谐的"音符"。作为景区环境管理者的你，应如何处理游客在景区的不文明行为呢？

任务目标

- 了解游客管理的主要内容。
- 掌握游客管理的具体方法。

相关知识

为了强化文明出行，早在 2006 年 10 月中央文明办和国家旅游局就出台了《中国公民国内旅游文明行为公约》，倡导旅游中的文明行为。

一、游客管理的主要内容

1. 数量管理

虽然对游客的数量控制已被证明是存在很大缺陷的，但不可否认的是，游客的体验水平和对环境的负面影响程度与游客数量还是存在普遍的相关关系的，这也是环境容量理论在被越来越多地发现存在缺陷后还能一直在实践中运用的缘故。某些特殊景区（如喀斯特溶洞、石窟等），其环境和保护文物等负面影响的直接因素主要是二氧化碳、细菌含量的增多，而这种情况主要与游客数量相关，与游客行为无明显联系。为此，很多景区必须考虑限制游客进入数量。最简单的方法就是强制性限制，但考虑到对旅行社业务、游客的出游计划的影响，一般必须要采取建立客流信息系统、预订系统、价格策略以调节控制。有时为达到数量控制目的，可以采取一些特殊的办法，如美国黄石国家公园采取抓阄进入的办法控制每天进入公园的人数。有些景区可以适当保持或提高景区进入难度、减少宣传等手段控制游客数量。

2. 分流对策

限制游客进入数量对于游客来说总是不愉快的事，对于游客人数的多少与环境的影响并无主要关联的多数景区，应该考虑的是实施游客分流，降低客流在景区内部局部景点的时空集中程度，从而减少各局部景点的游客拥挤状况。其中主要是对游览线路顺序及时间的安排，对客流时空分布情况的掌握也非常有助于分流，通过信息的及时传递反映各处的游客拥挤情况，可组织引导游客分流或实现游客自发分流。有时需考虑游客的心理特征，如人们在进入某个空间的时候，习惯朝左行，为此应尽量分散游客的注意力把游客吸引到那些宣传得不多的地方去。

3. 队列管理

分流措施并不总是能解决游客数量过多的问题，其效果与措施的实施成本也有联系，因此排队现象经常是难以避免的，这种现象在主题公园等景区十分突出。排队是影响游客总体体验的重要因素。因此，要尽量采取措施缩短游客的排队时间。一些可供借鉴的改善游客体验的队列管理方法有提供排队的详细资料、超额估算剩余时间、使人们排队时总是有事可做。各种措施的目的主要在于减少或避免游客枯燥单调的等待。英国奥尔顿塔、伦敦眼等主题公园引入绩效排队体系，即通过计算机订票系统保留各自位置，并在指定时间获得相应位置，绩效排队的意义在于基本避免了排队等待现象。

4. 游客体验的团队管理

保持适宜的团队规模、频率、距离对游客体验的质量是非常重要的。团队规模过大易造成空间拥挤。在旅游景区，狭小的景点往往有几个团队的导游同时解说，相互干扰是经常出现的现象。

5. 游客投诉管理

要高效地处理投诉，需要建立一套完善的投诉处理程序。首先，必须要有一个完善便捷的投诉受理渠道；其次，对游客的投诉要做出及时、合适的反应，注意对游客的意见做到耐心倾听、安慰、负责；最后，能快速地给出使投诉游客满意的处理方案。

6. 解说系统的建设

解说系统通过各种媒体形式在提供信息服务的同时，达到对游客的分流、安全提示、行为提示等的管理功能。解说系统按形式可以分为向导式解说和自导式解说，分别包括各种导游讲解、咨询服务、影音材料、标志、牌示、地图、手册等。让游客有更多的机会获得信息是关键的一步，对此应充分发挥导游的解说引导作用；景区一般应设有专门的游客中心为游客服务和管理；尽量能低价或免费提供地图、手册等资料供游客浏览，但这在我国做得还很不够。景区内的标志、牌示等首先是需要注意位置的得当及信息的醒目、简洁、准确，其次是人性化的设计、提示更能赢得游客的配合。完善的解说系统可以将对游客的直接管理变为间接管理，真正体现游客管理的服务性特点。

7. 行为管理

行为管理内容包括环境卫生方面的常规行为管理，如禁止乱扔垃圾、吸烟、践踏草坪、吐痰、随地小便、争吵、大声喧哗等；破坏性行为管理，如禁止涂刻、攀折、拍照、收集纪念品、闯入保护地带的活动；安全行为管理，如禁止进入危险性地带、接近一些大型动物等。不同的旅游景区对游客行为的要求是不同的，如在生态旅游区，对游客的活动范围、装备乃至所穿的鞋子往往都有要求，在文物古迹景区，重点是监管触摸、涂刻及拍照等行为。除配备足够人员的监管外，导游员的配合是有效的补充，为此必须注意对导游员的管理。管理的方式主要通过提醒、宣传教育，但强制性手段也是必不可少的。

二、游客管理的具体方法

1. 正确引导游客的旅游行为

实际上，对部分游客而言，他们并不十分清楚在旅游景区游览时应该注意什么，自己的责任和义务是什么，自己的权利何在。也就是说，部分游客是"盲目"的、不成熟的，他们的标准可能就是看别人怎么干，他们就怎么干。例如，看到某处地方有污物，即使有"禁止倒垃圾"的警示语，也可能将手中的废弃物置于此地，所谓"前有车，后有辙"。因此，对"盲目"的游客而言，有必要让他们了解其责任。对于那些来自不同文化背景的游客，更有必要通过正确引导其行为让他们少犯错误，以减少投诉和对立。例如，向他们介绍景区内应注意的事项（特别是不准做的事情）、环保政策、当地的习俗和社会行为规范、宗教场所的行为规范、当地的消费习惯、在景区商店是否可以讨价还价、摄影时应遵守的礼貌及其他与当地社会习俗和价值观等有关的问题。景区管理者要将这些信息及时传递给游客。

2. 编制旅游手册，让游客明白自己的责任

编制旅游手册是规范游客行为的基本途径之一。手册要色彩鲜艳，生动有趣，有吸引力，通过各种途径免费发放给游客。其中，在游客购票进景区时发放效果最好，虽然对景区而言增加了一点费用，但可以达到宣传效果，更让他们感受到景区管理者对游客的一份关怀。手册的内容除了常规的事项外，还要根据景区自身的资源特点编制游客规则。例如，美国旅行商代理协会（American Society of Travel Agents，ASTA）就制定了游客游览生态旅游地的十条道德标准。

（1）尊重地球的脆弱性。要认识到，只有所有的人愿意帮助和保护地球，独特美丽的风景区才会被后代享有。

（2）只留下脚印，只带走照片。不折树枝，不乱扔杂物。

（3）充分了解你所参观的地方的地理、习俗、礼仪和文化。

（4）尊重别人的隐私和自尊，拍照时要征得别人的同意。

（5）不要购买用濒危动植物制成的产品。

（6）要沿着划定的路线走。不打扰动物，不侵犯其自然栖息地，不破坏植物。

（7）了解并支持环境保护规划。

（8）只要可能，就步行或使用对环境无害的交通工具，机动车在停车时尽量关闭发

动机。

（9）以实际行动支持景区内那些致力于节约能源和环境保护的企业。

（10）熟读相关旅行指南。

3. 设施引导，建立旅游警示标志

通过在景区明显位置悬挂和摆放规范的旅游标志，达到游客自觉维护旅游秩序和环境的目的。例如，禁止吸烟标志、严禁烟火标志、禁止攀折花木标志等。

4. 语言引导，发挥导游引导作用

训练有素的导游员不仅可以顺利完成带团任务，而且可以用语言和保护环境的实际行动达到教育游客的目的。由于团队游客对导游比较信任，导游的劝说会更容易被游客接受。

5. 集中引导，建立旅游信息中心

游客中心不但可以展示景区景观，提供相关的旅游信息，出售导游手册和相关书籍，而且会成为游客教育中心，成为利用播放声像资料让游客获得相关知识的中心。

6. 事前引导，充分发挥组团社的作用

旅行社在组团的过程中就应当随时向游客介绍注意事项。例如，教育游客保护环境的办法如下。

（1）在制订计划阶段要听取环境生态保护人员的意见和建议，科学安排游程，尽量避开生态脆弱区和危险区。

（2）对游客进行事前教育，提高他们的认识。

（3）每一个旅行团队尽量不超过 20 人。

（4）引导游客尽量不购买由濒危物种制成的商品。

7. 示范引导，利用管理者的榜样力量

景区工作人员在履行其正常职责的过程中，可以随时与游客交流，为游客提供所需要的信息，并听取他们的反映，向游客阐明注意事项。同时，要以自己的实际行动教育游客尊重环境，遵守规章。黄山之所以卫生保洁好，除了到处都是石砌的垃圾箱外，还有清洁人员不辞劳累、默默无闻地捡拾游客留下的垃圾，看到这些，哪个人会忍心乱扔乱倒垃圾给他们添麻烦呢？

8. 强制引导，制定完备的景区规章制度

（1）根据景区自身的资源特点编制游客规则。制定比较完备的规章制度，对可能出现的各种不文明行为，尤其是对故意破坏行为加大制约力度，并配备一定数量的管理人

员约束游客的不文明行为，包括加强巡查、长期雇用看护员、对违规行为实施罚款、使用闭路电视或摄像机监视等。

（2）分区管理。例如，关闭某些地域的活动场所，禁止在某些区域或某些时间段内从事某些活动。

（3）限制利用量。例如，限制停留时间、限制团体规模、限制游客数量、禁止野营等。

（4）限制活动。例如，禁止超出道路和游径的旅行、禁止篝火晚会、禁止乱扔杂物、禁止游客纵容马匹啃食植物等。

🌱 **任务实施**

步骤一 教师给出任务载体。

教师扮演某景区环境部经理，学生扮演某景区环境管理人员及游客甲、乙、丙、丁。学生分为四组，完成教师分配的任务，要求有团队合作精神。

任务1：游客甲在某景区内吸烟。

任务2：游客乙在某景区攀折花枝。

任务3：游客丙在某景区凉亭的长椅上躺卧。

任务4：游客丁在宗教场所嬉戏、玩闹，随意拍照。

步骤二 任务实施。

每组以抽签的方式决定完成哪项任务，抽到任务后，讨论确定任务的完成方案，并进行模拟演练。演练时注意有效沟通方法。

1）有效沟通方法

（1）目光接触。通过目光接触，可达到相互交流的愉悦感。

（2）微笑服务。尽管很累，但也要保持发自真心的微笑，因为你面对的是对你不熟悉的游客。

（3）含蓄表达。游客是"上帝"，"上帝"是不愿意自己的意见不被重视或被否定的，当游客的要求不能被满足时，管理人员的回答一定要含蓄，既要投其所好，又要适度表现真实。例如，游客如果抱怨门票价格过高，管理者不能当面否定，那样会让游客不服气，不如顺着说"门票是贵点，但你能看到原汁原味的景观"。

（4）表示兴趣。利用身体的轻微前倾并注视谈话对象的眼睛，表示对他的讲话感兴趣。

（5）积极回应。对游客提出的问题和投诉做出及时回应和积极处理。

（6）着装整齐。但不可表现得过于威严。

（7）语调柔和。创造良好氛围，消除谈话的拘谨。

（8）有效倾听。认真聆听游客说话的内容，不要分心或打断对方。

（9）互相理解。建立友好关系。

2）无效沟通方法

（1）对游客的意见进行简单评价。如说"你是个好人，但是……""你真让人失望"。

（2）空洞的安慰。如"不要着急，孩子总会找得到的"。

（3）自我感觉是心理学家。如"你根本没有完全理解""我知道你想的是什么"。

（4）讽刺挖苦。

（5）过分和不恰当的询问。

（6）命令游客。

（7）威胁游客。

（8）多余而无用的劝告。

（9）模棱两可、不着边际的回答。

（10）保留真实信息。

步骤三 学生代表模拟展示。

每个工作小组派代表展示景区各种不文明行为的管理办法，并注意沟通方法。

步骤四 教师点评。

教师对小组模拟展示给予评价，强调游客行为管理办法及沟通方式。

任务评价

任务完成后，填写景区游客不文明行为处理方法评价表（表8.3.1）。

表8.3.1　景区游客不文明行为处理方法评价表

考核项目	完成很好	完成较好	基本完成	未完成
流程全面，无落项	35～40分	30～34分	24～29分	<24分
思维缜密，方法灵活	27～30分	23～26分	18～22分	<18分
沟通顺畅、语言得体	18～20分	15～17分	12～14分	<12分
参与度高，合作意识强	9～10分	7～8分	5～6分	<5分
总分				

案例分析

2017年5月29日下午1时56分左右，一名身着白色短袖上衣的男子和另外几个人在贵州省松桃苗族自治县潜龙洞景区内看到了步道边的一根半米左右的钟乳石。该男子旁边的几个人对着钟乳石拍照，而该男子则试着踢了一脚这根钟乳石，发现没有变化，之后又补了一脚，这一脚明显比第一脚更用力，钟乳石依旧没动，直到第三脚下去，钟乳石终于被踢断，踢断的部分有30厘米左右。

视频显示，该男子踢断钟乳石后，还和身边的另外几个人指着被踢断的钟乳石说了几句话，步道上的其他游客也纷纷看去，该男子并没有将踢断的钟乳石带走，而是沿着步道继续前行。

据考证，该溶洞群从几十亿年前开始形成，属于较为罕见的生长于白云岩石层中的古溶洞群，是典型的喀斯特地貌。由于地质环境、形成条件的不同，钟乳石的生长速度也有所不同，被踢断的这根钟乳石在自然环境下最快也要数万年时间才能长成，而且如果有明显的断面，即便钟乳石能够再次形成，想要恢复成原本的样子也很难了。

（资料来源：http://news.cctv.com/2017/06/02/ARTIBuiw4Fxcx6Q6HaTYy3LB170602.shtml，有删改）

问题： 面对游客众多的不文明行为，景区该如何进行有效管理？如何面对"法不责众现象"？

任务拓展

调研你所在城市的一家 5A 级景区，了解该景区游客不文明行为有哪些，并提出的解决措施。

项目九　景区营销管理

▌项目描述 —••••••

　　当前景区产业规模不断发展壮大，旅游景区处于激烈的市场竞争环境中。在这种环境下，提升景区市场竞争力，取得竞争优势，占据有利市场地位，进而实现经营目标，景区营销管理成为景区管理工作中不可或缺的组成部分。本项目以景区管理者和经营者应当熟悉和掌握的基本理论、基本技能为目标，设置三个工作任务：工作任务一是认识景区营销，工作任务二是进行景区市场定位，工作任务三是运用景区营销组合。

▌项目目标 —••••••

※　**知识目标**

- 掌握旅游景区营销的基本概念、特点及标准要求。
- 掌握旅游景区市场调研和目标市场定位相关基础知识。
- 掌握景区产品构成和销售渠道类型及选择策略。

※　**能力目标**

- 能够根据旅游景区营销管理相关岗位的要求及工作流程开展工作。
- 能够开展景区市场调研和目标市场定位的实际工作。
- 能够组织和实施景区促销活动。

※　**素质目标**

- 充分认识景区营销管理在旅游景区服务与管理中的重要性。
- 培养行业道德规范或标准意识，强化职业道德素质。

※　**思政目标**

- 树立仁爱之心，学会敬畏生命、遵守职业道德和树立法律法规意识。

工作任务 一 认识景区营销

任务情境

从事景区营销管理工作，必须理解营销工作在景区经营中的地位与作用。小王是一名旅游专业的应届毕业生，他希望毕业后从事景区营销工作。假如你是小王，请你向家人描述旅游景区营销工作的主要内容，需要什么样的能力与素质，你为什么能胜任这份工作，以争取家人对你的支持。

任务目标

- 了解旅游景区营销的概念及类型。
- 熟悉旅游景区营销各岗位职责。
- 掌握旅游景区营销的作用。

相关知识

一、景区营销的概念与类型

1. 景区营销概念

景区营销可以定义为旅游景区为满足游客的需要并实现自身经营目标而通过旅游市场所进行的实现交换的一系列有计划、有组织的活动。

景区营销管理人员的任务不仅是刺激游客对旅游景区的需求以扩大生产和销售，最重要的是调整市场需求，必要时还需要缩减甚至抵制市场需求。这是由旅游景区的环境容量和可持续发展决定的。

2. 景区营销类型

景区营销的任务是为了促使旅游景区企业目标的实现而调节游客市场的需求水平、需求时间和需求特点，谋求需求与供给相协调。因此，景区营销的实质是需求管理。按照营销服务与管理方式，可将景区营销进一步细分为景区线下营销服务与管理、景区网络营销服务与管理两大类型。

3. 景区产品的特点

（1）景区产品具有无形性。这就决定了游客在购买之前无法体验或使用产品，所以要通过一定渠道让公众产生对景区产品的认识。这些渠道的核心是借助公众舆论和公众关系传播景区的形象和信息，同时要特别重视让每一位游客都有满意的游览经历，因为他们会将各种经历推荐或介绍给潜在游客。

（2）景区产品具有"不可储藏性"。淡旺季、团队与散客可以实行差价以实现经济效益的最大化。由于景区的季节性特点，往往最大容量或需求量运营的时间只占一年中的一部分。如果一个景区靠近度假地，其年接待量的45%可能会在大约8周内实现。因此，景区营销的主要职责就是在有限的高峰日之外创造尽可能多的需求。

（3）景区产品具有"不可移动性"。游客支付的仅是特定时间的使用权而非产权，无法将旅游景区带走。"购买者"身处异地，不促销就无法让他们获得信息并促使其前往观光。因此，景区营销包括异地促销和本地促销两种形式。

二、景区营销管理的主要岗位

景区营销是一项长期且又复杂的工作，营销管理程序具有连贯性、集体性和程序性的特点。在旅游业经营管理的实践中，营销有一系列的策略和方法，这些策略和方法在营销管理程序中得到具体体现。一般来说，景区营销管理主要岗位如下。

（1）营销服务岗。负责管理市场营销系统，进行市场调研，负责营销业务和营销人员的管理，负责市场营销的内部协调。

（2）品牌管理岗。负责景区的公共关系、宣传推广，制订和实施景区品牌培育、管理和提升计划。

（3）市场推广岗。负责执行游客/市场沟通计划、景区票务政策、促销计划，负责渠道管理，实施内部营销。

（4）游客服务岗。负责协助接听景区的咨询电话热线，举办相关电子商务活动，处理游客投诉、意见与建议。

（5）营销计划岗。负责制定游客与渠道发展及管理策略，制订景区活动计划等。

（6）票务销售岗。负责景区门票销售和对团体门票的管理。

（7）活动策划岗。负责大型主题活动的策划、大型主题活动的协调、中小型主题活动的实施与管理。

三、景区营销管理的基本要求

旅游景区所面临的客源市场的需求状况不一，可能存在没有需求或需求很小、需求很大或需求超量几种情况（表9.1.1）。景区营销管理就是针对这些不同的需求提出不同的任务。营销管理的任务是以帮助企业达到销售目标的方式来影响需求的水平、时机和构成。

表 9.1.1　八种不同需求状态下的营销管理任务

需求状态	营销管理任务	专门名词
负需求	开导需求	扭转性营销

需求状态	营销管理任务	专门名词
无需求	创造需求	刺激性营销
潜在需求	开发需求	开发性营销
下降需求	再创造需求	再营销
不规则需求	平衡需求	同步营销
充分需求	维持需求	维持性营销
超饱和需求	降低需求	低营销
不健康需求	破坏需求	反营销

美国营销学家菲利普·科特勒（Philip Kotler）将市场需求归结为每种需求状态下有不同的营销管理任务。

1. 开导需求

游客可能对旅游景区提供的服务项目或活动丝毫不感兴趣甚至回避，针对这种负需求，旅游景区的营销工作就是开导需求，营销者的任务是分析游客对旅游景区不感兴趣的原因，考虑能否通过旅游景区重新设计、降低门票价格和加强推销等营销方案来改变游客的态度。

2. 创造需求

当市场处于无需求状态时，旅游景区营销的主要工作是进行刺激性营销，以创造需求。旅游景区新推出几项娱乐项目、增设服务功能或联票优惠措施，但许多游客因不了解这些而处于无需求状态。产生无需求的原因很多，很可能是旅游景区游玩内容陈旧或与其他旅游景区内容雷同、交通不便，或是辅助设施缺乏等。分析这些原因，制定适当的营销策略，设法使游客产生需求是十分重要的。

3. 开发需求

市场潜在游客对旅游景区内容感兴趣，但没有真正购买，这种情况便是潜在需求。游客对门票价格适中、交通便利、经营项目灵活多样、内容富有特色、新鲜又奇特的旅游景区有强烈的潜在需求。营销人员应努力开发潜在游客的需求，并开发潜在游客的游览兴趣，以满足潜在游客的需要。

4. 再创造需求

当游客对旅游景区不像过去那样抱有强烈的兴趣时，若不及时采取一定措施，需求便会持续下降，这种需求状态便是下降性需求。需求下降的原因可能是旅游景区产品内容处于生命周期的衰退阶段、游客需求发生变化、经营同类内容的竞争者增多。面对下降需求状态，营销人员应采取再营销策略来扭转趋势。如我国许多人造旅游景区内容相同，这类景区需求下降的主要原因是重复建设致使竞争加剧。针对这种情况，可以通过降价、开拓新市场、旅游景区内容更新等措施应对，从而创造良好的需求水平。

5. 平衡需求

游客对旅游景区的需求会随时间、季节的不同而发生变化，这种时间性和季节性造成了旅游市场的不规则需求。不规则需求会引致一系列经营管理及经济、社会问题，不利于旅游企业开展正常经营活动。对此，营销人员的工作是平衡需求，即通过灵活定价、淡季促销等措施来平衡需求，使旅游景区的供求达到相对平衡，避免经济损失。

6. 维持需求

当旅游景区经营者对其业务感到满意时（即达到了充分需求），这时旅游景区的客流量与旅游景区的供给能力持平，经营处于最佳状态。这种需求状态又称饱和性需求。营销人员应采取维持性营销来维持这一最佳需求状态。

7. 降低需求

市场需求过于强烈，超过供给能力，则处于超饱和需求状态。在这种状态下，旅游景区如果超量接待游客，一方面人满为患会带来旅游景区的环境污染、空气污染和噪声污染，另一方面也会使旅游资源遭受一定程度的破坏，结果是游客兴致大减，游客的需求因此往往不能得到很好的满足，从而影响旅游景区未来的经营。这种状况下的旅游景区经营者应采取低营销策略，可以通过提高价格、减少广告宣传投入、削弱销售渠道等措施来减少顾客的需求。

8. 破坏需求

有些产品的市场需求，从消费者、供应者的立场来看，对于社会有不良影响，这种需求称作不健康需求或有害需求。对这种需求，必须采取反营销措施，来降低甚至消除这种需求。

🌱 任务实施

步骤一 发放任务书。

（1）全班分成四个小组，每组选出一名组长。

（2）教师给出本次工作任务，引导启发学生理解旅游景区营销工作内容，结合案例分析景区营销在企业经营管理中的作用，以及各岗位工作职责。

步骤二 小组完成任务。

小组讨论，分工合作完成表9.1.2。

表 9.1.2　景区营销管理的主要岗位工作任务成果评价表

项目	内容	评价	备注
（　　）岗位工作内容			
（　　）岗位所需素质			
（　　）岗位所需技能			
（　　）岗位所需知识			
你所具备的优势			
请你谈谈旅游景区营销在企业经营管理中的作用			

步骤三　分组展示与解答。

每小组派代表介绍本小组所完成的任务，其他小组或教师进行提问，代表或小组其他成员进行解答。

步骤四　教师点评。

教师对各小组的任务完成情况进行点评，归纳景区营销的概念、类型、主要岗位及管理要求等相关知识点。

任务评价

任务完成后，填写理解景区营销相关知识任务评价表（表 9.1.3）。

表 9.1.3　理解景区营销相关知识任务评价表

评价项目	完成很好	完成较好	基本完成	未完成	本项得分
收集资料与资料展示	9～10 分	7～8 分	5～6 分	<5 分	
小组理解景区营销相关知识	35～40 分	30～34 分	24～29 分	<24 分	
个人理解景区营销相关知识	35～40 分	30～34 分	24～29 分	<24 分	
学习态度、合作意识、完成效率、整体质量	9～10 分	7～8 分	5～6 分	<5 分	
总分					

案例分析

宁夏沙坡头：打好娱乐营销牌

2016年10月，《爸爸去哪儿》第四季拍摄组重返中旅（宁夏）沙坡头旅游景区（以下简称沙坡头景区）的消息传出后，再次引起了各界关注。自《爸爸去哪儿》第一季播出后，沙坡头景区主动创新营销方式，积极与电视、网络热播的影视节目组联系，采用娱乐营销方式，使景区的营销宣传达到事半功倍的效果。短短几年时间，沙坡头景区就迅速提升了知名度，游客接待量成倍增长。

2014年冬季，沙坡头景区游客接待量同比增长了4倍多，年接待游客量增加了30万人次。作为5A级旅游景区，独特的旅游资源助力《爸爸去哪儿》节目在第三期时创下最高收视率；因参与节目拍摄，景区荣膺"2013年度中国十大营销盛典"最佳整合营销奖，实现了景区全年无淡季。景区以沙坡头旅游景区为半径（300公里为本地市场，600公里为周边市场，900公里为中程市场，1200公里为远程市场），重新制定营销战略，进一步拓展打好"娱乐+营销"这张牌。

多年从事景区营销的朱文军认为，现在的信息传播方式多样化、碎片化、移动化，娱乐营销能够更好地与各种信息传播方式融合，达到最佳的营销宣传效果。

（资料来源：https://new.qq.com/omn/20190911/20190911A0BZEQ00.html）

问题：沙坡头景区在第一次娱乐营销成功后的营销策略是什么？对其他景区营销的启示是什么？

任务拓展

调研你所在城市的一家游客关注度较高的旅游景区，收集该景区营销活动情况，并撰写一份《××景区营销活动分析说明》。

工作任务 二　进行景区市场定位

任务情境

某景区因为经营不佳，收入持续走低，景区管理层邀请省内旅游业知名专家学者为景区进行目标市场细分和市场定位。管理层希望行业专业学者能从景区实际出发，为景区下一步发展提供切实可行的方案。

任务目标

- 了解景区市场调研的内容。
- 熟悉景区市场细分的原则、标准。
- 掌握景区目标市场的含义。
- 掌握景区市场定位的概念、原则。

相关知识

一、景区市场调研

1. 景区市场调研的意义

景区市场调查为景区管理部门和投资开发商提供参考依据，是制定长远的战略性规划和阶段性营销策略的依据，是进行旅游市场分析和营销决策的基础，也是景区进行市场预测的前提。

2. 景区市场调研的内容

不同景区根据自身所要达到的目的，其调研内容的侧重点有所不同，但一般包括影响景区发展的宏观环境和微观环境。具体来讲，包括政治、经济、社会文化、技术及自然环境的一般环境因素；景区竞争者状况、社会公众状况、供应商和中间商状况及游客状况等任务环境因素；旅游景区现状、旅游住宿接待设施、旅游餐饮、旅游购物、旅游交通、旅游娱乐发展状况等内在因素。特别是对游客（即客源市场）的调查。

3. 景区市场调研的方法

景区市场调研的方法很多，但目前景区普遍采用的市场调研方法是问卷调查法、询问法和观察法。

（1）问卷调查法。关键是设计调查表，一般包括被调查者的基本情况、调查内容、填表说明和问卷编号四部分。具体要求：要根据调查者的特点和调查内容确定调查表的具体形式；调查内容和询问技术适当，便于回答；问题排列应先易后难，一般问题在前，特殊问题在后；语言简明扼要、通俗易懂且避免带倾向性的提问。

（2）询问法。对被调查者通过面谈、电话或书面的方式就有关问题进行问询的方法。根据调查者与被调查者接触的方式分为面谈调查法、电话调查法、邮寄调查法、留置调查法。

（3）观察法。通过观察被调查者的活动取得第一手资料的一种调查方法。一般包括直接观察法、亲身经历法、行为记录法等。

二、景区市场细分与目标市场选择

1. 景区市场细分的概念

景区市场细分是指景区从游客的需求差异出发，根据游客消费行为的差异性，将复杂多样的市场划分为若干部分，将其中基本需求相同或类似的消费群体划归为一个子市场。这个子市场就称为细分市场。市场目的是使同一子市场内的差异尽量缩小，而不同的子市场之间的差异尽量突出。景区市场细分是景区营销管理的重要依据，通过市场细分便于景区市场定位和市场策略的制定。

2. 景区市场细分的原则

景区市场细分没有固定的模式，主要根据自己的区位特点和实际需要等情况采取恰当的方法。景区市场细分的原则如下。

（1）划分景区的标准是可衡量的，也就是能具体测度。

（2）景区的产品能够进入细分市场，具体要求是有通畅可达的销售渠道，并且具有吸引力和开发实力。

（3）细分的市场要有可开发的经济价值。

（4）市场细分应该在一定时期内保持相对稳定。

此外，景区市场细分的标准为组合运用有关变量，具体要选择对游客需求影响大、有代表性的因素作为景区市场的细分标准。归纳起来有地理变量、人口变量、心理变量、行为变量四大类。每一类又有更细分的变量。

3. 景区目标市场选择

通过对细分市场的评估，景区就会发现一个或几个有价值的细分市场，从中选取哪些和多少细分市场作为目标市场，这就是目标市场的选择问题。一般有五种模式：单一细分市场集中化、选择性专业化、产品专业化、市场专业化和市场全面覆盖。可以归纳为三种策略：无差异市场营销策略、密集型市场营销策略和差异型市场营销策略。

三、景区营销市场定位

1. 景区营销市场定位的概念

景区营销市场定位是指根据消费者对景区特征的重视程度，努力塑造景区产品与众不同的、个性鲜明的形象，并把这种形象生动地传递给目标顾客，使景区在市场上确定其强有力的竞争位置。

景区在考虑市场定位时，一般有以下思路：一是从景区自身的角度思考，综合旅游资源、旅游产品能满足需要或能提供利益等方面进行定位；二是针对现有竞争者进行定位，主要是了解竞争对手的产品特色，克服竞争对手的缺点和不足；三是针对景区所要满足的客源市场，主要掌握细分市场的特征而进行定位。

2. 景区营销市场定位的要素

景区营销市场定位的目的是吸引游客、赢得市场。实现有效的市场定位要注意以下三个要素。

（1）景区市场形象。形象树立可以从景区产品本身的有形特征与无形属性入手，如强调景观特色、景区区位条件和设施等方面的特征，也可以从游客对景区产品的心理趋向入手，如视觉效果、心理体验等。

（2）游客利益。游客在购买景区产品时是有利益期望的，游客购买行为中的利益期望包括核心利益和附加利益。核心利益是游客购买景区产品的根本原因所在。例如，美好的视觉享受、轻松愉快的心情、对健康的促进作用等都可能成为游客购买景区产品的利益期望。此外，游客也希望购买景区产品为他们带来其他利益，如景区提供的附加服务项目等。

（3）产品特点。有效的市场定位要能显示该景区产品与市场上同类产品的区别，形成本景区产品的特色。

3. 景区营销市场定位的原则

把握景区营销市场定位的原则能够增强景区目标市场定位的准确性，主要有以下三原则。

（1）注重市场需求的原则。景区市场的特点表现出需求变动复杂、更替速度快、结构不断演进的趋势。这就要求景区必须从市场需求出发去考虑、分析，以避免盲目定位、主观定位或一哄而起，从而制定出符合实际的市场定位。

（2）注重实际能力的原则。景区目标市场定位应量力而行，其规模大小、功能多少应以景区的资金实力、技术水平、管理水平及硬件设施为基础，切忌市场目标定位超出常规和定位过头。否则，会导致原有客源市场的流失，而景区又无力占领新的目标市场，经营就会失败。

（3）注重经济效益的原则。满足旅游消费需求、不断提高经济效益，是景区实施市场定位策略的最终目标，也是定位时应遵守的原则。一般来讲，单一的市场目标定位能充分利用资源、集中资金配置，有利于降低管理成本、提高经济效益。总体上来说，市场目标定位过于分散不利于提高经济效益。

🌾 任务实施

步骤一 发放任务书。

（1）全班分成若干小组，每组 4~5 人，每组选出一名组长。

（2）教师给出本次工作任务，考察和了解当地景区企业，对该景区进行市场细分与市场定位分析，并结合实际，应用相关理论为景区定位提出建议，同时能够通过小组讨论与合作为该景区设计游客调查表。

步骤二 小组完成任务。

小组讨论，分工合作完成任务，并填写项目完成计划表和项目完成情况表（表 9.2.1 和表 9.2.2）。

表 9.2.1 项目完成计划表

请根据所获得的信息，团队成员讨论分析目标细分市场的工作计划，并完成本表	
需要收集关于景区和市场哪些方面的信息	
使用什么方法收集信息	
还需要什么辅助设备与工具	
完成本项目的工作时间应如何分配	
小组成员如何分工	
各项工作在哪些地点进行	
完成各项工作是否需要资金支持	
其他	

表 9.2.2 项目完成情况表

项目	完成情况	备注
景区原有市场细分的目的明确吗		
不同的细分依据划分的市场各有什么特点		
团队选择描述的细分市场对景区发展有何帮助		
工作任务执行过程中能否控制进度并按照计划实施		
任务执行中能否控制成本		
保证任务质量的措施是否得当		
团队执行任务过程中与各方面沟通是否顺畅？冲突是如何解决的		
团队在本任务执行过程中团队效率是否有所提高		

步骤三 分组展示与解答。

每小组派代表介绍本小组所完成的任务，其他小组或教师进行提问，代表或小组其他成员进行解答。

步骤四　教师点评。

针对各组任务的完成情况进行点评，归纳景区营销市场定位的概念、要素及原则等相关知识点。

任务评价

任务完成后，填写景区市场定位任务评价表（表 9.2.3）。

表 9.2.3　景区市场定位任务评价表

评价项目	完成很好	完成较好	基本完成	未完成	本项得分
收集资料与资料展示	18～20 分	15～17 分	12～14 分	<12 分	
小组理解市场细分、市场定位知识	27～30 分	23～26 分	18～22 分	<18 分	
个人理解市场细分、市场定位知识	27～30 分	23～26 分	18～22 分	<18 分	
学习态度、合作意识、完成效率、整体质量	18～20 分	15～17 分	12～14 分	<12 分	
总分					

案例分析

衡山的旅游景区品牌创新分析

南岳衡山自古就有"五岳独秀"的美誉。但是这一形象在国内众多的山岳型风景区内既不突出也不独特，与东岳泰山相比，衡山在文化上没有比较优势；与黄山等江南名山相比，其自然风光也没有竞争力，因而在旅游市场上影响力不大。面对现实，南岳人遍查历史，调查市场，作出了品牌重新定位，打出了"天下独寿"的品牌，并于 2000 年 10 月 6 日建成了中华寿坛和高 9.9 米、重 56 吨的中华万寿大鼎，以后每年举办国际寿文化节，使南岳真正成为高举"寿文化"大旗的"中华主寿之山"。

（资料来源：刘汉清，旅游景区品牌创新分析——以南岳衡山品牌创新为例，http://www.dcdbjt.com/ruhechuangye/64021.html）

问题：衡山景区的重新定位运用了哪些营销知识？

任务拓展

调研你所在城市的一家 5A 级景区或知名景区，了解其营销方案的内容，并分析其市场定位方向。

工作任务三　运用景区营销组合

任务情境

某景区为改善现有经营状况，在组织省内旅游业知名专家学者重新调研分析、重新选择细分市场的基础上，结合景区实际制定营销组合策略。管理层希望行业专业学者和景区共同努力，能有效提高景区营销管理能力。

任务目标

- 了解旅游景区形象营销。
- 熟悉景区产品构成和策划原则。
- 掌握景区销售渠道类型及选择策略。
- 掌握定价方法和促销策略。

相关知识

景区营销组合是景区开展营销管理工作必不可少的应用策略，通过景区产品开发、价格制定、营销渠道选择、促销方案制订环节达到景区营销目的。因此，作为景区经营者与管理者，要重视开展景区营销组合工作，并且能够灵活运用景区营销组合。

一、景区形象营销

1. 景区形象的基本含义

景区形象，一般认为是游客、潜在游客对景区的总体认识、评价，是景区在游客、潜在游客头脑中的总体印象。从景区形象感受对象来看，一类是景区在潜在游客头脑中的印象，是人们对未游览过的景区的印象；另一类是景区在游客头脑中的形象，是人们对已游览过的景区的印象。

2. 景区形象的类型

从不同角度、不同层面，按不同标准可以分为以下几种类型。

（1）总体形象和特殊形象。前者是指社会公众对景区总的看法和印象；后者则是指针对某些特定市场所设计形成的印象，又称局部形象。树立特殊形象是建立总体形象的重要入口，是构成总体形象的基础。例如，山海关旅游景区，可以说就是以老龙头（长城的起点）、天下第一关（长城的关口）、角山长城等的形象宣传为基点构成的。

（2）实际形象和期望形象。前者是指公众普遍认可的旅游形象，是景区进行形象塑造的基础和起点；后者是指景区期望在公众心目中树立的形象，是景区的理想形象，是旅游形象塑造的奋斗目标和努力方向。

（3）功能性形象和象征性形象。前者是指由景区价格、服务内容与服务效果等方面所反映的景区的实际功效形象，景区单项产品一般侧重于功能性形象的显示；后者是指景区经营者塑造的景区的人格化形象，景区整体一般侧重于象征性形象的显示。

（4）有形形象和无形形象。前者是指通过感觉器官直接感受到的景区形象，如优美的自然风光、富有历史沧桑感的古迹、景区的景观项目、旅游服务人员的行为等；后者则是指建立在有形形象的基础上，通过游客的记忆、思维等心理活动在头脑中升华而得到的形象，体现的是景区经营的内在精神。

3. 景区形象设计的构成要素

景区形象设计涉及面很广，影响因素也很多，每一个因素都有可能影响景区形象。从景区形象设计角度分析这些因素，一般可分为两个方面：一是硬件因素，是景区形象树立的基础，是景区形象的物质支撑。硬件因素主要由旅游资源、旅游环境、旅游基础设施和旅游服务设施等构成。其中，景区的旅游资源是关键，旅游资源的品位和可进入性，直接影响旅游景区形象。二是软件因素，主要由景区从业人员的素质、景区规范制度、景区安全、景区品牌、景区管理等构成。其中，景区从业人员的素质是根本，景区产品属于服务产品，实质是从业人员借助一定的设施或条件向游客提供的各种服务。景区服务产品质量的高低取决于景区从业人员的素质。硬件因素与软件因素相互依存、缺一不可。在进行景区形象设计时，两者都是景区形象设计的重要内容。

4. 景区形象定位概念与方法

1）景区形象定位的概念

景区形象定位是景区形象设计的前提与核心。形象定位就是要使景区深入潜在游客的心中，占据其心灵位置，使景区在游客心中形成生动、鲜明而强烈的感知形象。景区形象定位一般从两个方面考虑：一是景区现在所处和希望提升到的位置；二是景区在公众中现在和未来希望树立的形象。

2）景区形象定位的方法

景区形象定位必须以景区特色为基础，以客源市场为导向，塑造出富有个性、独特鲜明的形象。景区形象定位的方法可采用领先优势定位法、比附定位法和空隙定位法。

（1）领先优势定位法。采用这种方法的景区一般是旅游资源或产品独特、知名度高、客流量大的景区，它在游客的形象阶梯中占有最高位置，如泰山定位于五岳之首，桂林定位于山水甲天下等。

（2）比附定位法（借势定位）。运用这种方法的景区通常具有很好的自然或人文景观环境，但与处于领先优势地位的第一品牌有一定差距。这种定位比较容易造势，能有效地提高知名度。如珠江流域北江水系的主要支流湟川上的龙泉峡、楞伽峡、羊跳峡形象定位表述为"湟川三峡"，目的无非是利用绝对稳固的长江三峡景区形象使自身形象比较容易被国内外游客认知。

（3）空隙定位法（补缺定位）。这种方法是景区形象定位使用得最多的方法。具体就是选择旅游市场的空缺、树立自己的特色优势，做到人无我有。实施空隙定位法的核心是根据旅游市场的竞争状况和自然条件，分析游客心中已有的形象阶梯的类别，树立一个与众不同、从未有过的主题形象。

此外，还有逆向定位法和重新定位法等方法。

5. 景区形象定位口号的设计

景区形象定位的最终表述往往以一句口号加以概括。口号是游客易于接受和容易传播景区形象的最有效方式。设计景区形象定位口号的基本原则如下。

（1）特色性原则。口号的内容要源自地域文化，特点鲜明。

（2）行业特征原则。口号的表达要针对游客，体现行业特点。

（3）时代特征原则。口号的语言要描述紧扣时代，凸显时代特色。

（4）广告效果原则。口号的形式要借鉴广告语，易于记忆。

（5）发展理念原则。口号的提出要反映旅游景区的发展思想。

例如，华侨城主题公园群的总体口号：中国心，世界情，华侨城。华侨城内部口号：寸草心，手足情，华侨城。华侨城企业文化口号：同根同心，求实求精。其他一些主题公园的口号分别如下。锦绣中华：一步迈进历史，一日畅游中国。中国民俗文化村：二十四个村寨，五十六族风情。世界之窗：世界与您共欢乐！您给我一天，我给您一个世界！欢乐谷：奇妙欢乐之旅。

二、景区产品营销

1. 景区产品概述

景区产品是指借助一定的资源、设施而向游客提供的有形产品和无形服务的总和，是一种服务性的产品。现代市场营销理论认为，一切产品都是以消费者需求为中心发展而来的，都由核心部分、形式部分和延伸部分所组成。景区产品的核心部分是指产品满足消费者需求的基本效用和价值，是游客购买和消费的主体部分，如氛围、过程、便利等。形式部分是指构成产品的实体和外形，包括景区产品的形状、式样、品牌、质量、形象等，是保证产品的效用价值得以实现的载体。延伸部分是指随着产品的销售和使用而给消费者带来的方便性和附加利益，如景区为游客提供户外的防雨用品等。延伸部分虽然不是旅游产品的主要构成部分，对旅游产品的生产和经营也没有举足轻重的作用，由于游客购买的是整体旅游产品，在旅游产品的核心部分和形式部分存在较强替代性的情况下，延伸部分往往成为游客对旅游产品进行选择和决策的重要因素，是有效的竞争手段之一。

2. 景区产品的生命周期

从市场的角度而言，景区产品是有生命周期的。一般情况下，景区生命周期与旅游地生命周期同步。每个旅游地都将经历从资源发现期、开发启动期、快速增长期、平稳发展期、衰落或复苏期这五个时期。

（1）资源发现期。这个阶段主要是少量的探险者、科学考察者进入景区，由于开发尚未启动，旅游资源还未成为旅游产品。此阶段有一些关于景区资源的摄影作品、科普和科研文章、绘画作品等面世，是一般的旅游资源介绍，无商业营销意味。当地居民将出于新奇对外来者热烈欢迎。

（2）开发启动期。在这个时期，资金投入量大，产品销售额低，旅游资源正在转化为旅游产品。随着景区基础设施和旅游设施建设的投入，当地居民在就业、为建设者和游客提供服务方面等都获得了较大利益，因而对旅游开发满腔热情。投资者为了获得回报和滚动开发资金，开始了大量营销，景区知名度大增，游客大量涌入。与此同时，对景区及其周围环境的破坏也开始了。这时期的策略思想重点突出一个"快"字，抢先占领市场。在制定营销策略时，要充分认识景区产品的优势、特色（注意其他景区的替代性），敢于在促销方面投入，迅速提高知名度。例如，张家界森林公园用 1 亿元为定海神针买保险，山海关长寿山风景区投资 4 亿元打造五佛山森林公园等。

（3）快速增长期。这个时期是景区产业快速增长，旅游业对当地经济的推动作用很大；游客人数也快速增长，景区环境容量、资源、环境、设施的压力大，景区形象已牢固树立起来。当地居民的生活条件得到基本改善，但与他们的期望相差较大。他们所从事的多是知识含量不高的工作，同时物价上涨，使当地居民在经济上沦为"被剥夺者"；外地商人的进入也使当地居民低水平的商业服务在竞争中不占优势，因而不满情绪滋长，影响游客与居民的沟通。这个时期的策略重点放在"好"字上，即提高服务质量、加强品牌宣传和销售渠道的管理、分析同类竞争者的营销策略。

（4）平稳发展期。这个时期游客增长率下降，但游客人数总量前期依然增长，到后期游客数量达到最大值，多年来停滞不前，游客增长率接近为零，人造景观大量取代自然、文化吸引物，接待设施过剩，低价竞争导致服务质量下降，当地居民对游客产生反感。这个时期的营销重点应突出"占"字，努力寻找和开拓新的目标市场，向市场深度和广度发展。

（5）衰落或复苏期。在衰落期，游客被新的景区或目的地所吸引，已不将该景区作为旅游选择。投资者的资金大规模撤走。此时，景区经营管理者若重新设计旅游目的地形象，推出新的有特色的旅游产品，将使景区进入复苏期。这个阶段的营销策略应突出"转"字，转向开发新产品。

景区生命周期长短不一，一般而言，自然型旅游景区的生命周期较长，人造型旅游景区的生命周期较短。

3．景区产品开发的原则

（1）依托资源，面向市场。景区产品开发要充分依托本地资源、充分挖掘和利用资源优势。在对市场进行充分研究的基础上，根据市场结构和偏好开发出为市场喜闻乐见的景区产品。

（2）突出主题，注入文化。景区产品的设计与开发要围绕某一主题，体现出鲜明的特色，这样才能吸引目标客源，形成规模化，提供专业化的服务。一种文化的表现形式就是一种文化产品。在整个旅游活动中的硬件和软件中都要体现出一种主题文化。

（3）形成系列，塑造品牌。依托地方旅游资源，围绕主题，面向市场设计并开发出系列景区产品。如中山市五桂山旅游景区围绕"桂花"主题设计的桂花园、桂花茶、桂花糕、桂花酒、桂花节等系列产品。品牌具有强大的购买导向功能，随着景区数量增多与买方市场的形成，景区市场竞争激烈。因此，景区的产品开发和设计必须注重品牌塑造与管理。

三、景区产品定价策略

1．景区产品的定价目标

（1）利润导向目标，是景区产品定价的目标之一，它又可分为以下几个具体目标：投资收益定价目标、短期最大利润定价目标、长期利润定价目标。

（2）销售导向目标，是指制定景区产品价格的主要目的是巩固和提高市场占有率、维持和扩大景区景点产品的销售量。

（3）竞争导向目标，是指景区经营者在分析自身景区产品的竞争力和竞争地位的基础上，以对抗竞争对手和保护自身产品作为制定价格的目标。

（4）社会责任导向目标，是指以社会责任为着眼点制定景区景点产品价格，而将利润目标列于相对次要位置，强调社会效率最大化的目标。目前，世界各国倡导对与环境保护关系密切的某些景区采用此种导向目标的定价方法。

2．景区产品的定价方法

在进行景区产品定价时，一般遵循的原则为成本是价格的最下限，竞争对手与替代品是定价的出发点，游客对景区产品特有的评价是价格的上限。因此就形成了成本导向、需求导向、竞争导向三种最基本的定价方法。

3．景区产品的定价策略

1）新产品定价策略

景区具有一定的生命周期。景区经营者应根据市场需求和景区产品的生命周期阶段，制定有针对性的价格。一般有以下三种类型。

（1）撇脂定价策略，是一种高价格策略，即在新产品上市初期，价格定得很高，目的在于短时期内获取高额利润。人造主题型景区常采用这种策略。

（2）渗透定价策略，是一种低价格策略，即在新产品投入市场时，以较低的价格吸引消费者，从而很快打开市场，像倒入泥土的水一样，从缝隙里很快渗透进去。一般适用于特色不显著，易仿制的新产品。

（3）满意定价策略，是一种介于撇脂定价策略与渗透定价策略之间的折中价格策略。适合大多数消费者的购买能力和购买心理，比较容易建立稳定的商业信誉。

2）心理定价策略

游客对景区产品价格的认知程度会受到心理因素的影响。心理定价就是运用心理学原理，利用、迎合游客对景区产品的情感反应，根据不同类型游客的购买心理对景区产品进行定价，使游客在心理物价的诱导下完成购买。主要有尾数与整数定价策略、声望定价策略、一票制与多票制定价策略。

3）折扣定价策略

折扣定价策略是一种在景区产品的交易过程中，景区产品的基本标价不变，而通过对实际价格的调整，鼓励游客大量购买，促使游客改变购买时间或鼓励游客及时付款的价格策略。主要有数量折扣、季节折扣、同业折扣等策略。其中，同业折扣策略又称功能性折扣策略，即景区经营者根据各类中间商在市场营销中所担任的不同职责给予不同的价格折扣，目的在于刺激各类旅游中间商充分发挥各自组织市场营销活动的功能进行批发业务。

四、景区营销渠道

1. 景区营销渠道的概念

景区营销渠道又称分销渠道，是指景区在其使用权转移过程中从生产领域进入消费领域的途径，也就是景区产品从旅游生产企业向旅游消费者转移过程中所经过的各个环节连接起来而形成的通道。景区营销渠道的起点是景区的生产者，终点是旅游消费者，中间环节称为中间商。

2. 旅游中间商

旅游中间商是指介于旅游生产者与旅游消费者之间，专门从事转售旅游景区产品的中介或个人，包括各种经销商、代理商等。

1）旅游经销商

旅游经销商是指通过买卖景区产品，从购进和销售的差价中获得利润的中间商，主要有旅游批发商和旅游零售商两类。旅游批发商，是指从事批发业务的旅行社或旅游公司，一般包括从事旅游的组织和销售活动。旅游零售商，是指直接面对旅游产品的最终消费者从事销售活动的中间商，其职能主要表现在两点：一是通过销售和服务，实现旅游景区产品价值；二是向生产者和批发商反馈游客需求、购买能力等信息，为其调整产品及营销活动提供依据。

2) 旅游代理商

旅游代理商是指那些只接受旅游产品生产者或供给者的委托，在一定区域内代理销售其产品的中间商。旅游代理商主要有以下三个特点：一是不拥有产品的所有权；二是为委托的任何消费者提供服务，从中获取佣金；三是几乎不承担旅游产品销售的市场风险。

旅游生产企业一般在自己销售能力难以达到的地区，或在新产品投放、产品销路不好的情况下利用旅游代理商寻找营销机会。

3. 景区营销渠道的类型

在经营过程中，由于受到旅游市场、景区产品特性、旅游中间商及旅游消费者等多重因素的影响，旅游营销渠道可分为多种类型。常见的旅游营销渠道可分为直接营销渠道和间接营销渠道。直接营销渠道又称零级营销渠道，就是不经过中间商，直接将景区产品或服务销售给游客，形式有现场购买、电话等各种形式预订及景区自设零售系统购买。间接营销渠道则是景区产品生产者借助旅游中间商向游客销售产品，按中间环节的多少进一步可分为一级营销渠道、二级营销渠道和多级营销渠道。间接营销渠道是目前景区产品主要的销售渠道。此外，还有长渠道和短渠道、宽渠道和窄渠道、多渠道和单渠道之分。

五、景区促销方式

景区促销主要有两种形式：直接促销和间接促销。随着景区营销的不断发展，将间接促销和直接促销结合起来是更为有效的促销方法，而这两种促销形式都离不开促销工具。从促销方式上来说，景区促销主要有两大类：景区人员推销和景区非人员推销。

1. 景区人员推销

景区人员推销是景区派出推销员或宣传员、介绍员直接与客源市场或客源市场的中间商和目标层进行交流，运用灵活多变的方式刺激欲望、诱导消费。景区人员推销是一种最普遍、最基本的促销工作方式，在促销信息传递方面属于双向传递。景区人员推销可以较为直接和及时地推广产品并了解游客的意向和市场竞争状况，使景区得以及时、合理地调整营销策略。

但景区人员推销的市场面较窄，成本费用较高，而且景区游客分散且不易分辨，景区推销人员与游客或潜在游客面对面地传递信息客观上存在困难。

2. 景区广告促销

景区广告促销是由景区向媒体公开支付费用，以非人员的任何形式，通过各种媒体把景区的产品、服务或主题活动及景区的形象等信息传送给公众，促进景区销售的方式。景区广告促销是一种非人员推销，在信息传递方面属于单向传递。作为促销工具，广告能迅速传递景区的信息，具有传播面较大、传播速度快、推销面广等优点。但是广告促销也存在着宣传的针对性不强、游客反馈较难等缺点。

3. 景区销售促进

景区销售促进是指景区在特定时期与区域范围内，通过主题活动、优惠折扣、购买赠等方式吸引游客，刺激与激励游客产生购买行为的活动。景区销售促进决策包括四个步骤：确定销售促进目标，选择销售促进工具，制定销售促进方案，销售促进方的实施与评价。销售促进也称营业推广或特种推销，是企业运用各种手段，鼓励购买或售产品和服务的促销活动。销售促进是非常规的、非经常性的推销活动，作为人员推销和广告促销的一种补充，一般用于暂时的和额外的促销活动，如某度假村推出的"旅游观光优惠月"活动。

六、景区公共关系宣传

景区公共关系宣传是通过各种传播方式与相关公众之间进行交流与沟通，形成相互了解、相互信赖的关系，为景区树立良好的形象，提高知名度，争取社会公众的理解、支持、参与和合作，从而激发和创造消费需求，实现营销的目的。它包括三个要素：景区公共关系宣传主体的景区、景区公共关系宣传对象的相关公众和景区公共关系宣传手段的传播。

景区公共关系宣传是一种促销手段，也是完善景区形象的策略。宣传方法很多，主要有景区新闻宣传、景区印刷品宣传、景区影视宣传、景区活动宣传和景区机会宣传等。

七、景区联合促销

景区联合促销就是将各种有效的因素组合起来的一种促销工具。景区联合促销有两种形式：一种是关联景区联合开展促销，即景区+景区模式，又称景区水平方向联合促销；另一种是在一定区域范围内的相关受益部门、企业联合促销，即景区+旅行社模式、景区+媒体模式、景区+飞机模式等，又称旅游景区纵向联合促销。

任务实施

步骤一 发放任务书。

（1）全班分成若干小组，每组4～5人，每组选出一名组长。

（2）教师给出工作任务，考察和了解当地景区，对该景区进行充分调研，并结合实际，运用旅游景区营销组合策略分析景区现有营销活动，并提出建议，同时能够通过小组讨论与合作完成某一景区营销方案的制定。

步骤二 小组完成任务。

步骤三 分组展示与解答。

每小组派代表介绍本小组所完成的任务，其他小组或教师进行提问，代表或小组其他成员进行解答。

步骤四 教师点评。

教师对各组任务的完成情况进行点评，归纳景区营销渠道的概念、类型及促销工具等相关知识点。

任务评价

任务完成后，填写制定景区营销方案任务评价表（表9.3.1）。

表 9.3.1　制定景区营销方案任务评价表

评价项目	完成很好	完成较好	基本完成	未完成	本项得分
收集资料与资料展示	18～20 分	15～17 分	12～14 分	<12 分	
内容翔实，有针对性	27～30 分	23～26 分	18～22 分	<18 分	
语言文字规范	27～30 分	23～26 分	18～22 分	<18 分	
学习态度、合作意识、完成效率、整体质量	18～20 分	15～17 分	12～14 分	<12 分	
总分					

案例分析

武夷山精品旅游景区营销案例

武夷山市位于福建省北部，1999 年被联合国世界遗产委员会正式批准列入《世界自然与文化遗产名录》，全市总面积 2798 平方公里，境内拥有国家重点风景名胜区、国家重点自然保护区、国家旅游度假区、全国重点文物保护单位和国家一类航空口岸，是福建省历史文化名城，在世界范围内享有很高的知名度和美誉度，一直以来都是福建省旅游业对外宣传促销的王牌标志。

武夷山旅游业斐然的成绩与其市场营销战略的成功选择有着紧密的关系。

1. 品牌扩展，保持强势——品牌支撑战略

武夷山旅游业经过多年来的发展，已经培养、塑造了一个完整的旅游品牌，可以将武夷山的品牌定位为：高知名度、高认知度、高美誉度，并且具有较高的品牌活力。对于这类品牌，旅游地的核心任务是维护品牌地位。武夷山市正确地认识到了这一点，在近年来的发展中不断地进行品牌扩展，结合市场发展前沿趋势不断推出武夷山绿色生态旅游品牌、武夷山红色旅游品牌、武夷山茶文化品牌等高品位的旅游品牌，树立了鲜明、多元的旅游地品牌形象，得到广大游客的强力支持，形成了强大的竞争优势。

2. 清纯玉女，形象突出——形象制胜战略

武夷山从发展之初就特别注重旅游形象的建立与推广，在旅游形象的推广过程中又将统一性、针对性、效益性三大形象推广原则把握得游刃有余。一直以来武夷山结合自身的资源优势，以"玉女峰"为形象标志对外进行宣传促销，始终给游客一种清新纯净的形象感知，处处体现的是统一的、整体的旅游形象；除了"玉女"品牌外，武夷山还

针对不同的细分市场推出不同的分体支撑形象。例如，针对青年游客，武夷山给出的是"浪漫牌"，对以学生、学者为主体的客源，武夷山则以"科考牌"取胜等。

3. 不懈创新，强化质量——产品升级战略

武夷山旅游业在其发展过程中不断进行创新，不断提高产品的质量。景区推出实行新票制，将门票分为三类，即一日有效票、二日有效票和三日有效票，分别定价 110 元、120 元和 130 元，九曲溪竹筏漂流 100 元。新票制把原先的景点游改为景区游，游客无论购买任何一种门票都可游览景区所有景点，且多次进入景区不需要重复购票，从三类门票的价格上看，旅游天数越长越划算，真正体现"游超所值"，同时也可避免游客受蒙蔽未游精华景点，减少游客投诉。按原来旅行社设计的游览线路，游客通常在武夷山平均逗留 1.9 天，而实行新票制之后，游客在武夷山逗留至少 3 天，无疑会给旅行社增加收入。不仅如此，武夷山还将采取资金补贴的形式，鼓励国内外旅行社组织游客包机和旅游专列到武夷山旅游观光。另外，实行新票制后，为本地人游武夷提供更为方便、灵活、人性化的优惠政策。

新票制做到了创新经营形式，从游客的角度出发提升了产品质量。

4. 多元营销，灵活组合——营销组合战略

在营销组合上，讲求灵活多样。例如，武夷山市政府与中国康辉旅行社集团签署了"年度协议书"，双方商定，武夷山给予中国康辉旅行社集团的系列旅游团以景区优惠门票。团购销售模式有利当地旅游业做大做强。这种短渠道的销售方式既给旅游地以客源保证，也在一定程度上降低了产品成本，有益实行强强联合共创品牌，经济利益上能达到双赢。

另外，武夷山还发放武夷山画册、折页、武夷风光 VCD 和旅游报价等各类旅游宣传品，在各种旅游交易会上进行直接宣传促销，以拓展客源市场。

问题：武夷山景区运用了哪些营销策略？

任务拓展

"Next Idea X 故宫"腾讯创新大赛——穿越故宫来看你

腾讯公司与故宫博物院合作举办"Next Idea X 故宫"腾讯创新大赛，随即推出《穿越故宫来看你》的 H5（第 5 代 HTML，指用 H5 语言制作的一切数字产品）作为邀请函，仅上线一天访问量就突破 300 万。此 H5 将故宫与新生代事物相结合，以皇帝穿越为主题，引入说唱音乐风格，互动性、刺激性非常强。这已不是故宫第一次刷屏，故宫已成为社交媒体上一大焦点，如同之前的朱批"朕知道了"一般风靡网络。

（资料来源：http://www.sohu.com/a/143132656_558491.2017-05-24.）

思考：故宫运用了哪些营销策略？

参 考 文 献

侯玲，2016. 旅游景区服务与管理[M]. 济南：山东人民出版社.

郎富平，陈蔚，2021. 景区服务与管理[M]. 北京：旅游教育出版社.

李辉，2017. 特色旅游景区实务[M]. 北京：北京理工大学出版社.

潘长宏，纪花，2019. 景区服务与管理[M]. 长沙：湖南师范大学出版社.

王昆欣，牟丹，2018. 旅游景区服务与管理[M]. 3版. 北京：旅游教育出版社.

张芳蕊，索虹，2019. 景区服务与管理[M]. 北京：清华大学出版社.

张立明，胡道华，2006. 旅游景区解说系统规划与设计[M]. 北京：中国旅游出版社.

周永振，2020. 旅游景区服务与管理案例[M]. 北京：中国旅游出版社.

（截至 2022 年 7 月，共 318 家）

序号	省（自治区、直辖市）	景区名称	评定年份	备注
1	北京	故宫博物院	2007	
2	北京	天坛公园	2007	
3	北京	颐和园	2007	
4	北京	北京八达岭-慕田峪长城旅游区	2007	
5	北京	北京市明十三陵景区	2011	
6	北京	恭王府景区	2012	
7	北京	北京市奥林匹克公园	2012	
8	北京	北京市海淀区圆明园景区	2019	
9	天津	天津古文化街旅游区（津门故里）	2007	
10	天津	天津盘山风景名胜区	2007	
11	河北	秦皇岛市山海关景区	2007	2018 年复牌
12	河北	保定市安新白洋淀景区	2007	
13	河北	承德避暑山庄及周围寺庙景区	2007	
14	河北	河北保定野三坡景区	2011	
15	河北	河北省石家庄西柏坡景区	2011	
16	河北	唐山市清东陵景区	2015	
17	河北	邯郸市娲皇宫景区	2015	
18	河北	河北省邯郸市广府古城景区	2017	
19	河北	河北省保定市白石山景区	2017	
20	河北	河北省保定市清西陵景区	2019	
21	河北	河北省承德市金山岭长城景区	2020	
22	山西	大同市云冈石窟	2007	
23	山西	忻州市五台山风景名胜区	2007	
24	山西	山西晋城皇城相府生态文化旅游区	2011	
25	山西	晋中市介休绵山景区	2013	
26	山西	晋中市平遥古城景区	2015	
27	山西	山西省忻州市雁门关景区	2017	
28	山西	山西省临汾市洪洞大槐树寻根祭祖园景区	2018	
29	山西	山西省长治市壶关太行山大峡谷八泉峡景区	2019	
30	山西	山西省临汾市云丘山景区	2020	

* 资料来源：https://zwfw.mct.gov.cn/scenicspot?ssName=&province=&ssYear=&type=gb。

序号	省（自治区、直辖市）	景区名称	评定年份	备注
31	山西	黄河壶口瀑布旅游区	2022	
32	内蒙古	内蒙古鄂尔多斯响沙湾旅游景区	2011	
33	内蒙古	内蒙古鄂尔多斯成吉思汗陵旅游区	2011	
34	内蒙古	内蒙古自治区满洲里市中俄边境旅游区	2016	
35	内蒙古	内蒙古自治区阿尔山·柴河旅游景区	2017	
36	内蒙古	内蒙古自治区赤峰市阿斯哈图石阵旅游区	2018	
37	内蒙古	内蒙古自治区阿拉善盟胡杨林旅游区	2019	
38	辽宁	沈阳市植物园	2007	
39	辽宁	大连老虎滩海洋公园·老虎滩极地馆	2007	
40	辽宁	大连金石滩景区	2011	
41	辽宁	本溪市本溪水洞景区	2015	
42	辽宁	辽宁省鞍山市千山景区	2017	
43	辽宁	辽宁省盘锦市红海滩风景廊道景区	2019	
44	吉林	长春市伪满皇宫博物院	2007	
45	吉林	长白山景区	2007	
46	吉林	吉林长春净月潭景区	2011	
47	吉林	长春市长影世纪城旅游区	2015	
48	吉林	敦化市六鼎山文化旅游区	2015	
49	吉林	吉林省长春市世界雕塑公园景区	2017	
50	吉林	通化市高句丽文物古迹旅游景区	2019	
51	黑龙江	哈尔滨市太阳岛景区	2007	
52	黑龙江	黑龙江黑河五大连池景区	2011	
53	黑龙江	黑龙江牡丹江宁安市镜泊湖景区	2011	
54	黑龙江	伊春市汤旺河林海奇石景区	2013	
55	黑龙江	漠河北极村旅游区	2015	
56	黑龙江	黑龙江省虎林市虎头旅游景区	2019	
57	上海	上海东方明珠广播电视塔	2007	
58	上海	上海野生动物园	2007	
59	上海	上海科技馆	2010	
60	上海	上海市中国共产党一大·二大·四大纪念馆景区	2021	
61	江苏	南京市钟山风景名胜区-中山陵园风景区	2007	
62	江苏	中央电视台无锡影视基地三国水浒景区	2007	
63	江苏	苏州园林（拙政园、虎丘山、留园）	2007	
64	江苏	苏州市周庄古镇景区	2007	
65	江苏	无锡市灵山景区	2010	
66	江苏	苏州市同里古镇景区	2010	
67	江苏	南京夫子庙-秦淮河风光带景区	2010	
68	江苏	常州市环球恐龙城休闲旅游区	2010	

续表

序号	省（自治区、直辖市）	景区名称	评定年份	备注
69	江苏	扬州市瘦西湖景区	2010	
70	江苏	南通市濠河景区	2012	
71	江苏	江苏省姜堰市溱湖旅游景区	2012	
72	江苏	苏州市金鸡湖景区	2012	
73	江苏	镇江市金山·焦山·北固山景区	2012	
74	江苏	无锡市鼋头渚景区	2012	
75	江苏	苏州市吴中太湖旅游区	2013	
76	江苏	苏州市沙家浜·虞山尚湖旅游区	2013	
77	江苏	常州市天目湖景区	2013	
78	江苏	镇江市句容茅山景区	2014	
79	江苏	周恩来故里旅游景区	2015	
80	江苏	大丰中华麋鹿园景区	2015	
81	江苏	江苏省徐州市云龙湖景区	2016	
82	江苏	江苏省连云港花果山景区	2016	
83	江苏	江苏省常州市中国春秋淹城旅游区	2017	
84	江苏	江苏省无锡市惠山古镇景区	2019	
85	江苏	江苏省宿迁市洪泽湖湿地景区	2020	
86	浙江	杭州市西湖风景名胜区	2007	
87	浙江	温州市雁荡山风景名胜区	2007	
88	浙江	舟山市普陀山风景名胜区	2007	
89	浙江	杭州市千岛湖风景名胜区	2010	
90	浙江	嘉兴市桐乡乌镇古镇旅游区	2010	
91	浙江	宁波奉化溪口雪窦山-滕头旅游景区	2010	
92	浙江	金华市东阳横店影视城景区	2010	
93	浙江	浙江省嘉兴市南湖旅游区	2011	
94	浙江	浙江省杭州西溪湿地旅游区	2012	
95	浙江	浙江省绍兴市鲁迅故里沈园景区	2012	
96	浙江	衢州市开化根宫佛国文化旅游区	2013	
97	浙江	湖州市南浔古镇景区	2015	
98	浙江	台州市天台山景区	2015	
99	浙江	台州市神仙居景区	2015	
100	浙江	浙江省嘉兴市西塘古镇旅游景区	2017	
101	浙江	浙江省衢州市江郎山·廿八都旅游区	2017	
102	浙江	浙江省宁波市天一阁·月湖景区	2018	
103	浙江	浙江省丽水市缙云仙都景区	2019	
104	浙江	浙江省温州市刘伯温故里景区	2020	
105	浙江	浙江省台州市台州府城文化旅游区	2022	
106	安徽	黄山市黄山风景区	2007	

续表

序号	省（自治区、直辖市）	景区名称	评定年份	备注
107	安徽	池州市九华山风景区	2007	
108	安徽	安徽省安庆市天柱山风景区	2011	
109	安徽	安徽省黄山市皖南古村落—西递宏村	2011	
110	安徽	六安市天堂寨旅游景区	2012	
111	安徽	安徽省宣城市绩溪龙川景区	2012	
112	安徽	阜阳市颍上八里河景区	2013	
113	安徽	黄山市古徽州文化旅游区	2014	
114	安徽	合肥市三河古镇景区	2015	
115	安徽	安徽省芜湖市方特旅游区	2016	
116	安徽	安徽省六安市万佛湖景区	2016	
117	安徽	安徽省马鞍山市长江采石矶文化生态旅游区	2020	
118	福建	厦门市鼓浪屿风景名胜区	2007	
119	福建	南平市武夷山风景名胜区	2007	
120	福建	福建省福建土楼（永定·南靖）旅游	2011	
121	福建	福建省三明市泰宁风景旅游区	2011	
122	福建	宁德市白水洋-鸳鸯溪旅游景区	2012	
123	福建	泉州市清源山景区	2012	
124	福建	宁德市福鼎太姥山旅游区	2013	
125	福建	福州市三坊七巷景区	2015	
126	福建	龙岩市古田旅游区	2015	
127	福建	福建省莆田市湄洲岛妈祖文化旅游区	2020	
128	江西	江西省庐山风景名胜区	2007	
129	江西	吉安市井冈山风景旅游区	2007	
130	江西	江西省上饶市三清山旅游景区	2011	
131	江西	江西省鹰潭龙虎山旅游景区	2012	
132	江西	上饶市婺源江湾景区	2013	
133	江西	景德镇古窑民俗博览区	2013	
134	江西	瑞金市共和国摇篮景区	2015	
135	江西	宜春市明月山旅游区	2015	
136	江西	江西省抚州市大觉山景区	2017	
137	江西	江西省上饶市龟峰景区	2017	
138	江西	江西省南昌市滕王阁旅游区	2018	
139	江西	江西省萍乡市武功山景区	2019	
140	江西	江西省九江市庐山西海景区	2020	
141	江西	江西省赣州市三百山景区	2022	
142	山东	烟台市蓬莱阁旅游区（三仙山-八仙过海）	2007	
143	山东	济宁市曲阜明故城（三孔）旅游区	2007	
144	山东	泰安市泰山景区	2007	

续表

序号	省（自治区、直辖市）	景区名称	评定年份	备注
145	山东	山东烟台龙口南山景区	2011	
146	山东	山东威海刘公岛景区	2011	
147	山东	山东青岛崂山风景区	2011	
148	山东	枣庄市台儿庄古城景区	2013	
149	山东	济南市天下第一泉风景区	2013	
150	山东	山东省沂蒙山旅游区	2014	
151	山东	山东省潍坊市青州古城旅游区	2017	
152	山东	山东省威海市华夏城旅游景区	2017	
153	山东	山东省东营市黄河口生态旅游区	2019	
154	山东	山东省临沂市萤火虫水洞·地下大峡谷旅游区	2020	
155	山东	山东省济宁市微山湖旅游区	2022	
156	河南	登封市嵩山少林景区	2007	
157	河南	洛阳市龙门石窟景区	2007	
158	河南	焦作市云台山-神农山·青天河景区	2007	
159	河南	河南洛阳白云山景区	2011	
160	河南	河南开封清明上河园	2011	
161	河南	河南安阳殷墟景区	2011	
162	河南	河南省平顶山市尧山-中原大佛景区	2011	
163	河南	河南省洛阳栾川老君山·鸡冠洞旅游区	2012	
164	河南	洛阳市龙潭大峡谷景区	2013	
165	河南	南阳市西峡伏牛山老界岭·恐龙遗址园旅游区	2014	
166	河南	驻马店市嵖岈山旅游景区	2015	
167	河南	河南省红旗渠·太行大峡谷	2016	
168	河南	河南省永城市芒砀山旅游景区	2017	
169	河南	河南省新乡市八里沟景区	2019	
170	河南	河南省信阳市鸡公山景区	2022	
171	湖北	武汉市黄鹤楼公园	2007	
172	湖北	宜昌市三峡大坝-屈原故里旅游区	2007	
173	湖北	湖北省十堰市武当山风景区	2011	
174	湖北	湖北省宜昌市三峡人家风景区	2011	
175	湖北	湖北省恩施州神农溪纤夫文化旅游区	2011	
176	湖北	湖北省神农架生态旅游区	2012	
177	湖北	宜昌市长阳清江画廊景区	2013	
178	湖北	武汉市东湖风景区	2013	
179	湖北	湖北省宜昌市三峡大瀑布景区	2022	
180	湖北	武汉市黄陂木兰文化生态旅游区	2014	
181	湖北	恩施州恩施大峡谷景区	2015	
182	湖北	湖北省咸宁市三国赤壁古战场景区	2018	

续表

序号	省（自治区、直辖市）	景区名称	评定年份	备注
183	湖北	湖北省襄阳市古隆中景区	2019	
184	湖北	湖北省恩施州腾龙洞景区	2020	
185	湖南	衡阳市南岳衡山旅游区	2007	
186	湖南	张家界武陵源—天门山旅游区	2007	
187	湖南	湖南省岳阳市岳阳楼—君山岛景区	2011	
188	湖南	湖南省湘潭市韶山旅游区	2011	
189	湖南	湖南省长沙市岳麓山·橘子洲旅游区	2012	2017 年复牌
190	湖南	长沙市花明楼景区	2014	
191	湖南	郴州市东江湖风景旅游区	2015	
192	湖南	湖南省邵阳市崀山景区	2016	
193	湖南	湖南省株洲市炎帝陵景区	2019	
194	湖南	湖南省常德市桃花源旅游区	2020	
195	湖南	湖南省湘西土家族苗族自治州矮寨·十八洞·德夯大峡谷景区	2021	
196	广东	广州市长隆旅游度假区	2007	
197	广东	深圳华侨城旅游度假区	2007	
198	广东	广东省广州市白云山景区	2011	
199	广东	梅州市雁南飞茶田景区	2011	
200	广东	深圳市观澜湖休闲旅游区	2011	
201	广东	广东省清远市连州地下河旅游景区	2011	
202	广东	广东省韶关市丹霞山景区	2012	
203	广东	佛山市西樵山景区	2013	
204	广东	惠州市罗浮山景区	2014	
205	广东	佛山市长鹿旅游休博园	2014	
206	广东	阳江市海陵岛大角湾海上丝路旅游区	2015	
207	广东	广东省中山市孙中山故里旅游区	2016	
208	广东	广东省惠州市惠州西湖旅游景区	2018	
209	广东	广东省肇庆市星湖旅游景区	2019	
210	广东	广东省江门市开平碉楼文化旅游区	2020	
211	广西	桂林市漓江景区	2007	
212	广西	桂林市乐满地度假世界	2007	
213	广西	桂林市独秀峰-王城景区	2012	
214	广西	南宁市青秀山旅游区	2014	
215	广西	广西壮族自治区桂林市两江四湖·象山景区	2017	
216	广西	广西壮族自治区崇左市德天跨国瀑布景区	2018	
217	广西	广西壮族自治区百色市百色起义纪念园景区	2019	
218	广西	广西壮族自治区北海市涠洲岛南湾鳄鱼山景区	2020	
219	广西	广西壮族自治区贺州市黄姚古镇景区	2022	
220	海南	三亚市南山文化旅游区	2007	

序号	省（自治区、直辖市）	景区名称	评定年份	备注
221	海南	三亚市南山大小洞天旅游区	2007	
222	海南	海南呀诺达雨林文化旅游区	2012	
223	海南	分界洲岛旅游区	2013	
224	海南	海南槟榔谷黎苗文化旅游区	2015	
225	海南	海南省三亚市蜈支洲岛旅游区	2016	
226	重庆	重庆大足石刻景区	2007	
227	重庆	重庆巫山小三峡-小小三峡	2007	
228	重庆	武隆喀斯特旅游区（天生三桥·仙女山·芙蓉洞）	2011	
229	重庆	酉阳桃花源旅游景区	2012	
230	重庆	重庆市万盛经开区黑山谷景区	2012	
231	重庆	江津四面山景区	2015	
232	重庆	重庆市云阳龙缸景区	2017	
233	重庆	重庆市彭水县阿依河景区	2019	
234	重庆	重庆市黔江区濯水景区	2020	
235	重庆	重庆市奉节县白帝城·瞿塘峡景区	2022	
236	四川	成都市青城山-都江堰旅游景区	2007	
237	四川	乐山市峨眉山景区	2007	
238	四川	阿坝藏族羌族自治州九寨沟旅游景区	2007	
239	四川	乐山市乐山大佛景区	2011	
240	四川	四川阿坝州黄龙景区	2012	
241	四川	阿坝州汶川特别旅游区	2013	
242	四川	绵阳市北川羌城旅游区	2013	
243	四川	广安市邓小平故里旅游区	2013	
244	四川	南充市阆中古城旅游区	2013	
245	四川	四川省广元市剑门蜀道剑门关旅游区	2015	
246	四川	四川省南充市仪陇朱德故里景区	2016	
247	四川	四川省甘孜州海螺沟景区	2017	
248	四川	四川省雅安市碧峰峡旅游景区	2019	
249	四川	四川省巴中市光雾山旅游景区	2020	
250	四川	四川省甘孜州稻城亚丁旅游景区	2020	
251	四川	四川省成都市安仁古镇景区	2022	
252	贵州	安顺市黄果树大瀑布景区	2007	
253	贵州	安顺市龙宫景区	2007	
254	贵州	毕节市百里杜鹃景区	2013	
255	贵州	黔南州荔波樟江景区	2015	
256	贵州	贵州省贵阳市花溪青岩古镇景区	2017	
257	贵州	贵州省铜仁市梵净山旅游区	2018	
258	贵州	贵州省黔东南州镇远古城旅游景区	2019	

序号	省（自治区、直辖市）	景区名称	评定年份	备注
259	贵州	贵州省遵义市赤水丹霞旅游区	2020	
260	贵州	贵州省毕节市织金洞景区	2022	
261	云南	昆明市石林风景区	2007	
262	云南	丽江市玉龙雪山景区	2007	
263	云南	大理市崇圣寺三塔文化旅游区	2011	
264	云南	丽江市丽江古城景区	2011	
265	云南	中国科学院西双版纳热带植物园	2011	
266	云南	迪庆州香格里拉普达措景区	2012	
267	云南	云南省昆明市昆明世博园景区	2016	
268	云南	云南省保山市腾冲市火山热海旅游区	2016	
269	云南	云南省文山州普者黑旅游景区	2020	
270	西藏	拉萨布达拉宫景区	2013	
271	西藏	拉萨市大昭寺	2013	
272	西藏	林芝巴松措景区	2017	
273	西藏	日喀则市扎什伦布寺景区	2017	
274	西藏	林芝市雅鲁藏布大峡谷旅游景区	2020	
275	陕西	西安市秦始皇兵马俑博物馆	2007	
276	陕西	西安市华清池景区	2007	
277	陕西	延安市黄帝陵景区	2007	
278	陕西	陕西渭南华山景区	2011	
279	陕西	陕西西安大雁塔·大唐芙蓉园景区	2011	
280	陕西	宝鸡市法门寺佛文化景区	2014	
281	陕西	商洛市金丝峡景区	2015	
282	陕西	陕西省宝鸡市太白山旅游景区	2016	
283	陕西	陕西省西安市城墙·碑林历史文化景区	2018	
284	陕西	陕西省延安市延安革命纪念地景区	2019	
285	陕西	陕西省西安市大明宫旅游景区	2020	
286	陕西	黄河壶口瀑布旅游区	2022	
287	甘肃	嘉峪关市嘉峪关文物景区	2007	
288	甘肃	平凉市崆峒山风景名胜区	2007	
289	甘肃	甘肃天水麦积山景区	2011	
290	甘肃	敦煌鸣沙山月牙泉景区	2015	
291	甘肃	甘肃省张掖市七彩丹霞景区	2019	
292	甘肃	甘肃省临夏州炳灵寺世界文化遗产旅游区	2020	
293	甘肃	甘肃省陇南市官鹅沟景区	2022	
294	青海	青海省青海湖景区	2011	
295	青海	西宁市塔尔寺景区	2012	
296	青海	青海省海东市互助土族故土园景区	2017	

续表

序号	省（自治区、直辖市）	景区名称	评定年份	备注
297	青海	青海省海北州阿咪东索景区	2020	
298	宁夏	石嘴山市沙湖旅游景区	2007	
299	宁夏	中卫市沙坡头旅游景区	2007	
300	宁夏	宁夏银川镇北堡西部影视城	2011	
301	宁夏	银川市灵武水洞沟旅游区	2015	
302	新疆	新疆天山天池风景名胜区	2007	
303	新疆	吐鲁番市葡萄沟风景区	2007	
304	新疆	阿勒泰地区喀纳斯景区	2007	
305	新疆	新疆伊犁那拉提旅游风景区	2011	
306	新疆	阿勒泰地区富蕴可可托海景区	2012	
307	新疆	喀什地区泽普金湖杨景区	2013	
308	新疆	乌鲁木齐天山大峡谷景区	2014	
309	新疆	巴音郭楞蒙古自治州博斯腾湖景区	2014	
310	新疆	喀什地区喀什噶尔老城景区	2015	
311	新疆	新疆维吾尔自治区伊犁州喀拉峻景区	2016	
312	新疆	新疆维吾尔自治区巴音州和静巴音布鲁克景区	2016	
313	新疆	新疆生产建设兵团第十师白沙湖景区	2017	
314	新疆	新疆维吾尔自治区喀什地区帕米尔旅游区	2019	
315	新疆	新疆维吾尔自治区克拉玛依市世界魔鬼城景区	2020	
316	新疆	新疆维吾尔自治区博尔塔拉蒙古自治州赛里木湖景区	2021	
317	新疆	新疆生产建设兵团阿拉尔市塔克拉玛干·三五九旅文化旅游区	2021	
318	新疆	新疆维吾尔自治区昌吉回族自治州江布拉克景区	2022	

附录二　中国的世界遗产名录

（截至 2021 年 7 月底）

序号	遗产名称	遗产性质	所属地区	晋级年份
1	长城	文化遗产	黑龙江、吉林、辽宁、河北、天津、北京、山东、河南、山西、陕西、甘肃、宁夏、青海、内蒙古、新疆	1987 年
2	莫高窟	文化遗产	甘肃	1987 年
3	明清皇宫	文化遗产	北京、辽宁	1987 年、2004 年
4	秦始皇陵及兵马俑坑	文化遗产	陕西	1987 年
5	周口店北京猿人遗址	文化遗产	北京	1987 年
6	布达拉宫（大昭寺、罗布林卡）	文化遗产	西藏	1994 年
7	承德避暑山庄及周围寺庙	文化遗产	河北	1994 年
8	曲阜孔府、孔庙、孔林	文化遗产	山东	1994 年
9	武当山古建筑群	文化遗产	湖北	1994 年
10	庐山	文化遗产	江西	1996 年
11	丽江古城	文化遗产	云南	1997 年
12	平遥古城	文化遗产	山西	1997 年
13	苏州古典园林	文化遗产	江苏	1997 年
14	天坛	文化遗产	北京	1998 年
15	颐和园	文化遗产	北京	1998 年
16	大足石刻	文化遗产	重庆	1999 年
17	龙门石窟	文化遗产	河南	2000 年
18	明清皇家陵寝	文化遗产	湖北、河北、江苏、北京、辽宁	2000 年、2003 年、2004 年
19	青城山-都江堰	文化遗产	四川	2000 年
20	皖南古村落（西递、宏村）	文化遗产	安徽	2000 年
21	云冈石窟	文化遗产	山西	2001 年
22	高句丽王城、王陵及贵族墓葬	文化遗产	吉林、辽宁	2004 年
23	澳门历史城区	文化遗产	澳门	2005 年
24	安阳殷墟	文化遗产	河南	2006 年
25	开平碉楼与村落	文化遗产	广东	2007 年
26	福建土楼	文化遗产	福建	2008 年
27	五台山	文化遗产	山西	2009 年
28	登封"天地之中"历史建筑群	文化遗产	河南	2010 年

续表

序号	遗产名称	遗产性质	所属地区	晋级年份
29	杭州西湖文化景观	文化遗产	浙江	2011 年
30	元上都遗址	文化遗产	内蒙古	2012 年
31	红河哈尼梯田文化景观	文化遗产	云南	2013 年
32	中国大运河	文化遗产	北京、天津、河北、山东、河南、安徽、江苏、浙江	2014 年
33	丝绸之路	文化遗产	河南、陕西、甘肃、新疆	2014 年
34	土司遗址	文化遗产	湖南、湖北、贵州	2015 年
35	左江花山岩画文化景观	文化遗产	广西	2016 年
36	鼓浪屿	文化遗产	福建	2017 年
37	良渚古城遗址	文化遗产	浙江	2019 年
38	泉州：宋元中国的世界海洋商贸中心	文化遗产	福建	2021 年
39	泰山	双重遗产	山东	1987 年
40	黄山	双重遗产	安徽	1990 年
41	峨眉山-乐山大佛	双重遗产	四川	1996 年
42	武夷山	双重遗产	福建、江西	1999 年
43	黄龙	自然遗产	四川	1992 年
44	九寨沟	自然遗产	四川	1992 年
45	武陵源	自然遗产	湖南	1992 年
46	三江并流	自然遗产	云南	2003 年
47	四川大熊猫栖息地	自然遗产	四川	2006 年
48	中国南方喀斯特	自然遗产	云南、贵州、重庆、广西	2007 年、2014 年
49	三清山	自然遗产	江西	2008 年
50	中国丹霞	自然遗产	贵州、福建、湖南、广东、江西、浙江	2010 年
51	澄江化石地	自然遗产	云南	2012 年
52	新疆天山	自然遗产	新疆	2013 年
53	神农架	自然遗产	湖北	2016 年
54	青海可可西里	自然遗产	青海	2017 年
55	梵净山	自然遗产	贵州	2018 年
56	中国黄（渤）海候鸟栖息地（第一期）	自然遗产	江苏	2019 年